权威·前沿·原创

皮书系列为
“十二五”“十三五”国家重点图书出版规划项目

北京旅游发展报告（2017）

ANNUAL REPORT ON BEIJING'S TOURISM DEVELOPMENT (2017)

编　著／北京旅游学会

图书在版编目(CIP)数据

北京旅游发展报告. 2017 / 北京旅游学会编著. --
北京：社会科学文献出版社，2017.7
（北京旅游绿皮书）
ISBN 978-7-5201-1005-1

Ⅰ. ①北… Ⅱ. ①北… Ⅲ. ①旅游业发展-研究报告
-北京-2017 Ⅳ. ①F592.71

中国版本图书馆 CIP 数据核字（2017）第 128259 号

北京旅游绿皮书
北京旅游发展报告（2017）

编　　著 / 北京旅游学会

出 版 人 / 谢寿光
项目统筹 / 任文武
责任编辑 / 杨　雪

出　　版 / 社会科学文献出版社 · 区域与发展出版中心（010）59367143
地址：北京市北三环中路甲 29 号院华龙大厦　邮编：100029
网址：www.ssap.com.cn
发　　行 / 市场营销中心（010）59367081　59367018
印　　装 / 北京季蜂印刷有限公司

规　　格 / 开 本：787mm × 1092mm　1/16
印 张：19.25　字 数：289 千字
版　　次 / 2017 年 7 月第 1 版　2017 年 7 月第 1 次印刷
书　　号 / ISBN 978-7-5201-1005-1
定　　价 / 88.00 元

皮书序列号 / PSN G-2012-301-1/1

本书如有印装质量问题，请与读者服务中心（010-59367028）联系

《北京旅游发展报告》编委会

《北京旅游发展报告（2017）》编撰人员名录

报告撰稿人（以姓氏笔画为序）

干永福　王兴斌　王红彦　王学峰　王　恒　王　勇
王笑宇　王彬汕　王慧娴　方忠权　厉新建　石金莲
冯　倩　刘　达　刘　斌　安金明　许二荣　孙梦阳
孙新艳　杨宏浩　李云鹏　李　宏　李超喜　李嘉琪
吴　晶　邱　敏　邹光勇　邹积艺　宋　宇　张　辉
张景云　陈丽嘉　陈怡宁　范梦余　周　野　郝志成
徐菊凤　凌生金　黄玉梅　曹世武　常雪松　彭义芳
傅林峰　童碧莎　曾博伟　窦　群　赫玉玮　蔡　红
颜淑敏

总　　纂

张　辉

《北京旅游发展报告》编辑部

李尊敬　呼建梅　罗东霞　杜莉玫

摘　要

《北京旅游发展报告（2017）》是“北京旅游绿皮书”的第六本专题报告。全书由3篇主报告和23篇专题报告组成。主报告《以推进供给侧结构性改革为主线　努力提升首都旅游的美誉度和满意度》在回顾2016年北京旅游业发展的基础上，分析旅游发展全域化、旅游公共服务体系化等北京旅游业发展新特征，并对2017年北京旅游业发展做出展望。主报告的另外两篇文章着眼于全域旅游与京津冀旅游协同发展这两个重要的旅游战略问题，指出全域旅游规划应着力便利化体系、空间形态、社会管理体系等方面的构建，论述了雄安新区在京津冀旅游协同发展中的战略地位。

23篇专题报告分为“旅游新观念”篇、“旅游新模式”篇、“旅游新乡村”篇以及“旅游新业态”篇。

“旅游新观念”篇共有5篇报告，涵盖共享经济环境下北京旅游发展、非首都核心功能疏解、住宿业发展创新中的新思维、北京核心区旅游人口疏导、基于大数据研究的北京旅游市场发展等方面。主要观点包括：认为北京旅游发展应注意规范共享经济安全管理、重视维护本地居民公共权力以及提高共享经济服务水平；应将旅游客流疏导等纳入城乡规划和城市管理，雄安新区将形成具有区域作用的新的次级旅游集散地；要从成本思维到价值思维、从市场思维到资本思维、从结构化思维到跨界思维等视角推动住宿业的创新发展；北京核心区旅游人口呈现出高度聚集的特征，应加快构建“五、十、百、千、万、亿”的旅游休闲体系，旅游社会地域容量要回归合理化；景区组合要注重传统与现代的互补，购物和娱乐供给体系改善要基于精准的市场细分。

“旅游新模式”篇共有6篇报告。通过总结北京故宫在平衡文物保护与客流冲击，拓展文化传播功能，改善参观和游客服务质量等方面的尝试，为旅游景区特别是文博类景区提升旅游公共服务提供了样本；从政策与体制、产品与服务、市场、品牌建设以及营销推广等层面提出了北京境外宣传推广的新模式和新思路；从旅游市场发展趋势出发，聚焦旅游市场需求变化，初步提出了超越旅游地产和单纯的旅游景区，创新休闲类旅游综合体发展的模式；从游客角度了解和体验北京 AAAAA 景区智慧旅游建设情况，总结 AAAAA 景区智慧旅游建设的共性与个性，并提出北京 AAAAA 景区智慧旅游提升建议；根据北京餐饮老字号消费者满意度调查，并通过对全聚德、东来顺、庆丰包子铺等的重点餐饮企业的分析，提出了北京餐饮老字号经营服务的新模式；基于对京津冀 13 个城市旅游景区网络评论的大数据分析，提出旅游目的地品牌形象传播、提升的策略建议。

"旅游新乡村"篇的 6 篇报告践行"绿水青山就是金山银山"的发展理念，聚焦当前北京乡村旅游发展的热点、难点，深入分析了北京民宿行业的发展困境、北京乡村旅游特色业态和大兴区都市田园生态旅游发展存在的问题等，阐释了"民宿是非标准住宿"的认识误区，提出了着力打造民宿行业标杆，促进法规升级，加速推进民宿合法化，以社会资本促进乡村民宿发展，打造北京"乡村旅游老字号"以及大兴古老月季都市田园旅游区发展模式及对策。同时，总结浙江、广西等兄弟省区乡村旅游的发展经验，系统阐述了湖州市发展乡村旅游在体制创新、特色提炼、品牌塑造、标准制定等方面的做法，从供给侧改革、"互联网 +"的视角提出广西县域乡村旅游客源市场的消费行为特点与营销创新策略。

"旅游新业态"篇的 6 篇报告以北京市的房车旅游、露营旅游、民宿旅游、体育旅游、新型旅行社等新业态为研究对象，围绕业态的前景与趋势研判、发展机理梳理、主要问题诊断等方面展开研究，并以此为基础提出针对性的对策建议。随着大众旅游时代的到来，旅游消费呈现个性化和特色化的发展趋势，旅游业态创新是旅游企业对多样性旅游消费需求的积极反应。受共享经济、信息技术、汽车普及率、带薪休假等社会经济因素的影响，房车旅游、宿营旅游、民宿旅游、体育旅游等新兴旅游业态引起广泛的市场关注；旅游供应链的细化推动了旅行社商业模式的演化，旅游新零售模式日益清晰。北京市作为我国的政治和文化中心，文化底蕴深厚，客源群体庞大，是培育旅游新业态的最佳试验田，新业态发展问题的发现与破解成为北京市旅游业提质升级亟须解决的新课题。

《北京旅游发展报告（2017）》聚焦于旅游发展中的新观念、新模式、新乡村和新业态，以北京旅游发展为主体，兼论全国范围内旅游发展案例，体现了京津冀协同发展、全域旅游等国家战略及旅游战略，关注共享经济环境下的北京旅游发展，分析民宿、房车露营等新的旅游业态，力求满足旅游学界、政界以及产业界读者多样化的阅读需求。

关键词： 北京　旅游新模式　旅游新业态

Abstract

The Annals of Beijing's Tourism Development 2017 is the sixth book in the series Green Books of Beijing's Tourism. The book is made up of three general reports and 23 special reports. The general report, *Promoting Supply-side Structural Reform as The Main Line and Enhancing Reputation and Satisfaction of The Capital's Tourism*, reviews Beijing's tourism development in 2016, analyzes new characteristics of Beijing's tourism industry regarding "all-for-one" tourism development and the step-by-step achievements of tourism public services, and examines prospective Beijing tourism development in 2017. Another two general reports focus on strategic issues of "all-for-one" tourism and Beijing-Tianjin-Hebei tourism collaborative development; the reports propose that "all-for-one" tourism planning should emphasize the construction of systems of travel facilitation, spatial configuration, and social management; and discuss the strategic position of Xiong'an New Area in Beijing-Tianjin-Hebei tourism collaborative development.

The 23 special reports are divided into four sections: *New Ideas for Tourism Development*, *New Models of Tourism*, *New Tourism Development of Rural Areas*, and *New Forms of The Tourism Industry*.

The *New Ideas for Tourism Development* section contains five reports covering the following perspectives: Beijing's tourism development within the context of the sharing economy, the evacuation of noncapital functions, innovative thinking regarding the accommodation industry's development, population evacuation of core areas in Beijing, and the development of Beijing's tourism market based on big data analysis. The main points are as follows: Beijing's tourism development should strengthen the security management of the sharing economy, emphasize the protection of local public power, and improve the level of shared economic services. Urban and rural tourism planning and city management should consider the issue of tourist evacuation and Xiong'an New Area will become a new, secondary tourism hub of the Beijing-Tianjin-Hebei region. And the innovations in the accommodation industry should focus on angles from cost thinking to value thinking, from market thinking to capital thinking, and from structural thinking to cross-border thinking; social and regional tourism carrying capacity should be rationalized. The construction of the "five, ten, one hundred, one thousand, ten thousand, one hundred million" tourism and leisure system should be sped up to solve the problem of tourism population aggregation in Beijing's core areas; routes designed by travel agencies should pay attention to the inclusion of both traditional and modern attractions; and the shopping and entertainment supply system should be improved based on an accurate market segmentation.

The *New Models of Tourism* section includes six reports. The first report summarizes the Palace Museum's attempt to balance heritage preservation and overcrowding, the expansion of the museum's cultural communication function, and the improvement of its service quality. It provides an example of the best practices for the tourist attractions, especially regarding cultural attractions and museums. The second report proposes new models and new ideas for promoting Beijing's inbound tourism from perspectives of policy and institution, products and services, markets, and brand building and promotion. The third report focuses on the changes in market demand, suggesting that innovative models—such as the tourism complex—should be developed and that these new models are not supposed to be the development of tourism real estate and mere tourist attractions. The fourth report introduces the smart tourism development process relating to 5A scenic areas from a tourist perspective. It summarizes the generality and individuality of the smart tourism development of different scenic areas and provides suggestions for how to improve smart tourism development. The fifth report analyzes Quanjude, Peking Eastern House, Qingfeng Steamed Dumpling Shop, and other time-honored catering brands based on a satisfaction survey data and puts forward a new business service model for Beijing's time-honored catering brands. The sixth report analyzes the online comments about tourist attractions in 13 cities within Beijing-Tianjin-Hebei region and proposes strategies to enhance the destination's brand image.

The *New Tourism Development of Rural Areas* section includes six reports. This section complies with the idea of " green hills and clear water are endless treasures," focusing on the current hot topics and difficulties regarding Beijing's rural tourism development, and providing an in-depth analysis about the following issues: the dilemma of Beijing's B&B industry, the featured forms of Beijing's rural tourism, and the challenges to the urban pastoral ecotourism development of Daxing District, Beijing. Additionally, the section refutes the opinion that "B&B is non-standard accommodation," suggesting that the future development of rural B&B should highlight the following aspects: constructing benchmark enterprises, upgrading laws and regulations, promoting B&B legitimization process, and maximizing the role of social capital in promoting rural B&B development. Models and strategies have been proposed to facilitate the development of Beijing's time-honored rural tourism brands and Daxing Ancient Rose Urban Pastoral Tourism Districts. Furthermore, this section summarizes the development experience of rural tourism in Zhejiang, Guangxi, and other provinces. It discusses Huzhou City's rural tourism practice through the aspects of institutional innovation, characteristic refinement, brand building, and standard setting and illustrates the consumption behavior characteristics of the county-level rural tourism market in Guangxi and the strategies to marketing innovation from perspectives of supply-side structural reform and Internet Plus.

The *New Forms of The Tourism Industry* contains six reports exploring topics of RV tourism, camping tourism, B&B tourism, sports tourism, and new types of travel agencies. This section focuses on prospects and forecasts of industry forms, developmental mechanism, key issues diagnose, and offers corresponding advice for future development. With the advent of the mass tourism era, tourism consumption is becoming more and more personalized and specialized; therefore, innovative business forms are active responses by enterprises to the diversified tourism demand. Affected by the sharing economy, information technology, automobile penetration rate, paid vacation, and other socioeconomic factors, new forms—such as RV tourism, camping tourism, B&B tourism, and sports tourism—have received extensive public attention. In the meantime, refinement by the tourism supply chain promotes the evolution of business models by travel agencies, and the new retail model becomes increasingly clear. Beijing, as China's political and cultural center, has rich cultural resources and a huge tourist population, and is the best experimental field for cultivating new tourism business forms. Therefore, how to identify problems in the development of new industry forms and how to find solutions for these issues are of great importance to the upgrade of Beijing's tourism industry.

The *Green Books of Beijing's Tourism*, *No. 6*, focuses on four general aspects, including new ideas, new models, new development in rural tourism, and new forms relating to tourism development. Most of the case studies selected are Beijing-based, while some other cases are from other areas of China. The selection of cases not only reflects researchers' attention to the state strategies and national tourism strategies—such as Beijing-Tianjin-Hebei collaborative development and "all-for-one" tourism development—but investigates the innovative practice regarding B&B operation, camping tourism, and so on. It is suitable for the different needs of readers who are scholars, government employees, and practitioners.

Keywords: Beijing; New Tourism Mode; New Tourism Formats

序 言

这本《北京旅游发展报告（2017）》，是“北京旅游绿皮书”的第六本年度报告。它突破以往篇章模式，在主报告之后，聚焦北京及全国旅游发展中的新观念、新模式、新乡村和新业态等方面，在以北京旅游发展为主题的同时，兼论全国范围内旅游发展案例。《北京旅游发展报告（2017）》既是北京旅游学会的学术结晶，也是北京旅游学界、业界的集体成果，对北京及全国旅游发展具有理论指导意义，彰显了北京旅游学会作为北京旅游智力交流平台的积极作用。结合贯彻落实习近平总书记两次视察北京重要讲话精神和北京市“四个中心”的战略定位，北京市正在加快推进非首都功能的疏解工作，这就要求全市旅游业在新的发展起点上谋划和推进首都旅游业的发展，努力把旅游业培育成为符合首都城市定位的功能性产业、支柱性产业和人民群众更加满意的现代服务业，在提升服务、维护秩序和保障安全等方面出新招、创新路。比如，“旅游新观念”篇认为，北京旅游发展应注意规范共享经济安全管理、重视维护本地居民公共权力以及提高共享经济服务水平；应将旅游客流疏导等纳入城乡规划和城市管理，推动雄安新区形成具有区域作用的新的次级旅游集散地。“旅游新乡村”篇阐释了“民宿是非标准住宿”的认识误区，提出了着力打造民宿行业标杆、法规升级，加速推进民宿合法化，以社会资本促进乡村民宿发展，打造北京“乡村旅游老字号”以及大兴古老月季都市田园旅游区发展模式，并对此提出相应的对策。首都旅游业发展的首要目标是助力北京建设成为宜居、宜业、宜游的国际一流和谐宜居之都，同时提出了深化旅游供给侧结构性改革的要求。这为北京旅游业提供了新的发展机遇，需要广大业内人士为建设国家旅游首善之地和宜游之都提供强大的理论支撑和智力支持。《北京旅游发展报告（2017）》着眼于当前旅游发展重要理论问题及热点问题，聚焦雄安新区建设与京津冀旅游协同发展、全域旅游发展理念下的旅游规划，践行“绿水青山就是金山银山”的发展理念，分析北京民宿行业的发展困境、北京乡村旅游特色业态等问题。《北京旅游发展报告（2017）》力求满足旅游学界、政界以及产业界读者多样化的研究需求。对此，我们深表感谢！并希望全国各地的广大专家学者和业内人员一如既往地针对北京旅游业发展中出现的新情况、新问题积极发声，主动发声，多提一些有益的针对性建议。

宋宇

2017 年 6 月

目 录

Ⅰ 主报告

Ⅱ 旅游新观念篇

Ⅲ 旅游新模式篇

Ⅳ 旅游新乡村篇

V 旅游新业态篇

皮书数据库阅读使用指南

CONTENTS

I General Report

II New Ideas for Tourism Development

Ⅲ New Models of Tourism

Ⅳ New Tourism Development of Rural Areas

V New forms of the Tourism Industry

主 报 告

General Report

G.1 以推进供给侧结构性改革为主线 努力提升首都旅游的美誉度和满意度

宋　宇*

2017 年是北京实施“十三五”规划、建设国际一流和谐宜居之都的关键一年，是推进旅游供给侧结构性改革的重要一年，北京旅游业发展既面临着难得的历史机遇，也存在着诸多挑战。“四个中心”城市战略定位和建设国际一流和谐宜居之都的战略目标，对北京旅游业发展理念和发展路径提出更高要求；“一带一路”倡议和京津冀协同发展战略的深入实施，为北京旅游业发展拓展更大空间；2022 年冬奥会、2019 年世园会、2020 年世界休闲大会等重大活动筹办和城市副中心、北京新机场、环球主题公园等重大建设项目的推进，为北京旅游业发展注入更大动力。因此，进一步研究、思考和

* 宋宇，北京市旅游发展委员会党组书记、主任，大学学历，高级工程师，研究方向为旅游战略研究。

谋划“发展什么样的北京旅游业、如何发展北京旅游业”，是北京旅游行业要重点解决的问题。

一 2016年北京旅游业发展回顾

2016 年是“十三五”的开局之年，北京旅游行业立足首都城市战略定位，围绕北京市委市政府中心工作，以旅游供给侧结构性改革为主线，以推动转型升级、提质增效为重点，完成了全年主要目标任务，为北京市稳增长、促改革、调结构、惠民生做出了积极贡献。全年实现旅游总收入 5021 亿元，同比增长 9%；旅游总人数 2. 85 亿人次，同比增长 4. 6%；旅游购物和餐饮消费额占社会消费品零售总额的 24. 3%，旅游投资额占全社会固定资产投资的比重为 9. 4%。

（一）旅游业转型升级步伐加快

按照旅游业作为首都支柱产业和功能性产业的定位要求，以深化改革、优化结构、强化管理为重点，持续推动发展方式由数量规模型向质量效益型转变，实现了产业规模和产品结构“双提升”。全市旅游产业规模不断壮大，现有星级饭店 504 家、便捷酒店 1282 家、旅行社 2117 家、持证导游员 41811 人、等级旅游景区 236 家、星级民俗村 141 个、民俗户 4008 家、特色业态 647 家、旅游特色村镇 33 个。全市旅游产品结构持续优化，以故宫、长城、颐和园为代表的传统景区景点的游览品质不断提升。中医养生、体育赛事、文化演出、精品文博、游学会奖等定制旅游产品种类不断增加。休闲农庄、采摘篱园、乡村酒店、汽车营地等 10 种郊区旅游新业态规模不断扩大。

（二）旅游供给侧结构性改革精准发力

积极推进旅游业供给侧结构性改革，门头沟、昌平、平谷、怀柔、延庆 5 个区被国家旅游局认定为“国家全域旅游示范区创建单位”，按照创建要求进行管理体制、产业体系等方面的改革。加强政策制度供给，北京市政府出台了《关于促进旅游业改革发展的实施意见》，启动《北京市旅游条例》（简称《条例》）修订工作。2016 年，北京市人大常委会已对《条例》草案进行了 3 次审议。积极增加高端旅游产品供给，全市推出了 30 条中医体验旅游线路、22 条精品文博旅游线路和 31 个中医国际医疗旅游服务包。立足国际交往中心定位，大力发展以会议、会展、国际商贸及文化交流活动为主的高端商务游，国际会议数量保持全国第一、亚洲前列。全面构建京郊旅游产品供给体系，全市 24 个传统村落全部完成“五个一”工程；新培育和评定乡村旅游特色业态 100 家，建设完成 200 公里步道，培训京郊旅游管理干部和从业人员 1000 余人次。针对民俗户和小微旅游企业，京郊旅游融资担保服务体系批准项目 273 个，涉及金额 77205.5 万元。搭建完成全国首个服务乡村旅游的京郊旅游保险服务平台，持续优化旅游商品供给，全市以“北京礼物”为代表的旅游商品体系基本建成。“北京礼物”首次进入北京市高精尖产品目录，开发了以故宫、颐和园为代表的一批具有皇家文化特色的旅游商品，培育一批老字号旅游商品和景区旅游纪念商品。在 2016 年全国旅游商品大赛中，“北京礼物”获得一金、一银、一铜的优异成绩。

（三）旅游市场秩序治理成效明显

北京市委市政府高度重视旅游市场秩序治理工作，并将此项工作纳入 2016 年北京市政府督查工作要点。北京市政府办公厅制定并印发了《北京市关于加强旅游市场综合监管的通知》和《旅游市场秩序治理专项督查工作方案》，建立了政府牵头、部门协作、属地联动的执法机制和案件转办机制，成立了旅游警察队伍。全年北京市旅游、公安、城管、网信办等部门和各区政府共开展旅游执法专项检查 2843 次，出动执法人员 13 万人次，行政处罚 12 件，罚没金额 63 万元，依法依规查办了多起社会影响大的典型案件。全年共接到旅游投诉 3108 件，比 2015 年下降 71.5%，其中非法“一日游”投诉 1612 件，同比下降 78.5%。

（四）旅游业扩大开放试点推进有力

按照《北京市服务业扩大开放综合试点任务分工》，北京市旅游委制定了全国首个《中外合资旅行社开展出境旅游业务试点工作管理办法》，全市8家中外合资旅行社已有5家获得经营中国公民出境游试点资格。积极创新离境退税模式，北京市开出全国首张离境退税电子发票，与天津市对接完成了退税系统互联互通，退税商品销售额突破亿元大关。

（五）旅游公共服务体系日益健全

以“厕所革命”为抓手，以增强旅游公共服务能力和游客满意度为重点，狠抓旅游公共服务体系建设，着力实施了“十个更加”工程，取得了明显成效。2016年，北京市完成了204座旅游厕所、42家旅游标识和3家无障碍设施的建设任务。

（六）旅游交流合作和市场推介务实有效

北京市旅游工作积极融入京津冀协同发展战略，编制并实施了《京津冀旅游协同发展行动计划》，组织了雁栖湖旅游论坛、中国北方旅游交易会、房车巡游红色之旅等活动。不断创新旅游对口支援工作方式，组织开通了北京至新疆和田、内蒙古乌兰察布的旅游专列，受到支援地区和社会各界好评。坚持服务国家和北京市对外战略，以中美旅游年、中印旅游年、中韩旅游年等为契机，以特色活动品牌为抓手，加大首都形象的海外宣传力度。成功举办了北京新年倒计时、北京国际旅游节、北京国际青年旅游季、北京国际旅游博览会、北京国际旅游商品与旅游装备博览会、北京国际商务及奖励旅游展览会、澳门世界旅游经济论坛北京主宾市展览推介等活动。北京旅游网在服务游客和行业、城市形象及市场推介中的作用更加有效，已经成为国内第一、国际一流的政府类城市旅游网站。世界旅游城市联合会作为国际组织的作用日益凸显，成功举办了2016年重庆香山旅游峰会，在促进北京和世界旅游城市加深了解、扩大合作方面发挥了积极作用。联合会自身建设进一步加强，五年来会员已由成立之初的 58 个发展到现在的 174 个。

（七）重大活动服务保障任务完成圆满

按照北京市委市政府的统一部署，高标准完成了全国“两会”、北京国际电影节、首届世界旅游发展大会、G20 能源部长会议、全国少数民族文艺会演、中国网球公开赛等重大活动的服务保障任务，锤炼和提升了全行业的能力素质。针对重大活动服务保障责任重、要求高、压力大特点，北京市旅游委不断提升安全生产责任意识和行业技能水平。认真开展了安全隐患排查治理、行业职业技能竞赛、饭店安全与服务质量提升等工作，为完成服务保障任务奠定了扎实基础。2016 年，北京旅游行业涌现出一批先进典型，有些分别被全国旅游系统表彰为先进集体、劳动模范和先进工作者。

（八）各区旅游业发展迈上新台阶

北京市各区按照全市旅游工作总体部署，结合自身实际加快发展。东城区坚持文旅融合，持续打造“骑迹东城”“券游东城”两大特色品牌。西城区着力在规范和整治市场秩序上下功夫，旅游环境进一步得到改善。朝阳区注重旅商结合，形成了以旅促商、以商兴旅的良性发展格局。海淀区深入挖掘“三山五园”皇家园林文化内涵，推动旅游与科技、教育、文化等产业融合发展。丰台区以体育健康、都市农业、文化创意为特色，打造休闲旅游产业聚集区。石景山区以首钢工业文化旅游区建设为抓手，打造西部文化、生态、旅游休闲综合服务区。门头沟区以全域旅游示范区创建为抓手，统筹规划和推进八大景区重点项目。房山区大力发展旅游新业态，12 家景区被评为红色旅游景区，10 家葡萄酒庄被确定为旅游试点。通州区以城市副中心建设为契机，推进转型升级，旅游竞争力不断增强。顺义区加大政策支持力度，积极培育“舞彩浅山”品牌。大兴区以举办 2016 世界月季洲际大会为契机，重点培育了十大旅游主题小镇。昌平区扎实开展全域旅游示范区创建工作，“爱上昌平”品牌影响力日益提升。平谷区借助筹办世界休闲大会的契机，建设京东休闲旅游示范区。怀柔区坚持大项目带动，“山里中国”“闲云山房”等一批高端旅游项目稳步推进。密云区着眼民宿特色品牌，推进组织化、标准化、规范化、网络化和特色化“五化”建设。延庆区抓住筹办世园会和冬奥会的历史机遇，加快培育冰雪旅游和休闲旅游品牌。

二　当前北京旅游业发展呈现的新特征

当前，北京旅游业发展步入了转型升级、提质增效、加快发展的新阶段，正处于发展黄金期、产业升级期、市场规范期“三期”叠加时期，呈现许多新特征。

（一）旅游消费大众化

国际旅游规律表明，当人均 GDP 超过 5000 美元时，开始进入大众旅游时代。当前，我国人均 GDP 已超过 8000 美元，北京市已超过 1.7 万美元，旅游已经成为广大人民群众常态化的消费，成为日常生活的重要组成部分。北京作为国家首都、历史文化名城和国际化大都市，更是世人向往的旅游胜地，具有很大的市场潜力。

（二）旅游需求品质化

广大来京游客和本地居民对旅游品质的要求越来越高，旅游需求正在由观光游向观光、休闲、度假游转变。要看到，北京是一座有 3000 多年建城历史、860 多年建都史的历史文化名城，世界历史文化遗产多达 7 个，在世界城市中绝无仅有。因此，历史文化是北京旅游的大品牌，需要进一步提升北京旅游的文化内涵和文化品牌。

（三）旅游发展全域化

全域旅游是我国旅游的发展方向，也是推进供给侧结构性改革的必由之路。同时，也应看到，共享经济是大势所趋、时代主流，旅游业是受其影响最早和最深的行业之一。昌平、延庆、平谷、怀柔和门头沟的全域旅游示范区创建工作，为北京市推进旅游改革创新提供了新的机遇。

（四）旅游产业现代化

当前，以物联网、云计算、大数据等为主要内容的新一轮技术革命正在孕育发展，随着“旅游+”战略的实施，它们正在被旅游业广泛应用，旅游业依靠传统资源驱动的发展方式将难以为继。北京市以金融、信息、科技为主导的现代服务占地区生产总值的比重已经超过80%，为北京旅游发展插上了科技、信息的“翅膀”。

（五）旅游公共服务体系化

让旅游更美好、让生活更幸福，已经成为全社会全行业的思想共鸣和行动共识。需要持续推进“厕所革命”让游客如厕更加从容、优化无障碍措施让旅游更加温馨、完善旅游标识让游客更加省心、重视老年游让银发游客更加快乐、推进智慧旅游让服务更加高效、创新志愿服务让旅游服务体系更加完善、旅游进社区让旅游服务更加务实、发展旅游公交让游客出行更加便捷、规范旅游秩序让市场更加有序、提升旅游服务国际化水平让北京服务品牌更加响亮“十个更加”工程。

（六）旅游服务精细化

广大游客对交通出行、食品安全、住宿卫生、导游服务、景区收费等关注度越来越高。作为首善之区，应顺应提升城市精细化管理水平的要求，认真研究入境游客、外埠游客、本地市民三大客户群的不同需求，围绕“业态精、标准高、品质优、服务好”的目标，发展多元化、细分化的旅游市场，提供精细化、品质化的旅游服务。

（七）旅游竞争国际化

旅游业已经成为驱动世界经济新一轮增长的强劲引擎，成为提升全球各

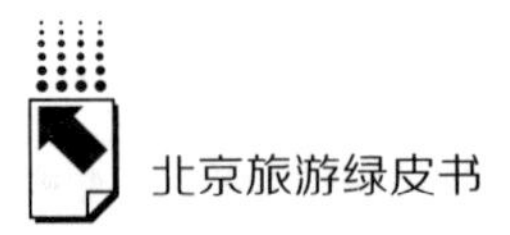

国综合竞争力的核心产业。很多国家特别是主要发达国家更加聚焦旅游业，许多国家元首、政府首脑和政要亲自宣传本国旅游，积极扩大国际影响力。北京的国际交往中心功能定位，使北京旅游进一步走向世界，这需要持续提升其国际话语权和国际影响力。

三　2017年北京旅游业发展展望

2017 年，北京旅游行业将认真贯彻落实北京市委市政府的决策部署和国家旅游局的工作要求，按照首都城市战略定位和新发展理念，坚持稳中求进工作总基调，以推进旅游供给侧结构性改革为主线，以加强旅游市场秩序治理为重点，进一步发挥旅游业对首都经济社会发展的积极促进作用。全年实现旅游总收入增长 8.5%，旅游业增加值占全市 GDP 比重达到 7.3% 以上，旅游购物和餐饮消费额占社会消费品零售总额达到 24% 以上，旅游投资额占全社会固定资产投资比重达到 9% 以上。为了实现上述目标、不断推动北京旅游业持续健康发展，将主要采取以下四个方面举措。

（一）深入推进旅游供给侧结构性改革

认真贯彻落实上级关于推进供给侧结构性改革的要求，既强调供给又关注需求，既着眼当前又立足长远，通过推动各项改革促进北京市旅游业进一步实现转型、提质、增效。

1. 认真完成年度重点改革任务

深化改革是旅游供给侧结构性改革的根本途径。年内将继续深化旅游业行政审批制度改革，将旅行社设立审批业务试点下放至区级，实行《中国公民出境名单表》网上审核，制定导游管理体制改革总体方案，全面取消导游证年审和领队证办理，实行新导游证网上申请。

2. 扎实开展全域旅游示范区创建工作

按照国家旅游局的创建标准，全面启动门头沟、昌平、平谷、怀柔、延庆 5 个区的全域旅游示范区创建工作。指导各区立足本区实际，找准难点和重点问题，加快制定和实施本区的《全域旅游创建方案》及重点任务，推动创建工作顺利推进。

3. 持续构建京郊旅游休闲体系

继续改进京郊旅游产品供给体系，着力打造郊区旅游“升级版”。持续指导和培育京郊旅游10种新业态和五星级民俗村户，推进旅游休闲步道建设，组织民俗村户和特色业态从业者培训，完善并强化京郊旅游融资担保服务体系和京郊旅游保险体系功能。

4. 加快推进特色旅游村镇和重大旅游项目建设

按照北京市政府培育发展特色功能小城镇的部署要求，坚持个性化、特色化、市场化发展方向，制定《北京市特色旅游村镇创建标准及评分细则》。完成30个特色旅游村镇创建及评定工作，持续推进环球主题公园、岔道古城等重大旅游项目建设，加大对古北水镇、乐多港等旅游综合体项目的宣传推介，完成海淀、房山、怀柔、密云、延庆5个区的景区地灾隐患点整治工程。

（二）大力提升旅游消费水平

积极适应游客的市场需求，通过制定政策、培育热点、优化环境，构建大消费格局，提升旅游消费水平。

1. 制定促进旅游消费政策

进一步发挥旅游消费在扩内需、稳增长、惠民生方面的作用，制定实施《北京市人民政府关于加强供给侧结构性改革扩大旅游消费的行动计划》。以办好世园会、休闲大会和冬奥会为契机，制定促进冰雪旅游和休闲旅游发展的相关政策，规划建设一批集滑雪、登山、徒步、露营等多种旅游活动于一体的旅游综合体项目。

2. 积极培育旅游消费热点

以市场需求为导向，开发体验型、服务型、娱乐型旅游项目，提升消费水平。大力发展健康养老、文化娱乐、休闲购物、精品文博、游学会奖、房车旅居、体育赛事等高端旅游消费。加强“北京礼物”品牌旅游商品体系建设，持续培育市、区、景区三级旅游商品精品。打造北京旅游演出品牌，编制旅游演出手册，推介优秀演出剧目。举办好北京国际旅游商品及旅游装备博览会、北京冰雪文化旅游节、旅游商品大赛、旅游购物季、旅游美食推介等促消费活动。

3. 不断优化旅游消费环境

创新旅游消费政策，支持在京设立并符合一定条件的外资旅行社试点经营大陆居民出国以及赴香港、澳门旅游业务。推动京津冀联动的144小时过境免签政策的落地和实施，进一步完善境外旅客购物离境退税政策，研究实施本市退税商店现场退税政策，加强旅游消费市场监管，优化旅游投诉服务平台。

（三）着力加强和改善旅游市场秩序

在巩固2016年旅游市场综合监管成果的基础上，进一步加大工作力度，综合施策，不断提升首都旅游的美誉度和满意度。

1. 制定发布《北京市旅游条例》并做好宣传贯彻工作

加紧推动《北京市旅游条例》的审议和颁布实施；针对政府工作人员、市场从业人员和社会大众，开展集中培训、专题辅导、媒体播报等宣传贯彻工作；制定与《北京市旅游条例》相配套的民宿业等管理办法。

2. 加大旅游市场秩序治理力度

坚持“标本兼治、疏堵并举、综合执法”原则，制定并实施《北京市旅游市场秩序治理的工作意见》，将旅游市场治理工作纳入北京市政府常态专项督查。加大对天安门、八达岭、十三陵等非法“一日游”问题突出的重点地区的联合执法力度。加强执法队伍建设，充分发挥首都旅游警察队伍的职能作用，继续保持依法打击违规违法行为的高压态势，加强行刑衔接。强化非法“一日游”线上线下的源头治理，重点针对网上虚假信息开展新一轮“清网行动”。加大监管力度，搭建旅游企业、导游和游客文明旅游诚信评价平台，加强旅游投诉渠道建设，建立快速反应分级应对工作机制。

3. 深化行业服务质量提升

加强旅游行业标准化、规范化管理，修订完善《旅行社条例》，制定新的景区评定标准和住宿业管理办法，开展第四批全国旅游标准化试点工作。强化等级景区、星级饭店复核和退出机制，实现退出机制常态化。完成对271家绿色饭店的重新评定和园林博物馆、古北水镇等申报AAAA景区的评审工作。分级分类开展从业人员岗位练兵和行业技能大赛。

（四）大力加强旅游公共服务建设

以增强旅游公共服务能力和游客满意度为重点，大力实施旅游公共服务“十个更加”工程，提升旅游公共服务水平。

1. 持续实施“十个更加”工程

持续推进“厕所革命”让游客如厕更加从容、优化无障碍措施让旅游更加温馨、完善旅游标识让游客更加省心、重视老年游让银发游客更加快乐、推进智慧旅游让服务更加高效、创新志愿服务让旅游服务体系更加完善、旅游进社区让旅游服务更加务实、发展旅游公交让游客出行更加便捷、规范旅游秩序让市场更加有序、提升旅游服务国际化水平让北京服务品牌更加响亮的“十个更加”工程。

2. 着力补齐旅游公共服务短板

继续实施“厕所革命”，新建、改建120个旅游厕所。加强智慧旅游建设，编制北京智慧旅游地图，制定智慧景区建设规范实施细则。按照“规范存量、亮点增量、分级管理、分类指导、行业监管”的工作思路，进一步修订完善《旅游咨询服务中心设置与服务规范》，制定《北京市旅游咨询站建设与管理规范》和《北京市旅游咨询站达标评定管理办法》，并通过咨询员素质提升项目和对现有的347家咨询站进行达标评定工作，加强对全市旅游咨询站内部管理制度、设备、设施、宣传品及咨询员服务的规范管理。

（五）进一步推进京津冀旅游协同发展和对外交流合作

立足京津冀协同发展战略和首都国际交往中心功能定位，持续提升北京旅游的辐射带动力和国际影响力。

1. 推进京津冀旅游协同发展

按照《京津冀旅游协同发展行动计划（2016－2018年）》，突出文化完整性、市场品牌性和产业集聚性，在京东休闲旅游示范区、京西南生态旅游带、京北生态（冰雪）旅游圈建设上取得实效。推动京津冀旅游标准化建设，编制《京津冀旅游直通车服务规范》，在服务质量等级检查评定上实现新突破。加强京津冀旅游投融资合作，建立企业名录。

2. 实施精准营销宣传

以中澳、中丹旅游年为契机，巩固北美市场，提升传统欧洲市场，开拓中东欧、北欧、俄罗斯、澳新等新兴市场。加强与海外中餐馆、孔子学院、国内重点航空公司、国内外重要机场、国内外重要媒体等的合作，办好海内外促销活动和北京国际旅游博览会、北京国际旅游节等品牌活动，精准宣传北京旅游和北京城市形象。

3. 加强旅游国际合作

充分发挥世界旅游城市联合会作用，筹办好 2017 年洛杉矶香山旅游峰会。深化与联合国世界旅游组织等国际旅游组织的合作，推动与“一带一路”沿线旅游城市之间的交流合作。

4. 深化区域旅游合作和对口支援

深化“9 +10”区域旅游合作机制，组织召开“9 +10”研究机构合作联盟与投资促进合作联盟工作会议。继续组织开通“京和号”“集宁号”旅游专列。开展对和田、巴东、拉萨、玉树等对口支援地区旅游管理和从业人员培训。

5. 做好重大活动的服务保障工作

贯彻落实中央的决策部署和北京市委市政府的要求，高标准做好全国“两会”、党的十九大、“一带一路”国际合作高峰论坛等重大活动的服务保障工作。高质量完成冬奥会、世园会、世界休闲大会筹办工作中的相关旅游任务。

G.2
全域旅游发展理念下旅游规划刍议

张 辉　赫玉玮*

摘　要：全域旅游规划不同于旅游总体规划，应从全域旅游发展的基本理念或模式的角度出发，思考与设计规划的重点及内容。需要从全社会、国民经济各产业、旅游者获得的旅游品质等诸多角度来深刻思考旅游发展。在具体编制过程中，需要分析区域内全域旅游发展的条件，研究旅游便利化体系的构建问题、旅游空间形态的构建问题、旅游供应链的构建问题、旅游相关产业附加值提升问题和旅游社会管理体系的构建问题。这些问题也是全域旅游规划的核心内容所在，需要正确研判。

关键词：全域旅游　全域旅游供应链　旅游发展

目前，全域旅游实践已在全国轰轰烈烈地开展起来，并被写入2017年政府工作报告。编制全域旅游规划成为指导地区旅游发展的一项基础的、重要性工作。然而，由于缺乏对全域旅游理性的、科学的解释，承担不同地区全域旅游规划编制单位在对全域旅游规划的编制目标、规划的内容以及规划的重点等方面的理解存在着重大不同。这一问题若得不到解决，将会对全域旅游发展与实践产生不利影响。

---

* 张辉，北京交通大学教授，博士生导师，陕西省人民政府特聘教授，北京旅游学会副会长，中国旅游改革与发展咨询委员会委员，研究方向为旅游经济与旅游产业运行；赫玉玮，北京交通大学博士研究生，研究方向为旅游产业运行。

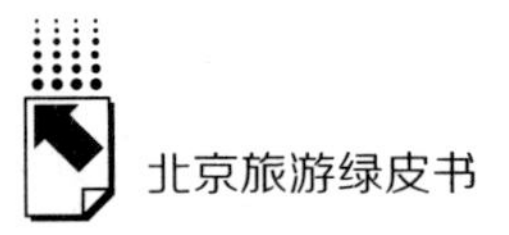

一　全域旅游规划辨析

旅游总体规划与全域旅游规划是两个不同层面的规划，二者在法理层面、编制模式层面存在差异。

（一）规划法理层面

从规划的法理来说，编制旅游总体规划是具有法律依据的。《中华人民共和国旅游法》规定：国务院和省、自治区、直辖市人民政府以及旅游资源丰富的设区的市和县级人民政府，应当按照国民经济和社会发展规划的要求，组织编制旅游发展规划。对跨行政区域且适宜进行整体利用的旅游资源进行利用时，应当由上级人民政府组织编制或者由相关地方人民政府协商编制统一的旅游发展规划。

相对于旅游总体规划，全域旅游规划是依据国家旅游局的工作部署而形成的一种规划，就法理层面而言，它不是法律所规定的规划。因此，由于缺乏法律规定，各个地区可以编制也可以不编制。就全域旅游核心问题而言，全域旅游是推动区域内社会经济发展的一种理念或一种模式，这种理念与模式可以通过旅游总体规划来体现，也就是说，我们可以通过全域旅游发展理念来编制总体规划，而不是编制所谓的全域旅游规划。如果编制了全域旅游规划，那么该规划与旅游总体规划之间的关系是什么？一个地区是按照总体规划指导地区旅游发展，还是按照全域旅游规划来指导地区旅游发展？

就当前来说，各地对编制全域旅游规划已经既成事实，成为一种共识，纠正起来已经不现实。如果不能形成按照全域旅游理念统领的一个旅游总体规划，而是总体旅游规划与全域旅游规划同时并存的两类规划，那么，我们就必须对旅游总体规划及全域旅游规划进行合理的分工，这就需要明确以下几个问题：这两类规划各自的侧重点是什么，规划内容是什么，解决的重点问题是什么。国家旅游主管部门必须有一个规划指南，来指导这两类规划的编制工作。由于缺乏统一的认识，没有统一的规划指南，规划的评定与评审就相当困难，我们无法断定什么样的全域旅游规划是一部好的旅游规划。

（二）编制模式层面

在我国，旅游总体规划编制已经形成了固定模式，比较成熟。旅游总体规划是解决一个地区旅游发展总体问题，旅游总体规划的主要内容涉及资源分析与评价、市场分析、发展目标、总体战略、空间布局、产品体系开发、旅游设施配套、相关政策支撑及行动计划等内容。

相对于旅游总体规划，全域旅游规划还没有形成固定的编制模式，大多数的全域旅游规划实际上是在总体规划的编制内容上增加一些全域旅游的解释，以及一些全市场、全产品、全过程、全季节、全空间、全部门、全资源、全人员的内容。这样的全域旅游规划与总体规划有何区别呢？

二　全域旅游规划的核心理念及主要逻辑

（一）全域旅游规划的核心理念

全域旅游是指在一定区域内，以旅游消费为平台，通过对区域内经济社会资源、相关产业、生态环境、公共服务、体制及政策等要素进行整合、优化与提升，实现区域内旅游与社会经济的融合发展、创建社会共建共享的旅游环境，带动与促进经济社会协调发展的一种新的发展理念与模式。全域旅游的核心不在“全”，而在“域”，是域的旅游完备，也就是通过全域旅游的实践，实现旅游的空间域、产业域、要素域及管理域的完备。

（二）全域旅游规划的主要逻辑

如果要使全域旅游规划成为一个科学的又不同于旅游总体规划的规划，就必须确定全域旅游规划的核心问题以及规划的内容。笔者认为：全域旅游规划的编制应从全域旅游发展的基本理念或模式的角度出发，来思考全域旅

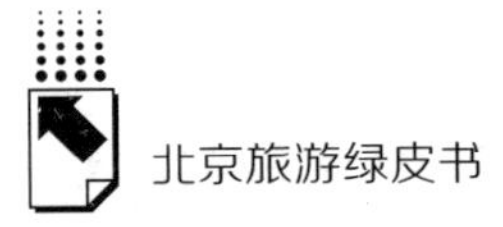

游规划的重点与内容。如果说，旅游总体规划是从旅游部门管理来思考旅游发展，那么，全域旅游规划就应该从全社会来思考旅游发展；旅游总体规划是从旅游业角度来思考旅游发展，那么，全域旅游规划就应从国民经济各产业来思考旅游发展；总体规划是从旅游者的基本满足来思考旅游发展的，那么，全域旅游就应该从旅游者获得的品质角度来思考旅游发展。

三　全域旅游规划的核心内容

按照以上核心理念及主要逻辑，全域旅游规划的核心内容应包括以下几方面。

（一）全域旅游规划要分析区域内全域旅游发展的条件

总体规划编制是在对规划范围所拥有的旅游资源分析的基础上，结合旅游需求的行为特征，来确定区域内旅游发展的目标、发展路径、发展方式、空间布局、构建旅游的产品体系与旅游服务体系；全域旅游规划是要根据区域内社会经济结构、自然环境、社会环境、生态环境，结合旅游需求的规模与经济能量，分析通过旅游这种消费方式，对区域内社会经济的带动能力以及对旅游的经济影响能力。如果一个地区的旅游经济辐射力无法支撑地区的社会经济的体量，那么，该地区就不具备全域旅游发展的条件。如果说旅游总体规划是要解决能不能发展旅游的问题，那么全域旅游是要解决旅游这种经济系统能不能成为地区社会经济发展的动力问题。旅游总体规划是旅游内生系统的规划，全域旅游则是外生社会经济系统的规划。

（二）全域旅游规划要研究旅游便利化体系的构建问题

总体规划编制是依据地区旅游资源的性质，规划各个旅游要素的空间配置与行业配置，而全域旅游规划是要研究这种空间配置与行业配置所形成的旅游便利化问题。全域旅游的一个重要特征是要提升旅游者的旅游品质，而旅游品质的一个重要表现形式是旅游便利化的实现。全域旅游规划要依据区域内现有的资源、设施与服务，以旅游便利化为目标规划出适应旅游需求的一个完整的旅游服务系统，以满足旅游者对旅游品质提升的需要。

例如，一个以度假旅游为重心的旅游目的地的全域旅游规划，需要深入研究度假旅游的便利化，不仅要规划度假区、旅游小镇、自驾营地、度假项目、旅游风景道，还需规划车辆租赁系统、标识系统、旅游代理系统、旅游公共服务系统，要研究旅游者如何前往旅游目的地的旅行方式、度假方式等。所有这些不仅涉及旅游硬件建设，还包括服务与政策等软件建设问题。

（三）全域旅游规划要研究旅游空间形态的构建问题

以往的旅游总体规划的空间布局是以传统旅游资源为基础的景区空间分布，我们之所以形成不同的功能区，是依据该区域的景区或景点资源的属性。这种以景区为核心的旅游空间形态是适应观光旅游要求的。进入观光旅游、度假旅游与休闲旅游发展阶段，这种以景区为核心的空间已不能适应旅游需求的变化。因此，全域旅游规划要打破原有的旅游空间形态，通过全域旅游规划建立适应旅游需求的新的空间形态，构建景区、度假区、休闲街区、旅游小镇、露营地、购物区、旅游综合体、旅游风景道、绿道等点、线、面相结合的旅游空间系统。就现实来说，在这些旅游空间形态中，除景区有法律保障之外，其他旅游空间形态都是缺少法律制度的保障，因此，全域旅游规划表面上是一个技术问题，背后却是一个制度调整及改革的问题。

（四）全域旅游规划要研究旅游供应链的构建问题

在总体规划中我们重点规划的是资源如何转化为产品，全域旅游规划重点是如何围绕产品形成旅游供应链。旅游产业链或供应链与工业品的产业链或供应链不同，旅游产业链或供应链是依据旅游需求形态形成的，有什么样的旅游需求形态就会有与其相对应的旅游产业链或供应链。要发展观光旅游，就要打造以旅行社企业为核心、景区企业与住宿企业为基础而形成的产业链或供应链；但要发展度假旅游，观光旅游产业链或供应链则与之不相适应，需重新构建旅游产业链或供应链。因此，全域旅游规划是依据旅游总体规划，打造科学的适应于定位需要的旅游产业链或供应链。

（五）全域旅游规划要研究旅游相关产业附加值提升问题

旅游总体规划的核心目标体现在旅游效益的增量上，主要表现在规划期内的旅游人数、旅游收入、旅游就业人数等这些旅游的经济、社会发展的指标上。全域旅游作为社会经济发展的一种新的发展方式，核心是要通过全域旅游的发展对整个区域内经济的发展以及社会的进步发挥积极的作用，主要表现在对整个区域内社会经济活动的带动作用，具体评价是旅游与区域社会经济发展的关联度、贡献率以及与旅游相关产业附加值增长率。这是全域旅游发展的重点，如果一个地区通过全域旅游实践，不能提升相关产业的旅游关联度，不能提升这些产业的旅游附加值，对一个地区的社会经济发展的贡献率不高，全域旅游就不是该地区一种较好的社会经济发展方式，就会加大该地区社会发展的机会成本。

（六）全域旅游规划要研究旅游社会管理体系的构建问题

旅游总体规划，是以旅游的部门管理为核心形成的旅游行业发展规划，面对综合性、跨部门以及跨行业的旅游需求，这种规划执行起来难度较大。全域旅游规划要站在全社会管理的角度，而不是以旅游管理部门为主体来规划旅游的制度设计。例如，在旅游总体规划中，很难涉及与旅游相关部门的管理职能，如交通、工商、城建、公安，虽然这些部门的管理涉及一个地区旅游问题，但是由于部门管理的分割，协调起来非常困难。例如，主要旅游目的地的高速公路服务区，随着自驾车旅游的发展，服务重点已经从为货运车辆服务转向为旅游者服务，我们理应随着这种服务对象的转变形成一场所谓的“服务区革命”，将高速公路服务区变成一个具有旅游功能的休闲区、购物区，这种需要是现实的需要，但由于管理权限问题，“服务区”革命未曾展开，这就制约了自驾车旅游品质的提升。

以上六个问题是全域旅游规划编制中不可或缺的内容，一个科学并具操作性的全域旅游规划，与准确研判好这六个问题息息相关。

四　结语

全域旅游规划与区域旅游总体规划在规划法理、编制模式等方面均存在差异。在全域旅游发展的背景下，要深刻认识全域旅游发展的基本理念与模式，从全社会、国民经济各产业、旅游品质等角度来思考旅游发展。在具体规划编制过程中要有别于区域旅游总体规划，要准确把握规划编制的侧重点、核心内容、需要解决的重点问题，以免误入歧途。全域旅游规划是一个外生社会经济系统的规划，其编制是一个系统的实践过程，需要在全域旅游的框架之下不断修正与完善，以期为全域旅游的实践提供指导，从而推动我国旅游向更高级的方向发展。

参考文献

《中华人民共和国旅游法》，2013。

张辉、岳燕祥：《全域旅游的理性思考》，《旅游学刊》2016 年第 9 期。

G.3
雄安新区建设与京津冀旅游协同发展

王兴斌*

一 三大战略的耦合点

中共中央、国务院决定设立雄安新区，建设一个具有全国意义的新区，选准了推进供给侧结构性改革、疏解北京非首都功能、京津冀协同发展三大战略的耦合点，这是一个重大的历史性战略选择。

当前，我国经济面临世界经济逆自由化挑战，国际经贸环境形势严峻；内部去产能、去库存、去杠杆、降成本、补短板任务艰巨，扭转国民经济中“虚”热“实”冷的局面需要抓手。但是如果把数万亿资金如天女散花分落各地，又可能会产生新的产能过剩。发挥集中力量办大事的传统优势，首先在100平方公里的范围内快速建一个“新区”，投入一两万亿元能实现立竿见影的效果。保定地区与京、津近邻，元明清以降历来是京畿重地，今天仍是经济洼地，雄安新区应运而生。这一战略决策近期的直接目标是破解当前经济下行压力，为推进供给侧结构性改革开辟一个新的突破口和试验地，并迅速形成一个拉动经济发展的新增长点。

疏解北京非首都功能是国内又一战略重点。通州副中心只解决北京行政中心的东移问题，迂回空间有限、人口东移阻力不小。如果不在离北京不远处建一个交通便捷、“蓝绿交织、清新明亮、水城共融的绿色生态宜居新城区”，北京著名的国企、民营企业和外企总部，以及名院校、名科所、名医

* 王兴斌，北京第二外国语学院旅游科学研究所原所长、教授，曾为国家旅游局旅游规划专家、国家林业局森林风景委员会顾问、国家科技部软科学专家以及《中国旅游报》特约评论员，研究方向为旅游政策、旅游管理和旅游规划。

院如何外迁河北中小城市？设立雄安新区重点承接北京疏解出的非首都城市功能，包括部分行政事业单位、总部企业、金融机构、高等院校、科研院所和医疗机构，推进优质资源分散，为疏解北京非首都功能迈出关键性的一步。

与此紧密相关的还有一个京津冀协同发展课题。由于京津冀在社会经济文化方面是个不等边的“三角”，长三角、珠三角区域协同发展的经验无法在此复制。要想真正实现京津冀协同发展，在河北建一个具有全国意义的“创新高地和科技新城”“创新驱动发展引领区”“协调发展示范区”“开放发展先行区”，与北京、天津功能互补、地位匹配的“国际一流、绿色、现代、智慧城市”，才能形成三足鼎立的京津冀一体化平台，支撑起京津冀协同发展的大厦，最终实现建成中国北部世界级大城市群的目标。

二　“千年大计、国家大事”的落脚点

新华社在解读设立雄安新区时用了“千年大计、国家大事”八个字，有石破天惊之力。一件事能成为“国家大事”，已非同小可，再加上“千年大计”，更非同凡响。

有5000年文明史的中国，可称为“千年大计”之事不多，没有一个皇朝、一个国都超过千年。最辉煌的汉、唐、宋、元、明、清各领风骚数百年，最有名的都城西安、洛阳、北京，作为国都的时间均不足千年。笔者以为，为“迁都”“副都”而设立雄安新区之说不实，但确与首都发展有关。

雄安新区起步区面积约100平方公里，初步形成一个百万人口的中等新城；中期发展区面积至200平方公里，发展各种高新产业，成为一个数百万人口的大城市。不远的将来城铁、地铁、高铁和高速公路网络把雄安与北京连成一片，全面实现同城化。那时在北京的“文化中心、科技创新中心”和“国际交往中心”中的部分职能机构也可能设在雄安。这既非“迁都”，也非“副都”，而是“扩都”。“迁都”为伤筋动骨的下策，“副都”为动大手术的中策，分步拓展的“扩都”乃是稳中求进的上策。

当今绝大多数国家的首都单设在一个城市，但为解决首都功能庞杂、拥堵严重、发展受限的问题，可采取多种方式，其中建设“大首都圈”是首选良策。法国实施“大巴黎计划”，日本建设“东京都市圈”，马来西亚在首都吉隆坡南35公里处新建包括总理府在内的行政新区。韩国的总统府、国会和国防部设在首尔，总理府和大多数行政机构迁至首尔以南120公里处的“世宗特别自治市”。

雄安新区与北京、天津仅100公里之遥，城际列车20分钟可达，同城化后实际上成了北京的一部分。将来中央的部分行政机构，或全国人大和政协机构、若干文教医卫体育机构和一些国际总部机构也可分设于此。

“千年大计、国家大事”还可有另一种解读。在中国五千年历史长河中，以黄河流域为主的北方地区一直是农耕经济的重心。自东晋“衣冠南渡”后，南方经济较快发展，宋、明、清时经济重心逐步南移，形成政治军事重心在北方、经济文化重心在南方的大格局，开通京杭大运河是维系这一格局、维护国家统一的战略之计。

改革开放后，东南沿海经济先行，经济南北失衡更趋明显。北京、天津、雄安三足鼎立，撑起京津冀一体化大局；京津冀板块雄起，与长三角、珠三角三足鼎立，撑起中国东部经济先行大局。与此同时，西部大开发、中部崛起、东北振兴、一带一路（国内）、长江经济带等，都是为了改变东重西轻的经济格局。只有实现东西南北中经济全局平衡，中国才能夯实长治久安的经济基础。历史走到今天，不能回避这个课题。

在京津冀之间建设一个“创新高地和科技新城”，形成京津冀与环渤海地区合一的高新产业高地，可填平京津冀之间的经济洼地，支撑华北地区的经济崛起，并辐射东三省、西北地区。以大历史观、大经济观观之，设立雄安新区为“千年大计、国家大事”在情理之中。

三　旅游改革创新的新平台

从建立雄安新区的通知发布之日起，雄安旅游就随之而生，而且会与日俱进。2017 年 4 月 1 日新华社消息一发，恰逢清明小长假，“雄安”顿时成为一个新起的“旅游目的地”。雄县、安新、容城这几个在河北旅游版图上从来都是不出名的小县，涌来四面八方的“游人”，其中有想来挖“第一桶金”的炒房者，但也有来看一看这个未来的“新区”现在是什么样的。这是新区的第一批“游客”，犹如 30 多年前笔者曾奔着“特区”两个字去深圳“探新探奇”一样。

下一步，“雄安旅游”将与时俱进。伴随着新区组建机构、规划设计、开发建设、考察交流、对外交往，数以万计的各路人马会川流不息往返于此。首游者数不胜数、回头客络绎不绝，“雄安旅游”将是新区首先兴起的活力产业。近中期，事务旅游（公务、商务、文教科技交流考察等）是“雄安旅游”的基本产品、永续产品，也可以说是“千年”产品。为新区居民与外来客人提供服务的休闲产品（观光、度假、体验等）也会随之而兴。

随着新区逐步成型，这里 3 县原有的 120 万居民和从北京疏解而来及从四面八方来创业的千百万新居民，将成为一个新兴的旅游客源，同时随着“绿色智慧新城”的崛起，新区将成为华北和环渤海地区又一个新兴旅游目的地。

这个新区坐落在冀中平原上，由“九河下梢”汇成的白洋淀和地下温泉带将会得到高水平开发，成为“蓝绿交织、清新明亮、水城共融的绿色生态”休闲度假地。

这个新区坐落在燕赵大地上，元明清以来一直是京畿重地。“保定”之名始于元、定于明、继于清、续于今，意为“保卫大都，安定天下”。沿着“燕赵故地→京畿重地→雄安新区”的历史脉络，在旅游开发中传承历史、融入时尚、汇通古今，将成为我国又一个著名的寻古探新的文化旅游目的地。

雄安新区将是一个城乡一体、亦工亦科亦农、三产融汇创新的开放发展先行区、示范区，既非传统的乡村旅游地，也非传统的城镇旅游地，而是一个非传统、创新型的社会旅游目的地，这将也是“雄安旅游”的最奇特点、最新亮点和最大卖点。

雄安新区也应是一个旅游创新新区。中央要求新区“提供优质公共服务，建设优质公共设施，创建城市管理新样板”；“推进体制机制改革，发挥市场在资源配置中的决定性作用和更好发挥政府作用，激发市场活力”；“扩大全方位对外开放，打造扩大开放新高地和对外合作新平台”。“雄安旅游”必须突破传统套路，沿着这个方向开拓前行。

雄安新区的旅游业要在这个“创新高地”上，成为旅游“创新发展示范区”。在新区建设的全过程中，旅游业的创新发展要渗透到、融进新区的建设、规划、布局、产业、管理与社会服务之中。在这个多规合一的实验区中，旅游业不能单独编制发展总体规划，而只能成为新区总规的不可或缺、不可分割的组成部分。在新区中，雄安旅游既是为新区建设、经贸科技、内外交流提供服务的生产性服务业，也是为居民与客人提供休闲娱乐的生活性服务业，还是为绿色事业和传播环保意识服务的生态性服务业。

由此，旅游业难以也无须有一个惯常式的“产业定位”、增加值占GDP比值等，无须戴“先导产业”“龙头产业”“支柱产业”之类的帽子，旅游业对新区建设和新区形象的有形贡献与无形贡献，对新区产业的直接、间接及综合贡献都难以用也无须用百分比式的数字来体现。旅游业的管理与经营、服务与培训、宣传与营销，都要以创新改革为主线推进。这里将旅游公共设施融入主客共享的优质公共设施之中，国内外、区内外资本在这里申办旅游企业，旅游服务单位（行游食宿购娱等）的质量判定、旅游市场秩序的维护，应该遵循“政府引导服务、企业自主经营、行业自治自律、社会广泛参与”的原则，创建旅游管理新样板、旅游开放新高地和对外合作新平台，成为我国旅游产业新业态、新产品的集聚区和管理运行创新示范区。

四　雄安新区是京津冀旅游协同发展的新高地

雄安新区位于京、津、保、石之间，与北京、天津共同构成了一个金三角，三地之间同城化的推进必将促进人流、物流、资金流、信息流的频繁流动。三地之间完善的基础设施和公共服务实现一体化，为京津冀旅游的互补、协调、突破性发展提供良好的硬件和软件环境。

从旅游资源看，北京的古都与首都文化资源，天津的近代文化与滨海资源，河北燕赵文化、近畿文化和山林湿地冰雪生态，连同京津冀区域内的长城和大运河等世界文化遗产，在这些互补性资源的基础上，再添上雄安新区崭新的城区形态与时尚的标志性建筑，使京津冀地区兼有更加多元的生态、文化和社会旅游吸引物，更加有利于形成具有国际水准、中国特色、京津冀特点、雄安特质的新兴世界性旅游目的地。

从客源市场看，雄安新区的客源大致由三方面组成：以国内外商务、会展和文教交流为目的的主干市场，以京津冀居民为主体的基础市场，雄安新区原住和新落户居民的休闲度假及其亲友的探亲访友等常态市场。新区建设带来的市际同城化和交通便利化，将形成一个频繁流动的上亿级人次的区域性大市场。

长期以来，京津冀旅游实施一体化战略、推进协同发展的最大障碍是由于行政区划而导致的旅游管理体制的分割。现在建设雄安新区已成为京津冀三地共同的、首要的战略任务，行政界线不再是协同发展的阻力，同心协力成为三地协同发展的动力。三地旅游资源整合、产品对接、市场共拓只会导致三方共赢兴享，产生“1+1+1>3”倍数效应。新区的新体制新机制为形成旅游协同发展的新路径，特别是在旅游企业经营、旅游服务优化、旅游市场管治和旅游人才引进等软环境合作方面创造新空间。

面对“国家大事”和“千年大计”的战略决策及由此带来的巨大机遇，京津冀旅游界要在中央统一部署下有序进入雄安旅游建设阵地，创造旅游界特别是京津冀的优质智力资源、资本资源和企业资源进入社会和市场的环境。要以新区建设为契机、以体制机制创新激发市场活力，打破行政界限、产业界限和体制界限，整合雄安及三地的旅游资源。融汇旅游产品、共拓旅游市场、协调行业管理，开创京津冀旅游一体化的新局面。同时在雄安新区施行京津冀旅游协同发展、促进一体化战略的新经验可以为京津冀服务业协同发展，为全国的旅游区域一体化和旅游业融入城市建设及社会创新提供借鉴、示范。

旅游大发展可能并非中央设立雄安新区的初衷，但一定是新区建设的必然结果。《中共中央国务院关于设立河北雄安新区的通知》中虽然没有“旅游”两个字，但旅游界特别是京津冀的旅游业者不能在新区建设的伟业中做旁观者。旅游业虽然不是这出大戏的主角，但却是必不可少的、无处不在的配角。甘当配角，同样可以拿到“最佳演出奖”。

当然，“罗马不是一天建成的”。雄安旅游可以做什么，如何做，如何稳中求进、健康运行等，要思之又思、慎之又慎，当先谋后动、多谋善动。

旅游新观念篇

New Ideas for Tourism Development

G.4
共享经济环境下北京旅游发展分析

厉新建　傅林峰　陈丽嘉*

摘　要：2016年我国共享经济高速发展，共享基因涉及众多领域并影响着旅游业的发展，其中住宿业、交通业和导游服务受共享经济影响最明显。北京作为发达旅游城市和科技创新中心，对科技引致的变化嗅觉最灵敏，在旅游体验上率先引起前沿变革。文章从与游客体验质量息息相关的住宿业、交通业和导游服务三个共享经济渗透的重点领域入手，分析了北京市旅游现状及未来发展趋势。在此基础上，提出了共享经济环境下，北京旅游发展应注意规范共享经济安全管理，重视维护本地居民公共权力以及提高共享经济服务水平的相关

* 厉新建，北京第二外国语学院旅游管理学院教授，中国社会科学院旅游研究中心特约研究员，研究方向为旅游经济发展战略等；傅林峰、陈丽嘉，北京第二外国语学院旅游管理学院硕士研究生，研究方向为旅游经济与休闲经济。

建议。

关键词： 共享经济 北京旅游 住宿业 交通业 导游服务

共享经济，是指拥有闲置资源的机构或个人有偿让渡资源使用权给他人，让渡者获取回报，分享者通过利用他人的闲置资源获取价值。该概念最早出现在美国学者马科斯·费尔逊和琼·斯潘思 1978 年发表的论文中。共享经济逐渐被人们所关注的原因在于，相较于拥有权，更加注重使用权，通过充分利用闲置的资源，实现了供求双方的利益最大化。共享经济最先发源于国外，且种类多样，如国外品牌 Uber、Airbnb、Sprig、Couchsurfing 等涉及交通、住宿、餐饮等各个领域。最近几年，中国的共享经济在悄然中稳步发展，慢慢出现了滴滴出行、途家、小猪短租、摩拜单车等知名品牌。而随着中国大众旅游时代的到来和“互联网 +”思维的发散运用，共享经济的发展已在很大程度上渗透到旅游行程的方方面面，影响着游客们的旅游体验，其中影响最明显的便是游客在旅游过程中涉及的住宿、交通和导游服务三个部分。北京作为国家首都、世界知名旅游城市和科技创新中心，对于互联网技术给旅游业带来的变革嗅觉最为敏锐。因此，研究分析紧密依赖互联网思维的共享经济对北京旅游业的影响及未来发展很有必要。

一 研究背景：2016年国内共享经济发展现状

2016 年，我国共享经济迅速发展，据国家信息中心分享经济[①]研究中心与中国互联网协会分享经济工作委员会联合发布的《中国分享经济发展报告 2017》显示，参与分享经济活动的人数超过 6 亿人，比上年增长 1 亿人

① 本文认为在报告文件中出现的“分享经济”与“共享经济”同义，故摘自报告原文中的相关数据均用“分享经济”，文章其他部分均用“共享经济”代替。

左右，市场需求旺盛；同时分享经济的发展也积极带动社会就业，2016 年我国分享经济提供服务者人数约为 6000 万人，比上年增长 1000 万人；分享经济市场交易额约 34520 亿元，比上年增长 103%；融资规模约 1710 亿元，同比增长 130%，在资本寒冬来临之际，资本市场仍看好分享经济领域的发展潜力。在分享经济重点领域市场规模中，房屋住宿交易额 243 亿元，增长率 131%；交通出行交易额 2038 亿元，增长率达 104%；生活服务交易额 7233 亿元，增长率 101%，这些领域的服务与旅游业息息相关，将会对我国旅游经济发展产生深远的影响。

同时，国家层面对共享经济的发展较为关注，相关政策红利的出台也旨在促进共享经济的发展。2016 年 3 月，共享经济首次被写入《政府工作报告》，明确“支持分享经济发展，提高资源利用效率，让更多人参与进来、富裕起来”，同时提出“以机制体制创新促进分享经济发展”。2016 年发布的《国民经济和社会发展第十三个五年规划纲要》《国家信息化发展战略纲要》都着重提到共享经济的发展。另外，一些地方政府也发布促进共享经济发展的专门文件。国家大力支持共享经济的发展，不仅能够让更多的人参与进来、富裕起来，而且有助于节约资源，有助于绿色生态发展。

二　分析与展望：共享经济发展下北京旅游发展分析与展望

随着大众旅游时代的到来，人们的消费水平提高、闲暇时间增加、出游方式日益多元化，游客愈发注重旅游的品质和体验。魏小安在 2016 年世界旅游城市联合会重庆香山旅游峰会上表示“共享经济的水平是一个旅游城市发展的标志，也是最重要的吸引力和竞争力”，共享经济对旅游业的影响将日趋凸显，其中与旅游者体验质量密切相关的住宿业、交通业和导游服务“首当其冲”，受共享经济影响最明显，故本文从共享经济重点领域对北京市的旅游做发展分析与未来展望。

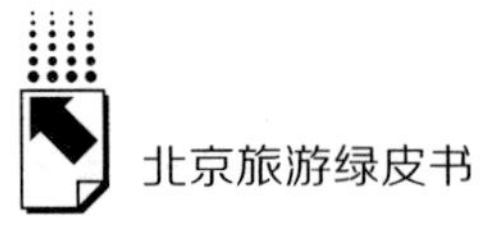

（一）住宿业

1. 北京在线短租市场现状：市场火热，房源种类多样

共享经济环境下，住宿业借助互联网科技实现在线短租，游客在网络平台实现住宿选择的远程办理且选择具有多样性。木鸟短租数据显示，国内短租市场北京最活跃，其中具有北京传统特色的四合院最受市场欢迎。目前，国内知名的在线短租平台有 Airbnb、途家、蚂蚁短租、木鸟短租、小猪短租等，笔者通过整理得出 2017 年 4 月北京市 Airbnb、途家、蚂蚁短租、木鸟短租、小猪短租 5 家在线短租平台住宿简要情况（见表 1）。

表 1　2017 年 4 月北京市 5 家在线短租平台住宿简要情况

品牌	房源量(套)	房间类型	价格范围/每晚(RMB)	出租类型
Airbnb	300 +	公寓、四合院、胡同独院等	69 ~ 5000 以上	整套、独立房间、合住
途家	19000 +	公寓、别墅、房车、四合院等	51 ~ 11200	整套、独立房间
蚂蚁短租	13900 +	民宅、公寓、四合院、树屋等	80 ~ 8500	整租、独立房间
木鸟短租	3930	民宅、客栈、四合院、别墅等	25 ~ 8000	整租、单间出租、床位出租、与房东合住
小猪短租	10000 +	民宅、公寓、花园、四合院、Loft 公寓等	35 ~ 9999	整租、独立房间、合租

数据来源：Airbnb 等此 5 家在线短租平台网站。

通过表 1 以及以上 5 家平台官网的其他内容分析得出，目前北京市在线短租市场火热，以上 5 家知名平台房源总量近 50000 套，各平台客源房点遍及北京各个区域。房源种类多样，包括民宅、公寓、别墅、汽车营地、复式城堡以及具有北京特色的四合院和胡同独居等。出租类型符合各种需求，包括整套出租、独立房间以及合租等。从价格范围来看，各平台价格差异化明显，可满足不同层次的消费需求，但仍以中层消费为主。以北京途家为例，房价在 200 ~ 800 元之间的房源超 13000 套，约占途家北京房源量总量的 69%。此外，各平台之间的相互竞争也促进了各种特色配套设施的提供，如可提供做饭、举办派对、房东与租客之间的交换故事等，极大地提高了到京游客的旅游住宿体验的个性化供给。

2. 北京在线短租市场与旅游发展展望

首先，培育中青年和家庭游市场。目前，国内在线短租消费主力军以80后、90后为主，其群体拥有超前的消费观念，在房屋住宿选择上追求性价比、环境和文艺等需求，相较传统旅游住宿业的标准化服务，在线短租更好地满足了游客的多样化需求，随着80后、90后消费能力的提升，特色短租房屋将成为他们未来出游住宿的首选。同时，中国家庭具有相聚一堂的传统观念，在线短租套房的选择，让以家庭形式出游的游客可以在异地自己动手做饭、洗衣，更具有人性化，让游客感到自己不是在异地旅游，而更像是温馨家庭生活的空间转移。而随着国家二胎政策的出台，未来家庭出游、亲子游将成为旅游市场的香饽饽。综上，北京在线短租应着力培育中青年和家庭游市场，完善房源结构，迎合目标群体的住房需求，提高房屋出租率，使闲置房屋拥有者与分享者同时获得最大效用。

其次，在线短租与北京乡村旅游民宿相结合。平日生活在高压力、快节奏下的都市人，因"逃离"和"乡愁"激发了乡村旅游的兴起与繁荣，但乡村旅游不是简单地到乡村中去，更需要去体验、去感悟，在游走乡村的过程中拥有获得感。住宿就是体验当中的一个重要环节。乡村旅游市场是目前国内旅游市场的热点，然而却出现"千村一面，千房一面"的现状，共享经济的非标准化将有利于解决"千房一面"的住宿供给。在线短租可充分利用乡村闲置房屋发展乡村旅游民宿，实现游客与乡村人之间近距离接触，促进旅游住宿当地化，听当地人讲真实故事，而不是完成一趟旅程后只留下匆匆的身影。同时，发展北京乡村旅游民宿在线短租市场，在线短租房屋的当地化、多样性以及品质化将对北京市居民以及外地游客产生定向的吸引力，将在一定程度上缓解北京旅游旺季游客高峰的情况。

（二）交通

1. 北京共享单车方面现状：雨后春笋，群众参与率高

自2016年共享单车推出以来，共享交通的发展势头迅猛，除了摩拜、

OFO 等，共享单车巨头不断向北京市投放单车，共享电动车、共享汽车也纷纷涌入人们的视野。虽然共享单车不属于真正意义上的“共享经济”，但共享单车的便捷性和经济性带给人们极大的便利，目前北京市共享单车数量已超过 30 万辆，大街小巷都可见到人们骑行单车的身影，单车使用率高。共享单车的出现解决了北京市居民以及游客最后一公里出行问题，很大程度上消灭了黑摩的存在，也适当缓解了北京市道路拥堵问题。据 2017 年高德地图 Q1 交通报告指出，与 2016 年一季度相比，本季度北京驾车用户 10 公里以下的短距离出行用户占比减少，尤其是 5 公里以下的短距离出行量减少 3.8%，人们的出行方式在潜移默化中改变。

2. 北京共享单车与旅游发展展望

首先，共享单车促进胡同游休闲化、个性化。胡同是北京的特色，胡同游是北京对中外游客具有重要的旅游吸引力，而胡同内的人力三轮车因其对北京传统文化的传承以及独特的导游服务，曾一度成为北京胡同热门游览方式。但人力三轮车也存在其线路固定化、交通可达性以及监管等方面的局限性，给胡同本地居民带来不便，给胡同游游客造成一定的困扰。而共享单车作为一种代步工具，用交通工具代替了脚力，给自助游玩北京胡同的游客带来了舒适与便利。共享单车的经济性、普遍性和多样性很好地弥补了传统胡同人力三轮游的缺陷，扩大了自助游游客在胡同内的空间移动范围，带给游客不同的旅游体验。共享单车带来的出行方式的改变有利于未来北京居民以及外地游客更加深入胡同内部，促进胡同旅游向休闲化、个性化发展。

其次，结合大数据分析胡同乃至北京城区旅游者偏好路线。一方面，共享单车与互联网、空间技术的结合，使客户端可以十分迅速地判定使用者的使用环境是否为非惯常生活环境，并以此判定使用者的游客身份。另一方面，当越来越多的游客在城市游中选择以共享单车的方式进行空间移动，甚至将其作为游玩本身的一个重要组成部分，那么每一辆共享单车上安装的 GPS 就成了游客在北京市域范围内移动数据的承载，能够获得骑行路线、停留地点、停留时间长度等详细信息。不论政府或是企业，都可充分合理利用这一资源，结合大数据分析胡同乃至北京城区游客骑行线路偏好，针对人群停留时间较长的且高频停留的旅游景点或是公共区域（即 AOI，Area of Interest），做好相应的旅游服务设施以及公共服务设施建设。同时可针对游客骑行线路密度大的沿线开发特色旅游线路，将交通运输功能转变为旅游资源，满足当地人和游客的休闲化体验。

（三）导游服务

1. 国内旅游方式与北京旅行社经营情况：自由成风，旅行社利润低

近几年，国家对于旅行社零负团费、黑导游等事件尤为关注并采取了有力措施，然而一些旅行社和导游的不当行为是目前国内旅游市场恶性竞争环境之下的产物。我国旅行社众多，但经营利润一般。2015 年，北京市共有旅游企业 1238 个，从业人员平均人数 37780 人，但营业利润由 2014 年的盈利 20062.7 万元到 2015 年亏损 24962 万元①，企业利润亏损则导致旅行社委派的导游人员经济生活得不到保障，必然会另辟蹊径寻找发财之道。另外，全民旅游时代的到来，自由行蔚然成风，自助、自驾游成为人们外出旅游的首选。2015 年，国内游人次达到 40 亿，出游方式上自助游超过 85%。两者的矛盾将促使旅行社及导游业进行变革。

事实上，国家旅游局在 2016 年全国旅游工作会议上就表示要深化导游管理体制改革，取消“导游必须经旅行社委派”的政策规定，拓宽导游执业途径，建立导游服务预约平台，实现导游人员自由职业的转变。这完全符合共享经济理念下实现闲置资源再利用的作用，目前我国真正从事导游行业的人数远远小于拥有导游证的人数，而且导游人员的经济收入得不到保障，因此在共享经济理念和人们的消费观念改变的环境下，实行导游自由执业将会对导游人员与游客带来更多的空间选择与体验经历。

2. 共享经济环境下北京导游服务发展展望

首先，倡导北京导游共享平台建立，发挥具备导游资质人员的向导作用。导游共享平台是将具备导游资质且愿意在自己的闲暇时间为有需求的游

① 数据来源于 2016 年北京市统计年鉴。

客提供导游服务的人员的一个平台，共享经济环境下，游客具有自由选择的权利，将北京市的导游人员集中，通过平台订单模式以及用户评分机制将有利于促进自由导游人员服务水平的提升。通过平台为导游人员提供机会，不仅可以稳定导游经济收入、提高导游服务水平，还有利于有效治理北京一日游乱象，提高来京游客的旅游体验质量。

与传统旅行社的旅游团导游人员配备相比，导游共享平台导游人员信息公开化利于游客选择的多样性，游客可根据导游的经历、故事以及喜好来选择，将在一定程度上降低旅游过程中不满情况的发生。见多识广、风趣幽默的拥有导游证者甚多，碍于旅行社委派程序过于麻烦而没有带团机会，导游自由执业将在很大程度上利用这潜在资源。

其次，挖掘老北京人力资源，发挥“北京通”向导作用。随着大众旅游时代的兴起，游客的旅游体验要求越来越高，除了欣赏景点以外，对于当地的风土人情、传闻逸事等也会有着潜在的期待。老北京人对北京的生活环境、饮食习惯都将比一些旅行社的导游人员更加熟悉，加上北京人独特的北京腔和自身的故事，将会给游客带来不一样的体验。

结合如今北京在线短租市场的火热，许多房源均来自北京当地人或熟悉北京的租客，在此基础上，挖掘高素质、具有丰富经历的“北京通”，带领游客体验不一样的北京旅游，将会给游客在行前、行中和行后带来差异化的体验。

三　北京市共享经济环境下旅游业发展注意事项

（一）规范共享经济安全监管，确保在线短租和导游自由执业安全问题

共享经济飞速发展的背后是安全的问题。目前，我国对于共享经济方面的法律条文相对模糊，诚信问题成为阻挡共享交易行为的心理障碍，特别是人与人之间相互接触的在线短租和导游自由执业，出现游客付了定金找不到房东、游客破坏住房等情况。因此，加强对共享经济的安全监管势在必行。

国家层面，政府要制定相关政策，规范共享经济运行轨道。就在线短租平台而言，政府应严格核实共享短租平台的合法经营情况，对于平台运营下供求双方的矛盾冲突有着明确的解决方案；就自由执业导游而言，应充分发挥“全国导游公共服务监管平台”作用，为游客提供最完善的导游信息。企业层面，在线短租平台应当充分核实房主的真实情况以及信誉情况，对于欺骗消费者的房东应严厉惩罚，通过奖惩制促进房东对服务环境与服务水平的提升。导游共享平台以及导游协会应加强对导游资质和信息的审核与公示，完善导游履历和游客评论，通过星级评审制督促导游提升自我服务水平。在信息化时代，游客才是最好的监管员。

（二）重视维护本地居民公共权利，看清在线短租民宿和共享单车发展方向

值得提醒的是，共享经济下的北京旅游发展不仅仅是要更好地服务于外地游客，同时也要关注本地居民的生活感受，这其中就涉及在线短租乡村旅游民宿的“乡愁”问题以及共享单车带来的公共路权等问题。

“乡愁”是城市人的“乡愁”，还是农村人的“乡愁”？在线短租乡村旅游民宿的发展应该是在尊重当地文化与生活习惯的基础上，让当地人参与进来，获得收益，在经济条件得到保障的条件下，在对未来生活感到拥有希望的情况下，引导他们从事本地文化活动，体现当地文化活力，与来往游客相互交流，达到原住民与游客之间的相互融洽局面。乡村旅游民宿必须要让乡村居民参与进来，加大游客与当地居民之间的接触，直接体会当地民俗民风，留有更加深刻的旅游印象。另外，共享单车的大范围普及也带来了相应的问题，如乱停、乱放、人为毁坏等。对北京市居民影响最为显著的，便是道路共享单车骑客过多以及在一些知名景点的扎堆停放影响了当地居民正常出行的优先权。

因此，共享经济下北京在线短租乡村旅游民宿以及共享单车的发展都应重视对本地居民公共权利的维护。没有当地居民满意的生活环境评价，哪来的欢迎热情营造全域旅游。用共享经济的理念去发展，为当地居民谋取福利，才能更加持久地发展下去。

（三）完善自由执业导游综合培训体系，提高共享经济服务水平

共享经济环境下的旅游服务水平与自由执业的导游密切相关，导游的服务水平决定着游客整体的旅游体验质量。共享经济环境下，游客通过导游共享平台选择目标导游，游客直接与导游建立联系，游客的安全性、经济性以及体验性便交由导游，这在很大程度上考验着导游的综合素养。所以，必须定期对共享平台签约导游进行导游服务知识和服务水平的培训，形成综合培训体系，强化奖惩机制，在提高导游服务水平的同时，也要相应地提高自由执业导游人员的收入，改善导游人员的低收入情况，让导游不仅仅是一份工作，而更像是带别人体验自己家乡的一种休闲活动。

参考文献

国家信息中心分享经济研究中心、中国互联网协会分享经济工作委员会：《中国分享经济发展报告 2017》，2017。

李庆雷、娄阳：《旅游共享经济的十个特征》，《中国旅游报》2016 年 5 月 4 日。

G.5

论非首都核心功能疏解与强化北京城市旅游功能

窦　群*

摘　要： 按照国家推进京津冀一体化的战略要求，北京正在加大疏解非首都核心功能力度，在这一新环境下，明确北京作为世界著名旅游城市的功能，对北京旅游发展具有全局和长远的战略意义。为适应通州、雄安等北京城市副中心的规划建设和适应新一轮北京城市总体规划修编的要求，要高度关注北京城市旅游功能的明确、巩固和强化，特别是借助城市副中心完善首都旅游功能需引起高度关注。

关键词： 北京　非首都核心功能疏解　旅游功能

一　京津冀一体化背景下的北京非首都核心功能疏解

（一）京津冀旅游协同发展有利于推动北京建设世界旅游城市的进程

京津冀是拉动我国经济发展的重要引擎之一，北京集聚过多的非首都功能、“大城市病”问题突出等，这一系列问题的解决有赖于京津冀

* 窦群，北京联合大学旅游发展研究院研究员，博士，主要研究方向为城市与区域旅游发展，遗产资源保护与旅游发展。

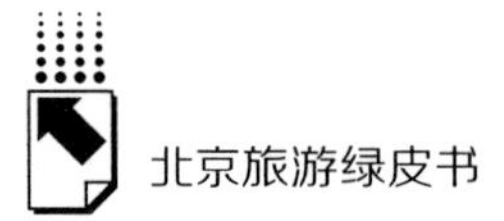

协调发展。疏解北京非首都功能，其目标是通过产业结构和空间结构调整，走出一种在人口密集地区的优化发展模式，促进京津冀协调发展。

（二）巨大的旅游客流客观上确立了北京作为旅游城市的性质，同时也对城市公共服务设施供给提出了现实的挑战

我国巨大人口基数下的大众旅游时代的到来和北京自身流动人口的急剧扩张等因素叠加，确实给北京城市功能的协调布局带来一系列负面影响，促进北京市旅游人口疏导、缓解北京流动人口压力的问题需要尽快得到充分研究和有效解决。当前，北京作为我国枢纽旅游城市，旅游流动人口规模已经相当于每天另外增加一个中等城市到大城市的临时流动，以2016 年数据为例，北京市接待国内游客 2.81 亿人次，入境游客 416 万人次，假设客流按天分布，笼统计算，北京平均每天接待游客 78 万人次。从具有更加实际意义的2016 年北京市接待市外国内游客 1.71 亿人次来看，平均每天的净增外来游客量也要达到 47 万人次。更加极端的情况是，2016 年“十一”长假，北京平均每天接待游客 162 万人次，其中约四分之一是京外游客，也就是说黄金周期间全国各地到京游客平均每天新增约 40 万流动人口，如果按外来游客在京停留 3 ~ 4 天叠加计算，高峰时段的黄金周期间，北京市每天接待京外游客的流量极值可能会在 120 万 ~ 160 万，而且这些人对于公共交通具有很高的使用频率，北京市因为旅游增加的流动人口压力可想而知。由此，断定旅游是北京城市的基本功能已经毋庸置疑。

北京作为重要旅游目的地和中转地的叠加功能，使北京市的旅游人口长期保持高位运行，由此造成北京城区交通拥堵、旅游容量不堪重负，旅游节假日更是人满为患。为此，北京城市总体规划和公共服务设施供给必须在充分考虑北京市游客流量的前提下，将旅游客流疏导、提高北京市旅游发展质量纳入城乡规划制定实施和城市日常管理中。

二　北京历次城市总体规划都对旅游功能予以明确定位

北京市作为我国枢纽旅游城市和国际旅游名城的功能和地位需要进一步明确和强化，这是发挥北京市龙头作用，促进京津冀区域旅游发展的前提。

（一）1983版北京城市总规——旅游功能作为首都文化功能的拓展定位

1983年7月，中共中央、国务院批复实施《北京城市建设总体规划方案》（简称1983版总规），这是改革开放后北京编制与实施的第一版城市总体规划。

该规划确定北京城市性质为“全国的政治中心和文化中心”，不再提“经济中心”和“现代化工业基地”，这是北京市城市性质的根本性调整。旅游作为拓展文化功能的重要组成部分有了定位的空间。

在国家批复中，要求北京市要“加强风景游览区和自然保护区的管理”，要注意保护生态环境，“以满足人民生活的旅游事业的需要”。

（二）1994版北京城市总规提出“把北京建设成第一流的国际旅游城市”的高度定位

1994年，《北京城市总体规划（1991－2010年）》，定位“北京是伟大社会主义中国的首都，是全国的政治中心和文化中心，是世界著名的古都和现代国际城市”，规划目标是要“把北京建设成第一流的国际旅游城市”，对北京旅游发展定位虽然非常简洁，但是却立意高远、符合北京市旅游发展应有的地位和目标。

（三）2002版北京城市总规——提出建设“世界文化名城，国际著名旅游地、古都文化旅游，国际旅游门户与服务基地”

2002年发布《北京城市总体规划（2004－2020年）》，定位“北京是中华人民共和国的首都”，其余定位与1994版相同，保持了规划的连续性。

按照规划，在这一阶段，北京市充分抓住了2008年夏季奥运会的带动作用，首都基础设施获得了“提前了20年”的建设的美誉，并提出了“建设世界城市”的宏伟发展目标。

规划提出“要充分发挥首都在交通、旅游等方面的优势；弘扬历史文化，保护历史文化名城风貌，形成传统文化与现代文明交相辉映、具有高度包容性、多元化的世界文化名城，努力建成国际著名旅游地、古都文化旅游，国际旅游门户与服务基地”。应该说这是对北京旅游发展比较系统、高度定位的一版城市总规。规划也强调要加强北京与京津冀地区，特别是与京津城镇发展走廊及北京周边城市的协调。

（四）2017版北京城市总规——尚不明确的城市旅游功能定位

《北京城市总体规划（2016－2030年）》（草案）已经于2017年3月底开始向社会征求意见，从已经披露的内容看，提出北京的城市性质是政治、文化、国际交往和科技创新四个中心，关于旅游的功能可能需要在规划的详细阐述中加以明确，呼吁并期待新版城市总规对旅游发展有更加明确和强化的定位。

三　北京是城区与城市副中心有机联系的世界旅游城市

（一）北京中心城区是重要的旅游目的地和旅游门户

北京在全国旅游发展中具有枢纽和门户地位，旅游经济的集聚效应日益显现，北京作为一个重要的旅游目的地，不仅吸引着国内众多的游客，也承担着开拓入境旅游市场的重要使命，作为“国门”，北京又是重要的旅游集散地，随着北京第二机场的建成运营，众多的国内外旅游者会选择北京作为集散地，因此，北京作为全国乃至国际性旅游中心城市的功能会进一步凸显。

（二）北京副中心通州的确立是北京旅游功能拓展与强化的长期机遇

1. 历次城市总规都对通州发展给予高度关注

1994 版的城市总规就提出要建设通州等卫星城；通州更是 2004 版城市规划所确立的北京 11 个新城的第一位，也是城市东部次区域的核心之一，被定位为城市综合服务中心，力求保护运河文化并围绕运河规划建设城市景观。

2. 北京城市副中心是北京旅游功能强化新的增长极

2016 年 5 月，国家专题研究北京城市副中心的规划建设，其中，特别提到了要把北京城市副中心建设成为宜游、宜居、宜业的现代新城区。

从通州的基本条件看，具有世界文化遗产——京杭大运河，运河旅游与天津、河北的资源整合是具有较高知名度的国际性品牌旅游产品。

近期，通州正在加紧布局的重大旅游项目环球影城，可望在“十三五”期间落成开业，通州旅游将增添新的活力，成为北京旅游发展新的增长极，带动整个京津冀旅游产业的规模扩张和质量提升。

3. 北京城市副中心应宜居宜业又宜游

作为城市新城建设，通州除了满足市民的居所和就业需求外，应对旅游休闲功能给予必要考虑。北京市目前的文化和旅游功能集中在中心城区，如果未来建成的通州缺少有吸引力的旅游、文化项目，通州居民为满足这类需求还要在周末和节假日到北京中心城区消费，还会形成北京中心城区和通州之间的巨大人口流动，对中心城区的交通、经典景区、文化娱乐场所等依然带来有增无减的容量压力，这实际失去了建设新城、疏解老城的愿望。

通州的资源禀赋具备建设成为新兴旅游目的地的条件，完全有可能规划建设成为集传统文化与现代时尚元素于一体的相对独立目的地。在通州规划定位的重要功能中，有许多与旅游产业发展密切相关，例如，环球影城和宋庄文化创意产业集聚区。从历史的文脉看，作为大运河的起点，通州一直是京杭运河的一座重镇。2015 年，以通州为代表的京杭运河申报世界遗产成功，进一步彰显北京作为世界遗产之都的魅力，借助运河世界文化遗产起点品牌，借助北京作为世界级历史文化名城的巨大影响力，通州具备了建设具有独立产品和品牌影响力的综合旅游目的地的条件。

特别是通州正在建设的环球影城项目值得高度期待。作为具有重大国际影响力的主题公园，是国内继上海迪士尼之后，在中心旅游城市引进的又一个具有广泛影响力的特大旅游项目，其品牌影响力将对通州和北京旅游发展带来根本性的变化，是“十三五”期间全国旅游发展值得期待的大事。它作为通州乃至北京旅游业发展的新引擎，将成为大力推进通州建设为宜业、宜游之城的动力。

（三）雄安新区——北京城市旅游功能的新拓展

2016 年 4 月，中央决定设立河北雄安新区。这是持续疏解北京非核心功能，创新推进京津冀一体化战略的又一重大战略部署。如同北戴河在一定意义上成为北京“夏都”功能所承担的旅游休闲功能一样，雄安新区是又一次跳出北京现有行政区域解决北京有关“大城市”病，也是旅游功能的延伸、补充和强化。

1. 雄安力求高起点、创新发展，目标是打造具有当代生态、科技水准的新的区域增长点，这可以与北京现有旅游体系形成错位发展，雄安经过逐步积累，可望建成新的旅游目的地

雄安战略的消息公布后，国内外高度关注。业内人士纷纷联想到，浦东的开发造就了浦东机场、东方明珠等重大交通设施和具代表性的经典项目，深圳的发展造就了华侨城，成为引领国内主题公园发展的先行者。雄安新区规划旨在协调生产、生活、生态三大需求，除了区内已经具有相当影响力的白洋淀等景区外，必将在发展过程中像上海浦东、深圳特区一样，留下经典型的城市地标建筑，逐步完善旅游休闲体系，连通京津冀区现有的世界遗产级旅游资源，为京津冀旅游建设成国际旅游目的地打下坚实的基础。

2. 雄安有限发展环京津的交通网络，这将进一步疏解北京客流、形成具有区域作用的新的次级旅游集散地

交通是雄安建设的主要优先领域，有关规划正在紧锣密鼓地准备和编制中，根据规划，雄安将与京津冀城市群形成紧密“同城化”效应的交通网络。随着雄安发展逐步形成规模，其旅游服务体系会逐步完善，会形成相对独立的旅游公共服务体系，新区就有可能发展成为新兴的旅游目的地，还一定会发展为京津冀区域重要的旅游集散地，成为国内外游客进出北京的重要辅助口岸之一。雄安和通州共同作为北京的城市副中心，其功能和产品有机配合，就可望更加有效疏解北京中心城区的客流压力，从而实现国家为疏解北京过于饱和的客流的愿望。

3. 雄安的新区建设过程，将逐步积聚各类旅游要素、促进各类旅游新业态发展，从而雄安有望发展成为旅游新业态、新产品的集聚区和示范区

憧憬雄安新区的未来发展，主要是发展高端高新产业，其目标是要延续历史文脉，把雄安建设成为一个宜居新城、绿色新城、智慧新城、水城共融的生态新城，这些新城理念像一幅幅美丽画卷将逐步揭开神秘的面纱人。当前，旅游业发展的一个增长点就是适应国内外游客不断增长的多元化旅游需求，依靠信息、装备制造等产业的技术支撑，各类旅游新业态、新产品如雨后春笋、层出不穷，成为推动旅游业从传统服务业向现代服务业创新提升的新引擎。雄安区域内水资源丰富，有大清河、白洋淀等水系、水域，为规划建设各类水上旅游娱乐项目提供了广阔的舞台；绿色新城的规划建设与生态旅游发展异曲同工，智慧新城建设与智慧旅游相得益彰。适应绿色新城、绿色旅游发展的时代要求，雄安在住宿、餐馆和厕所等旅游设施的规划建设和管理运营中，广泛探索绿色环保技术也成为必然。总之，雄安的发展，可以为各类新技术、新产品、新业态介入旅游发展提供一个集中探索发展的空间，由此，雄安新区建设过程也是我国旅游新产品、新业态示范区的探索过程。

为使旅游全面融入雄安战略，需要充分发挥旅游业作为朝阳产业的魅力，主动作为。一是加强旅游规划的开展、协调和对接。二是考虑雄安现有

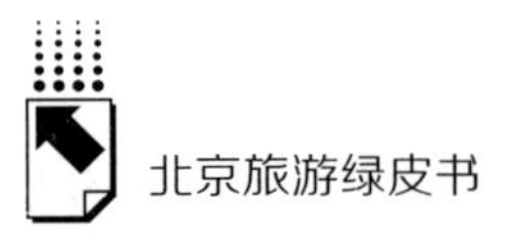

经济社会发展基础相对薄弱、公共服务设施相对短板，需重点规划建设雄安与京津冀城市群旅游线路组织及其相应的旅游集散中心、旅游导引标识、旅游厕所、停车场等旅游公共服务配套。三是按照中央创新发展的要求，在雄安构筑旅游产业发展新机制，努力发挥好市场和政府两种作用，推动翔安旅游发展在新机制推动下形成新格局。

四　小结

疏解非首都核心功能环境下需要明确和强化北京作为旅游城市的功能。城市总体规划的编制和实施对于一个城市的发展具有全局和长远意义，北京新一轮城市规划的编制和实施正在进行当中，进一步明确和完善旅游作为北京城市的核心功能之一，这是北京建设世界旅游城市的基本前提和可持续发展的基本保障。

正在紧锣密鼓规划建设的通州新城和值得高度期待的雄安新城，具备建设成为集历史文化与现代时尚于一体的新兴旅游目的地和集散地的历史机遇和优越条件，不仅可以使中外游客在京津冀城市群内有了新的旅游选择，还可以加速疏导北京中心城区旅游人口的巨大压力，显著增强北京旅游发展的综合竞争力，为强化北京市旅游功能、把北京建设成为具有世界级旅游城市夯实发展基础。

北京市目前面临的大都市病，本质上是集多种病因于一体并且已累积多年，本轮首都非核心功能疏解如果不能够明确旅游休闲属于城市的核心功能必须得到保护和强化，片面考虑疏解行政、集贸市场等功能，很可能还是会进入“头疼医头、脚疼医脚”的怪圈，既不能缓解疏解城市非核心功能的燃眉之急，可能还会因为误解旅游功能不应作为北京市的核心功能，从而使北京的旅游功能被无形削弱，这是由于对“大城市病”诊断错误、施治不当，用药过猛、甚至下错药而形成的错误做法，很可能使北京的都市病加重或者旧病未除又添新病，我们必须避免再犯这样的历史性错误。

城市的发展需要体现以市民为本，充分考虑外来游客的理念，而市民和游客的需求无疑是多元化的并不断升级的，因此，城市的发展必须适应这种需求，始终跟上时代的步伐，应对市民和游客的需求。承接历史文脉，始终明确北京市的旅游功能，建设宜居、宜业并宜游的现代田园城市，这是北京及其新城的总体发展目标，也是国家对北京和京津冀城市群未来发展的愿景。我们喜欢“老北京”，需要保护和传承“老北京”文化；我们期待“新北京”，憧憬“新北京”的更多时尚和现代气息；“老北京”与“新北京”的无缝对接和浑然一体，正是我们对北京城市旅游功能的更多期待。

参考文献

《北京城市总体规划（2016－2030年）》（草案），北京市规划和国土资源管理委员会，2017年3月。

《北京城市总体规划（2004－2020年）》，北京市人民政府，2002。

《北京城市总体规划（1991－2010年）》，北京市人民政府，1994。

《北京城市建设总体规划方案》，中共中央、国务院1983年7月批复。

陈述彭：《地理系统科学》，中国科学技术出版社，1998。

吴良镛：《京津冀地区城乡空间发展规划研究》，清华大学出版社，2002。

郭来喜：《河北昌黎黄金海岸开发》，中国科学出版社，1985。

窦群：《京津冀区域旅游协同发展研究》，山东大学出版社，2016。

G.6
以新思维引领住宿业发展创新

杨宏浩*

摘　要：　从狭义住宿业到广义住宿业的跨越，住宿业逐渐由一个劳动密集型产业，变为一个资本密集型、技术密集型、融入新经济和文化创意的产业。对这个充满生命力的行业，应该秉持积极乐观的态度，用新的思维来引领和推动行业发展创新，包括从成本思维到价值思维，从市场思维到资本思维，从传统思维到互联网和共享思维，从结构化思维到跨界思维，从经验思维到科学思维。

关键词：　住宿业　新思维　“互联网+住宿”

住宿业是一个较为传统的产业，但又是一个日新月异、焕发着青春活力的新兴现代服务业。住宿业的边界不断扩展，新兴业态不断涌现，新模式不断创造，新技术不断应用，从业人员的思维不断更新，各路资本不断涌入，其规模也迅速扩大。住宿业过去那种传统、衰落的形象已经完全发生了改变，它不仅是一个劳动密集型产业，还是一个资本密集型、技术密集型、融入新经济和文化创意的产业。也就是说，住宿业已经从一个很多人眼中的夕阳产业转变为了一个充满生机的朝阳产业。因此对住宿业发展应该秉持积极乐观的心态，要用新的思维来拥抱行业的发展。

---

* 杨宏浩，湖北人，中国旅游研究院产业所副所长，副研究员，博士后联合导师，上海财经大学旅游管理博士。研究方向：旅游产业发展与旅游企业运营。

一　从狭义住宿业到广义住宿业思维

（一）住宿业逐渐形成“三足鼎立”态势

在相当长的时间里，行业统计也好，各类报告也好，潜意识中还是以一个狭义住宿业的观念看待住宿业。在很多场合，谈到住宿业规模和绩效，还是在讲星级酒店或品牌酒店多少家以及它们的业绩如何。以此为样本得出的结论是近几年这个行业发展比较悲观，但如果把视野放宽一点，跨出星级酒店和品牌酒店的边界，可以看到途家网、小猪短租等住宿分享经济平台，以及最近几年广受欢迎的精品民宿、帐篷客、集装箱酒店等非标住宿业态，都是属于一个大住宿业的范畴，一个广义住宿业范畴。所以放宽住宿业边界，会有更多新的住宿业态出现。从住宿设施的标准角度分类，有以星标为代表的星级酒店，以品牌标准为代表的从经济型到中档再到高档的品牌酒店，以及最新出现的非标住宿，随着标准的演化，新住宿业态不断出现，逐渐呈现出一个三足鼎立的态势。

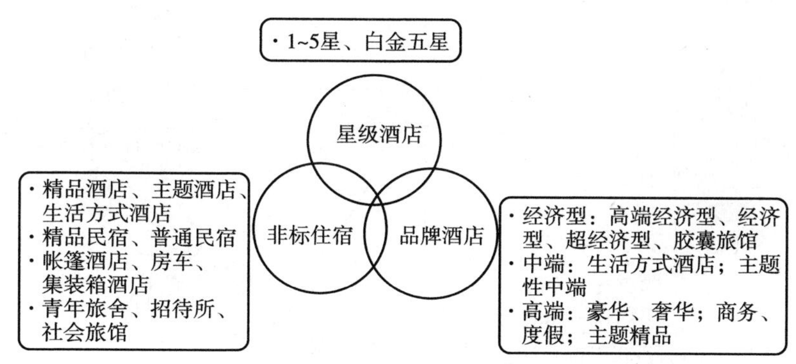

图1　住宿业标准演化“三足鼎立”态势

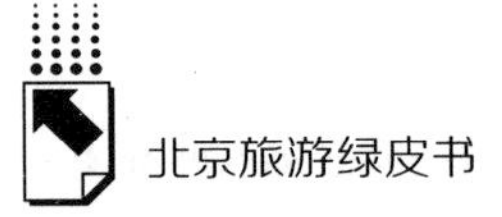

（二）住宿业态形成“住宿丛林”

如果从住宿业发展的动力，即什么因素推动新的住宿业态出现来看，还可以细分出很多不同住宿类型，形成一个众多业态组成的“住宿丛林”。其中与交通相关的住宿业态，如近年来开始流行的房车，其实也可以划归住宿业，它既是一个交通工具，同时也是一个住宿工具；邮轮是一个具有住宿功能的综合体，也是一个豪华的漂移在海上的五星级酒店。最近，天津一个船厂联合发改委和一批专家计划将废旧船只改为一个住宿设施的项目，他们初步统计国内目前有闲置5万吨以上船只千余艘，计划对其进行改造，进入住宿业，统计可能新增十余万间客房，可为消费者提供在船上住宿、餐饮、娱乐的服务。我们现在关注的无人驾驶汽车，未来可能不只是想象的那样没有人驾驶的汽车。既然无人驾驶，这个汽车完全可能改造成像一个客房一样，

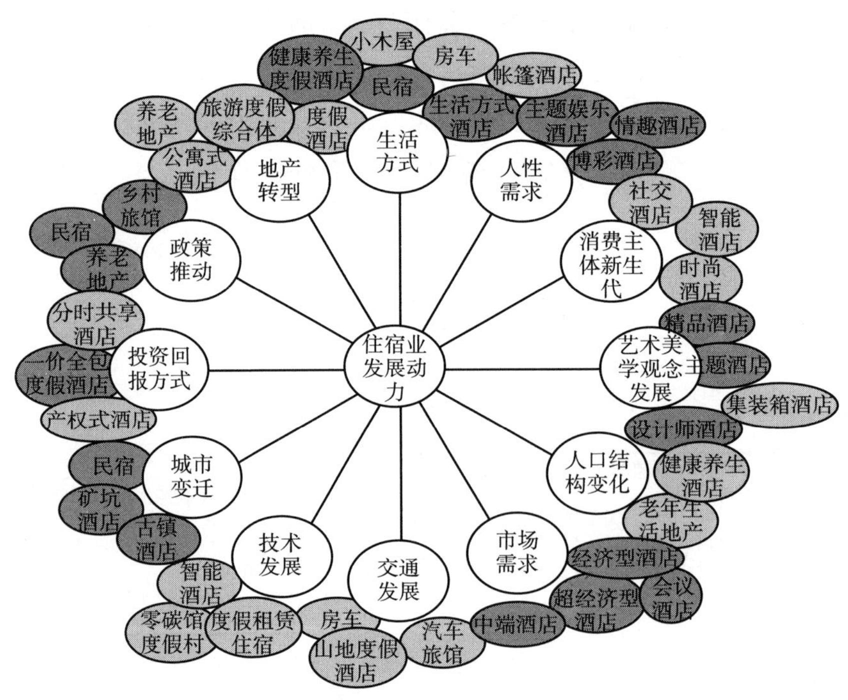

图2 住宿业发展动力催生更多住宿业态

上车以后就可以娱乐和休息，到目的地后开始旅游，这样无人驾驶汽车在路途中就可以视为一个住宿设施。所以未来住宿业态会不断创新，会不断出现一些颠覆我们思维的形态。

（三）广义住宿业的规模远超想象

在住宿业的边界拓展之后，再看住宿业的规模。根据国家旅游局的统计，2015 年星级饭店 1.2 万家左右，就业人数 134 万，营收 2100 亿元；国家统计局在 2008 年做的第二次经济普查数据显示，2007 年上规模的住宿单位是 5.4 万家，根据每年的增长速度推算，现在规上住宿机构数量应该不低于 10 万家；商务部 2015 年出的住宿报告显示，2014 年住宿单位大体是 55 万家，就业的人数约 500 万，营业收入大概是 5000 亿元。如果采用 OTA 提供的数据，计入民宿客栈等业态，住宿机构规模将达到近 100 万家。可以看到不同的口径，统计结果会有很大的差异，这也表明相应的住宿统计必须跟上来。

再看国家统计局提供的住宿业投资数据，显示投资规模逐年上升，而且上升速度非常快。可以看到 2004 年当年只有 340 亿元的新建投资，到了 2013、2014 年的时候已经达到 3600 亿元左右的投资，翻了十倍。这个数据是住宿业新建固定资产投资，还不包括扩建和改建的投资。如果看开工和施工的项目，每一个项目就是增加的住宿单位数量，那么到 2003 年的时候，当时一年新增 1000 家左右，但是到了 2014 年，一年增加 6000 多家规上住宿业单位。从 2007 年到现在，按照住宿业增长速度，现在达到 10 万家是完全有可能的。这些数据表明这个行业远远超过统计部门所提供的数据，也可以看到星级酒店只是其中的一小部分，如果仅仅拿它的数据来评价这个行业经营如何是远远不够的。

（四）价值链视角的住宿产业体系

此外，从住宿业产业链来看，在酒店、民宿等住宿接待业态之外，还包括酒店咨询与设计、资产评估与交易行业、酒店用品行业、酒店 PMS 系统

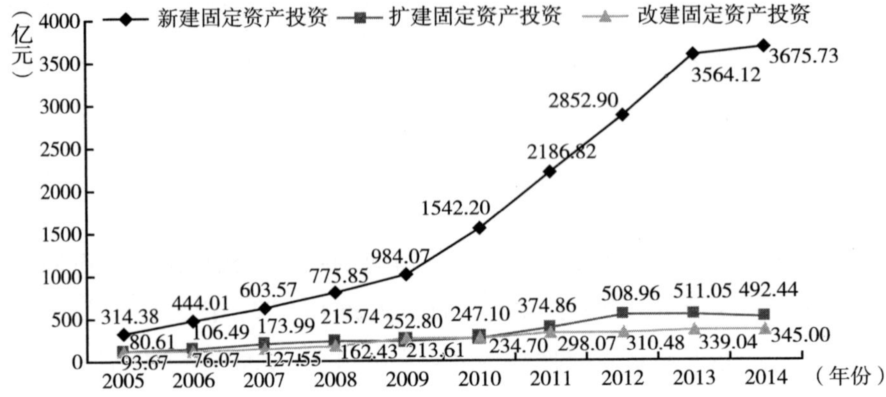

图3　住宿业固定资产投资规模

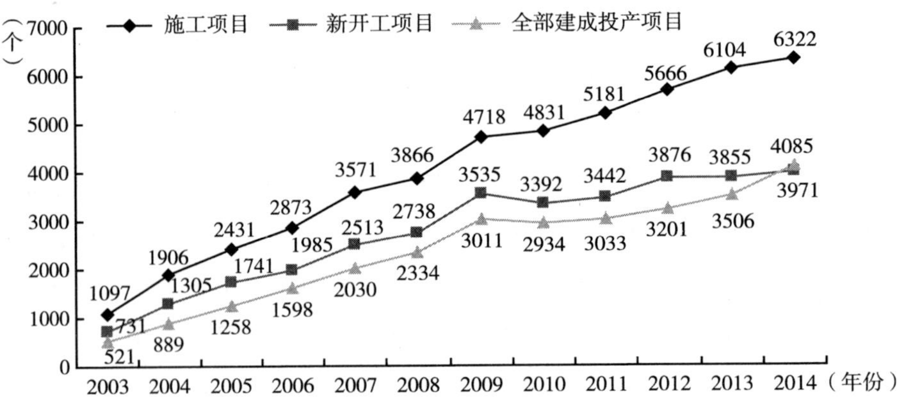

图4　年度规上住宿业建设项目数

和收益管理系统等软件提供商、酒店营销和预订等 OTA 渠道等整个酒店住宿产业体系。

目前，我国经济型酒店品牌和中端酒店品牌近年来异军突起，但主要仍在国内发展。我国在酒店咨询设计、评估和交易、品牌输出和运营管理系统，以及高端酒店用品的生产等，例如大到厨房和工程方面的设施设备，小到客房布草和洗涤用品等领域，品牌竞争力都还不强。我国住宿业尚处于全球住宿业价值链的中低端，核心竞争力还不强，在国际上的话语权有待提升。

未来，打破住宿业领域的国际分工格局，占据应有的位置，提升我国住宿业在全球价值链中的分工位势，争取更有利的分工地位应该是我们的目标。我国住宿企业从模仿者到创新者，正在探索中国式创新，全面开启自主品牌发展的新时代。住宿业企业需要文化自信、品牌自信，也需要业主对本土品牌自信，更需要消费者和媒体相信和信任本土品牌，培养本土品牌成长壮大的沃土。通过技术进步和技术创新，加强住宿业研发设计、标准建立及营销网络布局等，不断提升产业链产品和服务的附加值，推动我国住宿业向价值链高端攀升。

二　从成本思维到价值思维

价值思维是相对价格思维或成本思维而言的。之所以讲从价格思维到价值思维，因为平常更多是从产品价格，从经营成本来考虑问题，而不是站在消费者的需求的角度，或从消费者所需要的、所获得的价值这个角度在讨论问题。价格会筛选消费者，但价格本身不是消费者的需求，消费者关心的是你能为他提供什么价值。简单而言，价格思维就是把降低成本作为酒店的核心竞争力，而且更强调硬件设施，国内酒店的硬件已经超过了欧美那些酒店；大家都希望覆盖尽可能多的客源市场，强调成本管理。价值思维是以为客户创造价值为核心，强调发挥我们软性的东西，我们的服务也好，我们文化的东西也好，聚焦更加细分的市场，强调绩效管理。

从标准这个角度看，以前强调星级标准，都按照标准上的数字尺寸和要求建酒店，各地三星级酒店同质化严重；到了品牌标准，不管是从经济型酒店、中档酒店还是高档酒店品牌，每个酒店集团创造出一个品牌复制到全国，也是从成本的角度在考虑问题，尽可能减小投入成本。而且划分低中高不同档次酒店，也是从价格的角度思考。而非标住宿，不管精品酒店、主题酒店、设计酒店、生活方式酒店、精品民宿等，还是那些难以用标准框住的住宿设施，它更加强调特色化，强调我能为顾客带来什么价值。未来价值思维会更强调酒店住宿要有自己的文化DNA，强调企业的价值观，这样才有可能达到平常那些有情怀的管理者所宣扬的，我们要创造中国住宿业的特色服务，中国的东方服务，只有我们从价值思维角度才可能走向这个方向。当然要达到这个首先要服务我们的国民，服务我们的华人，最后服务世界，如果我们自己都难以接受我们的服务，那么，国外的人可能接受起来更难。

三　从市场思维到资本思维

市场思维关注的是如何经营酒店，从顾客在哪，对其进行营销，对酒店进行日常的管理等，这些方面国内酒店都已经有了巨大进步，但是从资本的角度思考还相对欠缺。

现在越来越多的酒店人，是从其他行业进入这个行业的，他们从资本的角度来思考这个问题。比如说发展模式从以前的重资产模式到轻资产模式，这样一个模式的改变，其实就是在思考运营的资本成本问题。现在不少酒店集团开始聚焦酒店托管，做品牌特许经营，甚至对主题酒店或者精品酒店采用软品牌运营商模式。还有就是把酒店运营管理与资产管理剥离开来，然后将酒店资产用REITs或者用商业信托（BT）模式上市，例如开元酒店在香港以REITs模式上市，绿地酒店也在新加坡以REITs模式上市，金茂集团在香港以商业信托模式上市等，这样酒店投资就得以变现，它的资产就变轻了。这些都是把自己的资产变轻的模式。

此外，还可以看到，从债权型到股权型，进入行业的主体从产业资本到金融资本，例如黑石是一个股权投资公司，安邦保险公司，这都是一些金融资本进入到住宿这个行业的案例。还有从扩张模式看，也从市场思维向资本思维转变，以前扩张采用内生增长模式，现在越来越多采用并购重组参股等外延式增长模式，也有越来越多的企业实施资产证券化。

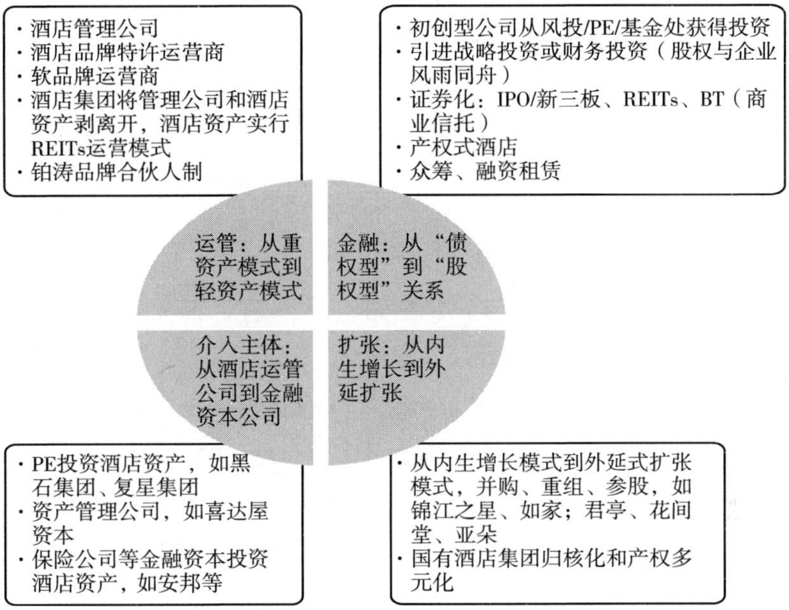

- 酒店管理公司
- 酒店品牌特许运营商
- 软品牌运营商
- 酒店集团将管理公司和酒店资产剥离开，酒店资产实行REITs运营模式
- 铂涛品牌合伙人制

- 初创型公司从风投/PE/基金处获得投资
- 引进战略投资或财务投资（股权与企业风雨同舟）
- 证券化：IPO/新三板、REITs、BT（商业信托）
- 产权式酒店
- 众筹、融资租赁

运管：从重资产模式到轻资产模式

金融：从“债权型”到“股权型”关系

介入主体：从酒店运管公司到金融资本公司

扩张：从内生增长到外延扩张

- PE投资酒店资产，如黑石集团、复星集团
- 资产管理公司，如喜达屋资本
- 保险公司等金融资本投资酒店资产，如安邦等

- 从内生增长模式到外延式扩张模式，并购、重组、参股，如锦江之星、如家；君亭、花间堂、亚朵
- 国有酒店集团归核化和产权多元化

图5　从市场思维到资本思维

四　从传统思维到互联网思维和共享思维

（一）“互联网+住宿”和“住宿+互联网”

可分为两种互联网思维，一种是酒店主动加互联网，从酒店开发、营销、设计、预订到内部管理、顾客关系管理等多个方面拥抱互联网，还有一种是“互联网+酒店住宿业”，像爱彼迎（airbnb）、途家网等，这种“互联网+”就具有颠覆性。例如阿里的未来酒店，它就是具有互联网的这种思维，可能未来对酒店和住宿业，有比较大的一个颠覆。

总的来说具有这样一个互联网的思维，用互联网来对整个住宿业价值链和产业链进行优化整合，会产生很多改变，如开发建设的选址采用大数据来进行，融资用股权众筹，酒店设计会让公众参与到整个酒店的建筑设计和室内设计过程，也涉及参与酒店服务产品设计，当然还有营销、采购、运营管理等各个链条都可用互联网来进行改造。总之，互联网正在重塑酒店住宿产业链，用互联网来变革和优化其价值链的各个环节，帮助住宿企业提升效率，降低成本，挖掘需求，精准营销，捕捉顾客所需，提升客户体验，构筑和巩固其核心竞争力。

开发建设	市场营销	运营管理	商业模式
· 大数据选址（德勤与百度地图合作） · 股权众筹融资（上海丽君酒店项目） · 公众参与设计——室内设计、产品设计（“共同创造”/“大众外包”，开放创新过程）	· 在线旅游中介（OTA）——渠道垄断 · 直销平台（官网平台、第三方网络交易平台——网店、微店、公众号等）（问途、Fastbooking） · 酒店营销联盟 · 产品展现（官网、网络海洋、网店；360全景、虚拟现实） · 大数据收集与挖掘（网络评价与结合智能可穿戴设备的消费体验数据） · “线上引流，线下消费”的O2O · 会员管理系统 · 开放平台，开放市场（雅高accorhotels.com）	· 采用人脸识别技术办理入住 · 智能门锁系统 · 酒店采购互联网平台（阳光、高效、降低成本） · PMS系统的互联网化 · 人工智能、大数据计算影响收益管理系统 · 酒店/集团OA网络办公系统 · 在线人力资源培训（E-Learning） · 构建酒店生态系统（如华住酒店集团、希尔顿与Uber等合作）	· 短租/度假租赁（途家网、去呼呼、小猪短租） · 酒店用品销售的互联网入口/平台 · 创新预订模式（阿里信用住） · 尝试“免费住酒店”（尚优客、九悦）（核心产品免费，边际成本高和使用频率低）

图 6　互联网重塑酒店产业链

当然住宿业拥抱互联网，并不是说把以前的一套完全丢掉，因为不管科技如何发达，客人住宿不可能睡在互联网上，最终还是要睡在床上，这就要求把以前该做的东西做好，同时要运用新技术来提升效率和价值。以阿里未来酒店为例，该酒店虽然还没有完全对外开放，但是它提出的很多东西都是用互联网来武装的，如在线 VR 选房，采用基于大数据的信用住预订酒店，采用人脸识别技术验证客人身份，这样就不需要前台和相关服务人。前不久公安部发布了一套用机器进行身份识别的系统，这样人脸识别 Check-in 完全可以做到，这是一些新技术的应用，也是典型的与互联网的结合。

（二）“共享经济 + 互联网”模式

共享经济思维也可看作互联网思维的范畴，只有与互联网结合起来，其价值才能最大化。我们可以看到现在度假租赁、短租这些模式中国也出现很多家公司，如途家网、小猪短租、住百家、棠果旅居等。最近住百家还提出了共享长租模式——“虚拟房产证”的概念。其中途家网和爱彼迎（airbnb）商业模式有较大差异。爱彼迎（airbnb）其实是一个信息中介，它让消费者和业主直接进行对接和交换。很多国外的互联网公司进入中国，最终都是失败的，爱彼迎（airbnb）未来如何适应中国，能否赢得它的一席之地还是一个未知数。途家网在国内信用体系还没有建立起来的时候，它走了另一条路，和很多开发商合作，签下住房租赁管理合约，自己作为一个管理方，这样消费者再去住的时候感觉更加放心，感觉更加安全，从而不受信用体系不完善的约束。途家相当于通过互联网来整合零散的客房，实际上相当于一个互联网酒店管理公司，是典型的 O2O 模式，这是为了适应中国的国情。但是可以看到，按照《从 0 到 1》这本书里面的讲法，住宿共享经济和共享模式这一套，就是一个比较具有颠覆性的从 0 到 1 的模式，当然这并不是说大家一定都要挤到这条路上，从 0 到 1 这样一个革命性的商业模式的变革是非常难的，更多的公司还是要做从 1 到 N 的创新。

五　以跨界思维融合发展

跨界思维是指通过嫁接其他行业的价值对企业进行创新改造，制定全新的企业和品牌发展战略，让原本毫无关系甚至相互矛盾的行业相互渗透、相互融合，从而在融合的过程中创造出新的价值。与多元化有本质不同，跨界不是领地的跨界或者行业的延伸，而是组织系统的跨界重组。

（一）住宿企业跨界进入其他领域

在跨界思维影响下，不少酒店住宿企业开始向其他领域、其他方向、其他产业跨界发展，比如说金陵饭店集团进入到养老地产，把养老地产作为其未来非常重要的支柱产业，采用酒店和养老产业双支柱模式；锦江酒店集团跨界办公室，华住酒店集团投资联合办公等。还有一些进入其他的领域，走得比较远的是进入大健康产业、教育产业或娱乐产业等，还有一些酒店集团提出要建设生态系统等，譬如亚朵，在做“酒店＋”的生态系统概念。

（二）其他行业跨界进入住宿业

可以观察到其他的行业正跨界进入住宿业。如阿玛尼、范思哲、兰博基尼等这些奢侈品公司，它们来嫁接酒店，做高端奢华酒店。还有做的经济型的、中档的酒店，例如做家具的宜家，打造自己的经济型酒店品牌 Moxy，未来还计划进入中端酒店；又如 MUJI，它本来是做日常生活用品的公司，现在也开酒店，进入中端酒店。此外还有其他行业公司，如平安保险提出要进入度假酒店的行业，达实智能为让客户体验和推广自己的智能化产品也计划建自己的酒店，阿里建造未来酒店等。还可以举出很多的例子，酒店住宿行业在往外跨，而同时很多行业公司在往酒店行业跨。其实正因为住宿业对新技术的应用和向其他行业的跨界，以及这些新鲜血液的注入，住宿行业才显得更加生机勃勃。如果我们不往前走的话，很可能就要被甩在后面，很多人感到很痛苦，是因为他不想改变，改变的过程肯定是一个很痛苦的过程。

六　从经验思维到科学思维

住宿行业的产品设计基本是靠经验，但现在一些大集团开始创建创新实验室，用科学弥补经验的不足。

（一）“现场测试”型酒店

通过在“现场测试”酒店的尝试，客人可以测试不同的体验并实时反馈，最终合力塑造出未来的酒店体验。例如，万豪国际打造了创新性实验酒店（Innovation Lab Hotel），在夏洛特市中心推出了首家万豪品牌旗舰酒店

M Beta Hotel，开发和测试酒店新功能，以吸引酒店未来的主要客户——“千禧一代”及“Z一代”（95后）。它是全球第一家功能齐全的“现场测试”酒店，从抵达时的无钥匙入住体验，到数字化的健身房，酒店的每个角落都可以快速进行“原型设计”。万豪希望自己的品牌关键词能从“舒适、可信”转变为“有设计感、创新、本土化”，给每个酒店业主更多的自主空间，以本土化来定制品牌标准。他们与TED Talks达成合作，把TED演讲会开到豪华酒店。

（二）互动体验模型酒店

通过互动体验式酒店，酒店可以验证和完善所设想的酒店概念。万豪在洛杉矶市中心启动首个“快闪”酒店创新实验室，打造一种提供互动体验的模型酒店，实时收集公众反馈意见，进一步完善万豪国际所构想的未来酒店概念。万豪的源宿酒店正在测试一种大胆的客房新设计：四间客房的中心设立一个公共房间，客人们可以共用其中的厨房、餐厅和休息区。对于团体客人而言，这样的房间布局满足了他们对社交环境以及私密空间的需求。喜达屋酒店集团在被万豪国际收购之前，已经设立品牌创新实验室Starlab，在网上启动了虚拟Starlab空间，展示世界各地喜达屋团队的创新举措和幕后创意故事。喜达屋将数字与社交内容作为Starlab设计的主线，在Starlab的入口有一块智能镜子，它不但能让人对镜自照，还是一块数字显示器，播放喜达屋最新的视频新闻、精美照片和用户生成内容。Starlab中还设有一间Tech Lab技术实验室，专门用来测试喜达屋最新的数字创新技术，其中包括推出的“SPG智能入住”（SPG Keyless）。

（三）酒店客房复制模型

使用模块化方式复制酒店客房模型，探索顾客的心理感应。例如，四季酒店集团建立了四季酒店研发工作室（Four Seasons Research and Discovery Studio），以改进四季酒店与客户之间最基础的触点。它们建有一座酒店房间复制模型，尝试各种不同的家具摆放方式和设计风格；模块化客房，一种

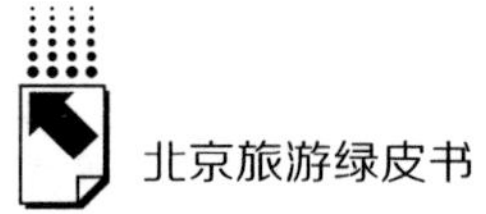

全部由硬纸板制成的客房，它让酒店可以以一种全新的三维方式来调整居住空间和设计师的新想法。在设计客房时，它们认为空间心理学都是重要的因素之一；通过对可移动空间的调整，来影响游客的心理状态，让他们更加舒适。研发工作室里有来自公司各个部门的个人和团队，比如设计和建造团队、资本采购和规划团队、技术运营团队等。他们与室内装潢设计师、建筑师、工程师等一起工作，共同打造四季酒店的新客房。这座研发工作室是用来提升酒店、度假村等居住体验，调整客户体验中的各个触点，包括客房、餐饮和功能性空间等。

（四）基于人工智能和大数据的实验性“未来酒店”

在国内，阿里巴巴提出了“未来酒店”的概念，飞猪在杭州阿里巴巴园区总部自建了一家实验性的酒店，预计 2018 年开业，阿里要在这个酒店里实现未来酒店的全智能模式。进行在线 VR 选房、人脸识别 Check-in 等极致体验创新，酒店没有大堂，也没有前台；离店提前预约水单发票、智能门锁等。未来酒店 2.0 还将着力布局赋能酒店平台、“智慧酒店云”，以及“众筹未来”计划。

住宿行业是一个蓬勃向上又富有生命力的行业，很多新的主体在进入这个行业，这个行业在不断地发生变革。国内的住宿业从模仿到创新一路走来，不断探索创造自己的发展模式，近年来国内不仅在中低端住宿业成长起一批可媲美世界的本土品牌，在高端和精品酒店，在精品民宿等也诞生出一批具有较高知名度、具有顽强生命力的民族品牌。只要我们改变思维模式，勇于改革创新，相信未来国内住宿企业也一定可以引领世界住宿业发展。

G.7

北京核心区旅游人口疏导研究

刘 斌 王红彦*

摘 要： “十二五”时期以来，北京市旅游业取得了快速发展，接待旅游人数年均增长8.5%以上，2016年达到2.85亿人次，尤其核心区旅游人口呈现出高度聚集的特征。为落实“四个中心”首都城市战略定位，积极对核心区旅游人口进行疏导，努力为来京游客创造一个宜游环境、为本地市民营造一个宜居环境，为推动国际一流的和谐宜居之都建设做贡献。

关键词： 核心区 旅游旺季 游客疏导

习近平总书记“2·26”重要讲话发表以来，北京市各行各业都在紧紧围绕首都城市战略定位，有序疏解非首都功能。旅游业作为首都支柱产业和人民群众满意度较高的现代服务业，无疑也是符合首都城市战略定位的功能性产业，是建设国际一流旅游城市的重要支撑。但是北京市中心城区特别是核心区旅游旺季因客流量大带来的旅游品质下降、安全隐患风险增加等问题，需要引起高度重视。

---

* 刘斌，北京市旅游发展委员会综合处处长，政治经济学博士，近期关注和研究方向为政策调研、首都旅游创新发展、旅游统计等；王红彦，北京市旅游发展委员会综合处副处级调研员，北京旅游学会会员，近期主要研究方向为政策调研、首都旅游转型升级、全域旅游等。

一　北京核心区旅游人口现状

（一）从旅游密度看，年度空间旅游密度相对偏低

旅游密度是度量旅游业对某一地区社会经济生活的影响程度或在社会经济生活中的地位的一项指标，反映该地区旅游业的发展水平。以 2014 年为例，北京市与世界著名首都年度空间旅游密度比较：

伦敦 < 北京 < 华盛顿 < 东京 < 巴黎

1.47 万人次/平方公里 <1.59 万人次/平方公里 <11.41 万人次/平方公里 <23.51 万人次/平方公里 <26.66 万人次/平方公里

具体情况为：

1. 北京

面积：16410.54 平方公里，下辖 16 区。2014 年北京接待旅游人数为 2.61 亿人次，旅游密度（年度空间密度）为 1.59 万人次/平方公里（2.61 亿人次/16410.54 平方公里）。

2. 东京

面积：2190.90 平方公里，包括东京特别行政区（23 区）、多磨地区（26 个市），还有一个郡和大岛、三宅岛、八丈岛、小笠原 4 个支（2 町 7 村）组成。2014 年接待旅游人数为 51512.2 万人次，旅游密度（年度空间密度）为 23.51 万人次/平方公里。

3. 伦敦

面积：1577.3 平方公里（大伦敦，下辖 33 个行政区），2014 年接待旅游人数为 2320.53 万人次。2014 年伦敦旅游密度（年度空间密度）为 1.47 万人次/平方公里。

4. 巴黎

面积：105.4 平方公里（大巴黎区内的巴黎省，下辖 20 个区）。2013 年 7 月 ~2014 年 6 月巴黎接待旅游人数 2810 万人次，旅游密度（年度空间

密度）为 26.66 万人次/平方公里。

5. **华盛顿**（Washington，D. C. ）

面积：177 平方公里，2014 年华盛顿接待旅游人数 2020 万人次，旅游密度（年度空间密度）为 11.41 万人次/平方公里。

通过比较，表明北京市旅游业还有很大发展空间，但应该调控和优化旅游者的分布空间结构，尤其是一些热点、重点区域。

（二）从空间分布看，部分景区存在超载问题

北京市游客空间分布，呈现显著的中心城区高度集聚特征。东城、西城、海淀、朝阳四区游客接待规模占全市 69%，其中景点接待量占全市 79%。东城、西城、海淀、朝阳、丰台住宿接待游客占全市 66%。游客量接待前 20 位的景区，除八达岭、慕田峪外，其余全部分布在东城、西城与海淀区。（见表 1）。

表 1　2015 年北京市接待游客规模排名前 20 位的景区

序号	接待人次（含年月票）		接待人次（不含年月票）		接待境外游客人次	
	景区名称	规模（万人）	景区名称	规模（万人）	景区名称	规模（万人）
1	天坛公园	2086	故宫博物院	1549	故宫博物院	215
2	故宫博物院	1549	天坛公园	1326	颐和园	138
3	颐和园	1457	颐和园	1266	天坛公园	133
4	北海公园	951	紫竹院公园	819	慕田峪长城	80
5	陶然亭公园	881	八达岭长城	799	八达岭长城	60
6	朝阳公园	826	北京动物园	704	北京欢乐谷	43
7	紫竹院公园	819	朝阳公园	602	什刹海风景区	36
8	八达岭长城	799	圆明园	598	居庸关长城	28
9	北京动物园	781	什刹海风景区	554	景山公园	20
10	玉渊潭公园	673	北海公园	529	龙庆峡旅游区	16
11	圆明园	615	陶然亭公园	425	首都博物院	16
12	景山公园	573	景山公园	408	朝阳公园	16

续表

序号	接待人次(含年月票)		接待人次(不含年月票)		接待境外游客人次	
	景区名称	规模(万人)	景区名称	规模(万人)	景区名称	规模(万人)
13	什刹海风景区	554	香山公园	378	十三陵	14
14	香山公园	482	玉渊潭公园	349	北京动物园	9
15	八大处公园	458	八大处公园	329	日坛公园	8
16	龙潭公园	441	恭王府	314	劳动人民文化宫	7
17	莲花池公园	336	北京欢乐谷	309	圆明园	6
18	恭王府	314	日坛公园	305	孔庙/国子监	5
19	北京欢乐谷	309	慕田峪长城	266	北海公园	4
20	中山公园	307	团结湖公园	266	红螺寺	3

从前述数据分析可以看出，首都核心功能区的部分景区存在超载情况，因此，应重点疏解故宫、劳动人民文化宫、钟鼓楼、什刹海风景区和首都博物馆等景区的超载客流。

（三）从时间分布看，超载客流主要集中在旅游旺季

通过对前述数据分析，首都核心功能区部分景区的超载情况具有季节性。总体来看，游客分布在时间上主要集中在 4～6 月、8～10 月两个旅游旺季，进一步加重了热点景区、地区的游客接待与交通集散、设施供应之间的矛盾。特别是天安门地区，2015 年 10 月的客流量为 827 万人次，平均每天 26 万多人次。

（四）从旅游目的角度看，近半数国内来京游客为纯粹旅游目的

从近两年国内来京游的构成来看，2014 年观光游览占 39.2%，探亲访友占 22%，从事商务活动占 11.1%，参加会议展览占 7.3%，就医占 7.6%，度假休闲占 7%，文化、体育、科技交流占 2.9%，参加专题活动、节庆活动占 0.3%，其他占 1.7%。其中探亲访友、从事商务活动、就医等刚性需求占 40.7%，纯粹以旅游为目的占 46.2%（见表 2），这部分游客应成为疏解的主要对象。

表2　2010～2014年国内来京游客目的构成情况

目的比重(%)	2010年	2011年	2012年	2013年	2014年
观光游览	33.7	34.2	38.1	39.9	39.2
探亲访友	26.1	23.7	21.3	22.3	22.0
从事商务活动	18.5	19.8	12.3	11.6	11.1
参加会议或展览	5.5	6.0	7.6	7.1	7.3
就医	5.2	5.7	6.7	6.9	7.6
度假休闲	5.8	5.5	6.7	6.4	7.0
文化/体育/科技交流	2.2	2.7	3.5	3.3	2.9
购物	1.8	1.6	1.7	1.0	0.9
参加专题活动/节庆活动	0.3	0.4	0.4	0.4	0.3
宗教/朝拜	0.0	0.2	0.1	0.1	0.1
其他	0.9	0.3	1.6	1.0	1.7

（五）聚焦北京核心区旅游人口疏解着力点

从2015年全市景区最佳容量、最大容量和旅游接待人数统计情况来看，超载客流主要存在于首都核心功能区部分景区，超最佳容量1165.6万人次，其中天安门广场、故宫、劳动人民文化宫、钟鼓楼、什刹海风景区和首都博物馆地区尤为突出。

表3　2015年高峰日首都核心功能区景区接待游客累计超最佳容量情况

分区		超出最佳容量全年月数累计	超出最佳容量全年天数累计	日均超出最佳容量全年人次累计	2015年旅游区点接待（万人次）	日均超出最佳容量全年累计人次占比(%)
东城区	故宫博物院	10	300	6360130	—	—
	劳动人民文化宫	1	30	633671	—	—
	钟鼓楼	7	210	91489	—	—
	天坛公园	3	90	578806	—	—
	孔庙和国子监	2	60	42312	—	—
	小　计	—	—	7706408	7544	10.2

续表

分区		超出最佳容量全年月数累计	超出最佳容量全年天数累计	日均超出最佳容量全年人次累计	2015年旅游区点接待（万人次）	日均超出最佳容量全年累计人次占比(%)
西城区	什刹海风景区	12	360	2722351	—	—
	首都博物馆	7	210	284842	—	—
	北海公园	1	30	15027	—	—
	陶然亭公园	5	150	312911	—	—
	景山公园	4	120	516644	—	—
	天文馆	2	60	97491	—	—
	小　计	—	—	3949266	5498	7.2
首都核心功能区		—	—	11655674	—	—

从表3的超载情况来看，（2015年所有高峰日首都核心功能区接待游客累计超最佳容量1165.6万人次），北京旅游人口疏解应首先聚焦于1000万人次（取整）的首都核心功能区超载时期国内来京游客中观光休闲目的的旅游者。

二　天安门地区是旅游人口疏导的重点

天安门地区是首都政治核心区，也是北京重要的旅游地标，每天到天安门地区参观游览的中外宾客络绎不绝，据统计，2015年到天安门地区参观游览的中外宾客达6510万人。随着经济社会的发展、人民群众生活水平的提升和大众旅游时代的到来，天安门地区旅游旺季的客流量居高不下，在一定程度上给天安门地区旅游品质和秩序管理带来新挑战。依据天安门地区历史形成的客流情况数据，采用大数据定量定性分析方法，研究探讨天安门地区客流的内在规律，提出一些应对大客流的措施和设想，十分必要。

（一）天安门地区客流基本情况

依据天安门地区运行调度中心2012年5月至2016年5月4年间统计的

天安门广场中心区和周边景区客流量基础数据，进行汇总和比较分析。

1. 天安门地区客流趋势情况

（1）年客流趋势

天安门地区 2012～2016 年 4 年间总体客流情况见表 4。总体来看，4 年间客流总量基本平稳，平均年客流量约为 6151 万人，与平均值相比，相差较多的年份年客流量为 6605 万人，超出平均值 454 万人，约为 7%，其他年份差量均在 4% 以内。每年地区客流量变化情况不大，基本处于稳定区间。

表 4　2012～2016 年天安门总体客流情况

单位：万人

时　间	流量	平均值
2012 年 5 月 1 日至 2013 年 4 月 30 日	5918	6151
2013 年 5 月 1 日至 2014 年 4 月 30 日	5926	
2014 年 5 月 1 日至 2015 年 4 月 30 日	6605	
2015 年 5 月 1 日至 2016 年 4 月 30 日	6156	

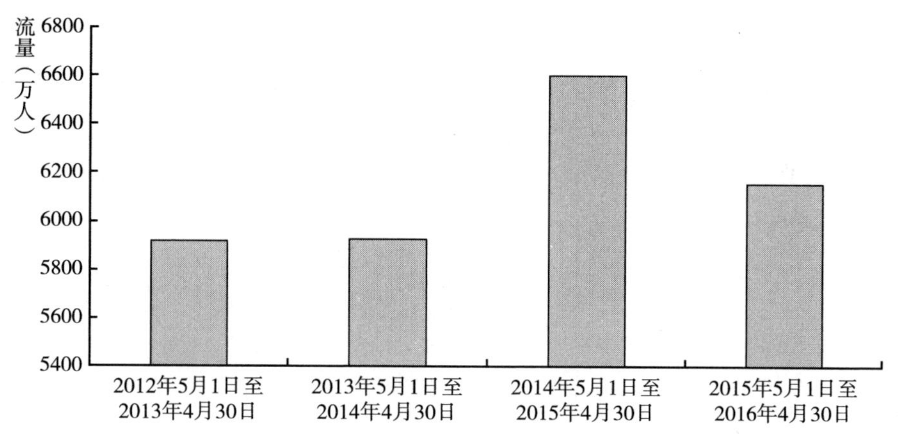

图 1　2012～2016 年天安门地区历年客流量

（2）月客流趋势

天安门地区 2013～2015 年 3 年的月度客流情况统计见表 5。总体看来，三年间月客流变化情况基本相似，月度平均客流量为 500 万人左右，除去每年6月和9月特殊点外，总体呈“马鞍型”分布。最大客流量集中在7月、8月和10月。

表5　2013～2015天安门月客流情况

时　间	流量(万人)	平均值
2013年1月	283.52	494.64
2013年2月	362.08	
2013年3月	403.11	
2013年4月	568.54	
2013年5月	543.34	
2013年6月	452.75	
2013年7月	765.76	
2013年8月	739.31	
2013年9月	488.39	
2013年10月	639.66	
2013年11月	415.15	
2013年12月	274.07	
2014年1月	255.77	535.48
2014年2月	402.45	
2014年3月	381.51	
2014年4月	618.13	
2014年5月	571.70	
2014年6月	436.98	
2014年7月	817.23	
2014年8月	882.01	
2014年9月	508.22	
2014年10月	847.76	
2014年11月	415.15	
2014年12月	288.80	
2015年1月	340.82	542.53
2015年2月	418.06	
2015年3月	435.42	
2015年4月	642.61	
2015年5月	644.12	
2015年6月	468.96	
2015年7月	885.68	
2015年8月	675.50	
2015年9月	602.92	
2015年10月	827.01	
2015年11月	311.25	
2015年12月	258.05	

（3）周客流趋势

选取了2013～2015年旅游旺季7月至8月和旅游淡季12月至次年1月的数据进行周客流分析，结果见表6、表7。总体来看，旅游旺季周客流量平均为25万人，从周一至周日呈阶梯形上升，周一为低点，周六、周日为高点。旅游淡季周客流量平均为10万人，分布依然是阶梯型，与旺季基本相似。

表6　天安门地区旺季周客流量

2013年7、8月周平均	流量(万人)	平均值
星期一	17.00	
星期二	24.78	
星期三	23.90	
星期四	24.01	24.17
星期五	23.48	
星期六	28.24	
星期日	27.79	
星期一	16.48	
星期二	29.20	
星期三	28.72	
星期四	26.29	27.06
星期五	27.02	
星期六	30.69	
星期日	31.05	
星期一	16.48	
星期二	28.42	
星期三	26.32	
星期四	25.05	25.11
星期五	25.35	
星期六	26.45	
星期日	27.72	

表 7　天安门地区淡季周客流量

2012 年 12 月至 2013 年 1 月周平均	流量(万人)	平均值
星期一	7.67	
星期二	10.29	
星期三	9.14	
星期四	9.09	9.42
星期五	8.91	
星期六	10.49	
星期日	10.33	
星期一	5.09	
星期二	8.85	
星期三	8.79	
星期四	7.75	9.02
星期五	8.28	
星期六	12.01	
星期日	12.35	
星期一	5.02	
星期二	10.39	
星期三	9.16	
星期四	11.07	10.20
星期五	10.87	
星期六	13.16	
星期日	11.72	

（4）重点节假日客流分析

总体来看，每年春节期间客流量平均约为 23 万人，节日 7 天客流呈现前低后高“马鞍型”分布，最低值出现在大年三十，最高值为正月初四左右。

表 8　天安门地区历年春节期间客流量

时　间		流量(万人)	平均值
2013 年 2 月 9 日	三十	5.24	20.05
2013 年 2 月 10 日	初一	15.39	
2013 年 2 月 11 日	初二	21.55	
2013 年 2 月 12 日	初三	24.33	
2013 年 2 月 13 日	初四	29.05	
2013 年 2 月 14 日	初五	24.52	
2013 年 2 月 15 日	初六	20.28	
2014 年 1 月 31 日	三十	12.90	23.07
2014 年 2 月 1 日	初一	23.41	
2014 年 2 月 2 日	初二	28.23	
2014 年 2 月 3 日	初三	25.18	
2014 年 2 月 4 日	初四	29.70	
2014 年 2 月 5 日	初五	23.88	
2014 年 2 月 6 日	初六	18.21	
2015 年 2 月 18 日	三十	6.94	27.63
2015 年 2 月 19 日	初一	16.91	
2015 年 2 月 20 日	初二	26.49	
2015 年 2 月 21 日	初三	36.73	
2015 年 2 月 22 日	初四	43.79	
2015 年 2 月 23 日	初五	34.65	
2015 年 2 月 24 日	初六	27.87	
2016 年 2 月 7 日	三十	6.04	24.01
2016 年 2 月 8 日	初一	14.57	
2016 年 2 月 9 日	初二	28.42	
2016 年 2 月 10 日	初三	32.12	
2016 年 2 月 11 日	初四	31.69	
2016 年 2 月 12 日	初五	32.05	
2016 年 2 月 13 日	初六	23.17	

每年“五一”节日时间较短，客流呈逐步递减分布，日平均客流量约30 万人。最高值出现在 5 月 1 日当天，每年 5 月 1 日客流量约为 5 月 3 日的2 倍。

表 9　天安门地区历年“五一”期间客流量

时　间	流量(万人)	平均值
2012 年 5 月 1 日	55.91	
2012 年 5 月 2 日	25.66	32.96
2012 年 5 月 3 日	17.32	
2013 年 5 月 1 日	47.71	
2013 年 5 月 2 日	21.42	29.60
2013 年 5 月 3 日	19.66	
2014 年 5 月 1 日	45.25	
2014 年 5 月 2 日	38.69	37.40
2014 年 5 月 3 日	28.77	
2015 年 5 月 1 日	51.22	
2015 年 5 月 2 日	42.54	41.65
2015 年 5 月 3 日	31.18	
2016 年 5 月 1 日	35.01	
2016 年 5 月 2 日	19.76	23.60
2016 年 5 月 3 日	19.04	

每年“十一”期间客流分布基本呈现前高后低“马鞍型”分布，日平均客流量为 50 万人，最高值出现在 10 月 2 日，最高客流量约为 90 万人，最低客流量约 30 万人（除 2013 年的 18.44 万人以外），相差约 3 倍。

表 10　天安门地区历年“十一”期间客流量

时　间	流量(万人)	平均值
2012 年 10 月 1 日	61.22	
2012 年 10 月 2 日	75.30	
2012 年 10 月 3 日	71.79	
2012 年 10 月 4 日	54.55	54.19
2012 年 10 月 5 日	47.93	
2012 年 10 月 6 日	37.98	
2012 年 10 月 7 日	30.59	

续表

时　间	流量(万人)	平均值
2013 年 10 月 1 日	29.91	
2013 年 10 月 2 日	65.63	
2013 年 10 月 3 日	65.48	
2013 年 10 月 4 日	45.39	42.23
2013 年 10 月 5 日	42.04	
2013 年 10 月 6 日	28.73	
2013 年 10 月 7 日	18.44	
2014 年 10 月 1 日	75.60	
2014 年 10 月 2 日	99.07	
2014 年 10 月 3 日	84.99	
2014 年 10 月 4 日	45.20	59.94
2014 年 10 月 5 日	49.52	
2014 年 10 月 6 日	36.38	
2014 年 10 月 7 日	28.79	
2015 年 10 月 1 日	69.69	
2015 年 10 月 2 日	87.29	
2015 年 10 月 3 日	75.01	
2015 年 10 月 4 日	55.03	57.52
2015 年 10 月 5 日	40.53	
2015 年 10 月 6 日	42.88	
2015 年 10 月 7 日	32.20	

(5) 日客流趋势

通过对天安门广场每日客流量分时统计分析，可以看出，一天中从早至晚客流基本呈递减趋势。其中早上 8 时到 11 时每小时增量在 1 万人左右。11 时后游客增量锐减至 6000 人，降幅 40%。17 时后客流增量减少至 3000 人，为最高增量的 30%。

表 11　天安门地区日客流量变化

单位：人

8:00	9:00	10:00	11:00	12:00	13:00	14:00	15:00	16:00	17:00	18:00
9112	11453	10602	6022	6428	6541	6621	5604	4745	3274	3319

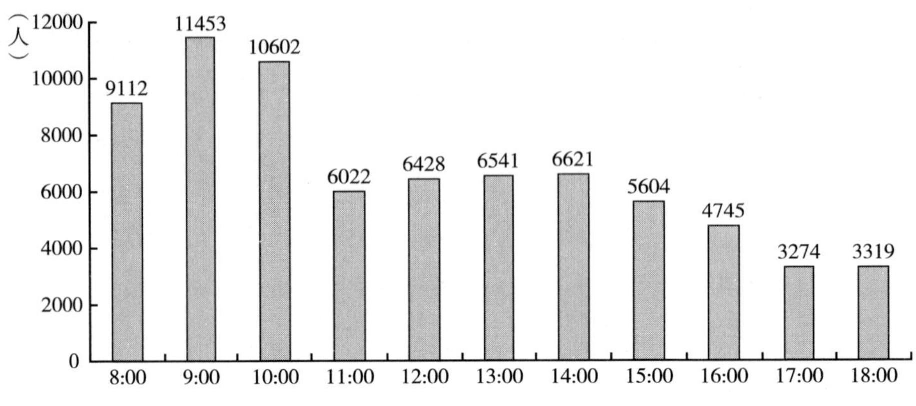

图 2　天安门地区日客流增量变化

（二）客流成分及停留时间情况

1. 天安门地区客流成分大体可分为以下三类：

（1）团队游客。他们的参观路线比较固定，时间控制得较紧凑，一般在天安门地区参观时间集中在上午时段。根据旅游部门的监测，这部分游客约占天安门地区游客总量的 15%。

（2）零散游客。这部分游客成分复杂，随意性大，其中部分为乘火车、飞机途经北京中转时，顺便到天安门广场参观的。零散游客参观线路不固定，参观时间随意性强。这部分游客约占天安门地区游客总量的 85%。

（3）过境客流。主要是每天上下班途经天安门地区的北京市民，其中包括天安门地区各单位的职工和乘坐交通工具需在天安门周边换乘的人员，他们在地区停留的时间不长，但要穿行于广场及周边便道。

2. 游客通过时间情况

（1）早上升旗前后，客流主要集中于天安门广场北部区域和金水桥以南长安街北侧便道区域。

（2）升旗仪式结束后，上午 8 时至 10 时，客流主要集中于毛主席纪念堂周边、天安门广场中部区域。

（3）上午 10 时至 12 时，客流主要集中于天安门前金水桥区域，通过天安门城楼到故宫参观。

（4）下午时段天安门地区客流逐步向国家博物馆、中山公园、劳动人民文化宫等周边景点分散，广场区域人员密度递减。

（5）下午降旗仪式前后人员再次在天安门广场北部区域汇集，但密度相比早上升旗仪式有所减少。

三　北京核心区旅游人口疏导的对策建议

围绕让游客“有序来、游得好、快捷走”原则，结合北京市核心区尤其是天安门地区实际，提出以下建议。

（一）加快疏散通道建设，优化核心区旅游交通集散组织与疏导

改造德胜门、西直门、东直门的旅游服务中心功能，探索开通前门集散中心分别至德胜门、西直门、东直门的旅游专线或观光线，降低核心区游客大量集聚的压力，方便游客由核心区向城区或郊区进行疏导。

（二）围绕提升旅游品质，重点做好天安门地区游客疏导

根据游客进入天安门地区特点，尽可能在广场西侧路南端等开阔区域设置安检区，科学规划安检通道数量，实施分类安检，探讨利用现代科技手段实现区域内一次安检通行模式，提高快速通过率。设立多功能交互式指示牌和显示屏，加大天安门前金水桥、东西地下通道重点区域的引导和疏解。特别是针对游客在天安门前金水桥区域拍照留念停留时间较长的情况，应有针对性地划设拍照取景区，最大限度减少游客滞留时间。

（三）加强统筹协调，引导游客有序游览

加强各景区景点联动和旅行社互动，加强旅游一体化预约工作，合理引到游客到各景点参观的时间。利用“峰谷票价”机制，调控客流，科学规划旅游线路，努力“削峰填谷”，引导错峰旅游，合理均衡客流。协调天安

门地区各开放参观单位根据游客进入地区参观先后顺序合理调整开放时间，适当引导游客早上升旗后先到国家博物馆、中山公园、劳动人民文化宫等承载力较大景点参观，再按预约时间有序到毛主席纪念堂、天安门城楼等空间有限区域参观，减少游客在广场排队等待滞留的时间。

（四）整合核心区现有服务资源，提升特色化品质化服务

结合景区和公园门票价格改革，大力发展高品质、彰显首都特色的住宿、餐饮设施，限制、淘汰低端、不规范的旅游服务，打击非法旅游经营服务，整治社会旅馆。通过餐饮、住宿、门票等价格的综合调整，使旅游价格弹性提高，进而熨平季节性超载，通过削峰填谷，调整旅游者时间分布结构，尽量减少旅游人口疏导带来的规模损失。

（五）抓住城市副中心建设的有利机遇，引导中心城区旅游企业有序转移

依托城市副中心建设、环球影城主题公园和宋庄文化产业集聚区，引导中心城区高品质、高端化的酒店、旅行社、餐饮向通州有序疏解转移。环球影城建成后，将彻底改变通州旅游资源禀赋现状，由目前的运河文化、宋庄集聚区和休闲农业为主体的旅游资源转向以国际化影视主题公园为主的文化休闲产业。环球影城开发建设，将大力提升城市副中心旅游的国际化水平，有利于拓展国内外旅游市场。

（六）积极推进京津冀旅游协同发展，引导游客向环首都周边转移

随着京津冀协同发展战略的实施，再加上2022年冬奥会筹办和北京新机场建设，京津冀旅游协同发展迎来了重要历史机遇，北京市核心区旅游人口疏导也需要进一步开阔思路。尤其需要重点加强京东休闲旅游示范区、京西南生态旅游带、京北生态（冰雪）旅游圈建设，引导游客进行转移。2017年4月1日，中共中央、国务院印发通知，决定设立河北雄安新区，这是继深圳经济特区和上海浦东新区之后又一具有全国意义的新区，是强力

推进京津冀协同发展的又一重大历史性战略部署，必将为京津冀区域旅游合作提供前所未有的战略机遇，为积聚区域旅游产业要素、促进旅游新业态发展、转移首都旅游企业和旅游人口等提供了广阔舞台。

（七）大力发展京郊旅游，加快构建“五、十、百、千、万、亿”的旅游休闲体系

通过提供特色旅游产品、优质服务设施和环境，吸引游客到郊区旅游。当前或今后一个阶段，就要努力构建“五、十、百、千、万、亿”的京郊旅游休闲体系。“五”就是推动传统村落改造的一本开发建议书、一本地图折页、一个移动式咨询站、一个生态厕所、一个免费 WIFI 站“五个一”工程；“十”就是整体提升国际驿站、休闲农庄、采摘篱园、民族风苑、乡村酒店、养生山吧、生态渔村、山水人家、葡萄酒庄、汽车营地十种新业态发展水平；“百”就是创建 100 个特色旅游休闲村镇；“千”就是推进 3000 公里休闲步道建设；“万”就是组织 1 万名京郊民俗户培训；“亿”就是提供 20 亿元的京郊旅游融资担保基金。

（八）坚持以质量换数量，积极扩大入境旅游市场

从北京市 2016 年主要旅游指标看，入境游客 416.5 万人次，实现旅游外汇收入 50.7 亿元，折合人民币 337 亿元；国内来京游客 2.81 亿人次，实现旅游收入 4683 亿元。入境游客的旅游收入贡献力是游客总体水平的 4 倍，是国内来京游客的 4.8 倍。假如都是类似入境游客这样的高端群体，那么要实现 2016 年 5021 亿元的收入，只需接待 6205.85 万人次，减少接待量的 78.23%。因此，积极拓展入境等高端旅游市场，有利于实现旅游人口疏解与旅游产业发展双赢的目标。

（九）研究并逐步回归旅游社会地域容量的合理化，保护本地居民的民生福祉

疏导北京市核心区旅游人口，还需研究并逐步回归旅游社会地域容量的

合理化，即旅游地居民可以接纳和容忍的旅游者数量，以保护当地居民的民生福祉。核心区旅游人口疏导，将为旅游企业带来更加健康有序的发展环境、为游客打造更加舒适便捷的旅游环境，从而实现北京旅游满意度和城市美誉度“双提升”的目标。

G.8 基于大数据研究的北京旅游市场发展

王彬汕　常雪松*

摘　要： 通过百度地图、大众点评、携程、TripAdvisor和马蜂窝等多个网站获取北京范围内涉及食住行游购娱六个维度的POI信息点大数据，对北京旅游的服务设施类型数量和占比、空间分布等供给现状做了统计分析，同时对各POI信息点评价和游记的文本大数据做了语义分析，从而进行市场潜在需求挖掘。最后对北京旅游服务设施的提升提出相应的建议和意见。

关键词： 北京　旅游服务　大数据

一　文献综述

北京是世界著名的旅游城市，是国际旅游目的地，涉及食住行游购娱等方面的旅游服务水平会影响北京旅游的发展。

目前，针对北京食住行游购娱全方位旅游服务的综合研究较少，依绍华等利用来京游客调查数据，分析交通、住宿、餐饮、娱乐、购物、导游和通信七项旅游服务对旅游总体服务质量的影响，指出餐饮、交通和购物是北京旅游服务中的短板，而娱乐和通信相对较好。

大部分研究着墨于某一方面，比如周爱华等对北京老字号餐饮做了研

---

* 王彬汕，北京清华同衡规划设计研究院有限公司院副总规划师，风景园林中心副主任，旅游与风景区规划研究所所长，博士，高级工程师，研究方向为旅游发展规划、风景旅游区规划、旅游城镇规划、旅游大数据；常雪松，北京清华同衡规划设计研究院有限公司旅游与风景区规划研究所主创规划师，学士，旅游经济师，研究方向为旅游发展规划/策划、旅游大数据。

究，指出老字号餐饮集中在中心城区；曹晓晴利用点评网数据，对北京经济型酒店服务质量进行分析，指出游客对酒店的整体感受和酒店地理位置、交通是否便利较为关注；李瑞美等针对北京老城区的旅游交通现状，提出应该设置公租自行车的建议；石美玉分析了北京旅游者在景区购物的现状及消费行为特点，指出北京旅游商品存在特色不明显、价格不合理、市场混乱等问题，并针对问题提出提升意见。

二　研究方法

本文利用对地图 POI 数据、主流 OTA 和点评网站的 UGC 内容等进行大数据和语义分析的新方法，对北京旅游服务设施进行综合分析和评价。

通过百度地图 API 接口、携程网、大众点评网和 TripAdvisor 网等渠道获取北京范围内的旅游服务设施 POI 信息点数据（包括位置、标签、点评等），对数据进行统一坐标系、去重、无效文本删除等清洗和结构化处理，得到北京旅游服务设施数据库。

分析统计 POI 信息点，得出北京旅游服务设施数量、类别和属性情况，并通过地图可视化展示其空间分布特点。对各服务设施的点评和游记等文本素材进行分词、高频词提取、贡献次统计和语义网络结构图绘制等分析，展示游客共性问题，挖掘市场潜在需求。根据北京旅游服务设施供给现状和市场需求分析的匹配程度给出相应建议。

三　北京旅游服务要素供给现状分析

（一）各类服务设施数量统计

整体来看，住宿和餐饮服务设施占比最大，两者合计占比超过 64%，这为北京旅游服务体系打下坚实的基础；旅游交通和娱乐服务设施分别占比 19.3% 和 13.5%，游览和购物占比最小分别为 1% 以内。

表 1　北京旅游服务设施类别和数量概况

维度	类别	数量	占比（%）
餐饮 32.4%	小吃快餐	1251	8.6
	北京菜	741	5.1
	东北菜	740	5.1
	新疆菜	728	5.0
	川菜	728	5.0
	江浙菜	726	5.0
	湘菜	714	4.9
	西餐	706	4.9
	西北菜	698	4.8
	清真菜	687	4.7
	自助餐	683	4.7
	粤菜	677	4.7
	烧烤	638	4.4
	家常菜	635	4.4
	韩国料理	621	4.3
	私房菜	478	3.3
	海鲜	470	3.2
	创意菜	411	2.8
	东南亚菜	309	2.1
	云南菜	292	2.0
	鲁菜	273	1.9
	徽菜	243	1.7
	台湾菜	177	1.2
	素菜	171	1.2
	湖北菜	164	1.1
	火锅	141	1.0
	日本菜	125	0.9
	粉面馆	115	0.8
	贵州菜	95	0.7
	其他	33	0.2
	俄罗斯菜	30	0.2
	合　计	14500	100.0
住宿 32.9%	二星级及以下	9053	61.5
	高端连锁	1311	8.9
	公寓式酒店	1130	7.7
	经济连锁	1073	7.3
	三星级	753	5.1
	客栈	499	3.4
	四星级	442	3.0
	五星级	196	1.3
	精品酒店	163	1.1
	青年旅社	103	0.7
	合　计	14723	100.0
交通 19.3%	公交站点	6925	80.4
	飞机票	523	6.1
	租车点	396	4.6
	火车票	396	4.6
	地铁站点	331	3.8
	码头	23	0.3
	长途汽车站	10	0.1
	火车站	4	0.0
	机场	2	0.0
	合　计	8610	100.0
游览 0.9%	主题乐园	137	35.9
	湖光山色	60	15.7
	温泉	56	14.7
	古迹遗址	28	7.3
	田园度假	22	5.8
	都市观光	20	5.2
	园林景观	18	4.7
	赛事演出	17	4.5
	博物馆	13	3.4
	动植物园	11	2.9
	合　计	382	100.0
购物 1.0%	大型购物中心	148	33.1
	礼品与特产商店	82	18.3
	大型连锁超市	77	17.2
	古董店	55	12.3
	步行街	44	9.8
	跳蚤市场与街边市场	41	9.2
	合　计	447	100.0
娱乐 13.5%	网吧网咖	748	12.4
	台球馆	746	12.3
	洗浴	718	11.9
	DIY 手工坊	709	11.7
	酒吧	696	11.5
	足疗按摩	687	11.4
	KTV	670	11.1
	游乐游艺	623	10.3
	密室	330	5.5
	VR	119	2.0
	合　计	6046	100.0

从各维度看，餐饮服务的小吃快餐店数量最多，北京菜馆、川菜馆和东北菜馆等属于第二层次，其他各种口味和菜系属于第三层次，菜品口味基本覆盖各类需求。住宿维度中，以经济实惠的中低端酒店和家庭出游喜爱的公寓式酒店为供给主体，四五星级和精品酒店等高端酒店占比较小。交通维度中，公共交通服务设施数量占比最大，随着自驾游市场的不断壮大，自驾租车网点的数量猛增。游览维度中，主题乐园已经超越北京传统的人文景区和自然风光景区成为数量最多的景区类型。旅游购物仍然以大型购物中心为主，专门针对旅游者开设的礼品和特产商店数量排在第二。娱乐维度中，没有数量突出的供给主体，网吧、台球、洗浴、酒吧、游乐游艺等娱乐设施占比相当。

（二）服务设施空间分布

将 POI 信息点进行地图可视化，各维度设施分布各有特征。

餐饮设施在三环以内的中心城区相对更多，在其他区域分布较为均匀，且没有特别突出的菜系或口味。住宿设施尤其是中高端住宿设施集中分布在北城，南三环以南除亦庄和西红门区域有部分高端酒店外，只零星分布经济型酒店。交通设施，尤其公共交通设施在五环内均匀分布，五环至六环间除了通州、机场和昌平区域外，公共交通设施数量锐减。景区景点的分布以五环内城区和北部山区为主，人文景区主要集中分布在中轴线和北城，人造主题公园在南城的分布多于北城。旅游购物设施中，礼品与特产店、古董店等在东部城区的分布明显多于西部城区，大型购物中心和大型超市等分布较为均匀。娱乐设施中，酒吧集中分布在中心城区的东北部，以什刹海、工体、三里屯等商圈为主，其他娱乐设施在五环内的城区分布均匀，五环外集中分布在各区县的中心城区部分。

四　北京旅游服务市场需求分析

（一）餐饮维度

餐饮维度的核心关键词是“北京”、“菜品味道”以及餐馆的“位置”、

"环境"和"服务"。

从前文分析发现，北京餐饮服务供给中快餐供给数量最多，但从市场需求看，北京菜受到高度关注，其中"烤鸭"是最具代表性的北京菜品，"全聚德"是传统的北京烤鸭品牌，"四季民福"成为越来越受认可的新的烤鸭品牌。"铜锅火锅"是烤鸭之外另一道游客认可的北京特色菜品。

舒服、干净和相对安静的餐厅氛围，北京特色的装修风格，较短的排队时间以及热情的服务态度等都成为提高游客满意度的重要因素。海底捞成为游客重点提及的优秀餐饮服务代表餐厅。

餐厅地理位置是游客关注的第三大要素。靠近地铁站、导航容易找到以及方便停车的餐厅位置更受游客青睐，其中三里屯和老北京胡同成为最受游客关注的餐饮商圈。

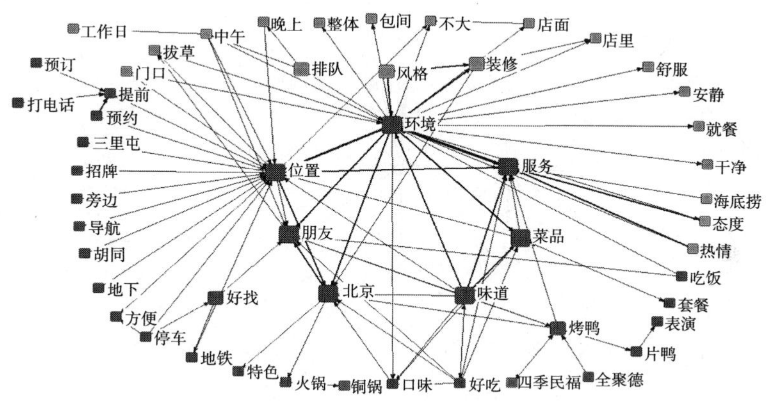

图1　餐饮维度市场需求挖掘

（二）住宿维度

住宿维度的核心关键词是"房间质量"、"酒店环境"、"服务态度"和"方便程度"。

房间质量，尤其是硬件设施配备是游客最关注的方面。夏天的"空调"、冬天的"暖气"以及电视、免费 WIFI 和窗户等都是游客极为关注的房间设施。“卫生间”的“洗漱用品”、“热水”供应和“洗澡”环境等都成为关注的重点。

酒店的整体环境和服务质量等软性条件也越来越重要。游客会考虑酒店的“整洁”、“宽敞”和“舒服”程度，对酒店“装修风格”、房间的“隔音”效果、“打扫卫生”的质量和频率等要素做出综合判断。“服务人员”热情的服务态度、周到的服务内容会直接提升游客满意度。“早餐”则成为高关注的标配要素。

酒店的地理位置、交通便捷性以及周边配套的完善程度是游客对住宿环境的第三大考虑因素。对于差旅出行的游客，靠近机场的酒店更受欢迎。方便的公交系统，尤其是依托地铁线路和站点的酒店受到更多关注。酒店周边的餐饮和购物等完善的商业配套也是游客很注重的住宿要素。

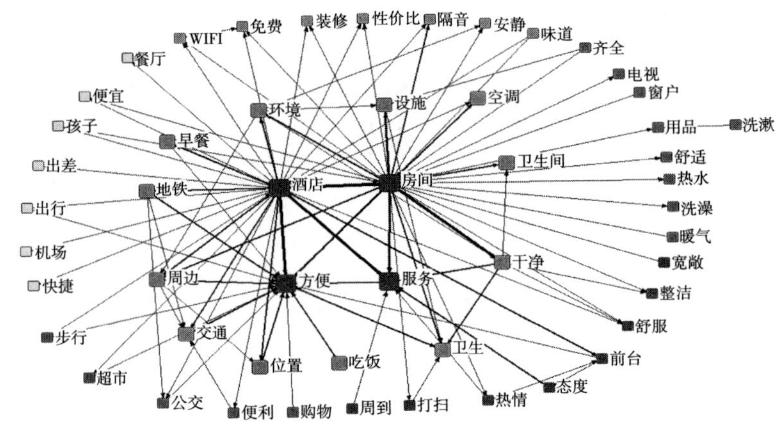

图2　住宿维度市场需求挖掘

（三）交通维度

北京“西站”和“首都机场”是北京主要的对外交通集散中心。公交系统是北京旅游交通的主要承运载体，“地铁”成为整个北京旅游交通的核心关键词。

地铁在北京旅游交通系统中不仅承担了主要通勤工具的角色，还给众多北京游客一次全新体验的过程。第一次来京或第一次乘坐北京地铁的游客往往都有“兴奋“之情”，良好的运行“环境”、高水平的“服务”质量、方便的换乘以及完善的出入口和方向“导引”系统都给游客留下深刻的印象。但同时，“高峰”时期的拥挤和线路的“复杂”等又给游客带来一些不满意情绪。在众多地铁线路中，较早开通的一号线和二号线仍然是游客讨论和乘坐最多的地铁线，这也从侧面反映出依托地铁一、二号线的中心城区依然是北京旅游的热门区域。

除地铁外，“公交汽车”也是重要的交通承运工具，尤其在“朝阳区”的游客更喜欢乘坐公交车出行，北京各个重要“大街路口”和“公园门口”成为公交车主要串联的站点。

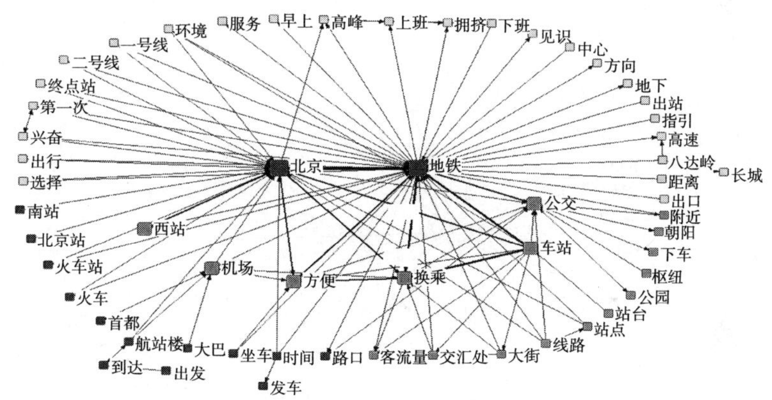

图 3　交通维度市场需求挖掘

（四）游览维度

北京是三朝古都，现在又是新中国的首都，因此北京通常被认为是整个中国的展示窗口，因此“中国”成为北京旅游的核心关键词之一。游客认为最具北京特色的游览要素是北京的“建筑”。

“故宫”（尤其是“天安门”广场部分）和“长城”（尤其是“八达岭”长城）依然是北京景区的代表。尽管在前文的资源供给分析中发现北京人造主题景区数量已经超过传统的历史人文景区，但从市场认可度和需求分析来看，“皇家建筑”、“老北京四合院和胡同”、“各大王府遗址”、“名人故居”和“寺庙教堂”等传统景区景点，仍然是北京旅游的核心吸引力。游客普遍认为这些文物保存良好，值得参观，而对于这些景区的“门票”，游客的反馈是“便宜”，这一评价无疑是提升北京旅游满意度的一大亮点。

除传统人文景区外，参观各大名牌“大学”、重要“博物馆”以及与“奥运”相关的旅游景点近年来也成为游客重要的游览活动。另外品尝北京“特色小吃”、“酒吧夜店”休闲和北京“地铁体验”等也越来越受到关注，这些新旅游活动的兴起代表的是新一代旅游市场主体的需求，是北京游览体系的有力补充，它们将与传统景区共同构建完整的北京旅游活动体系。

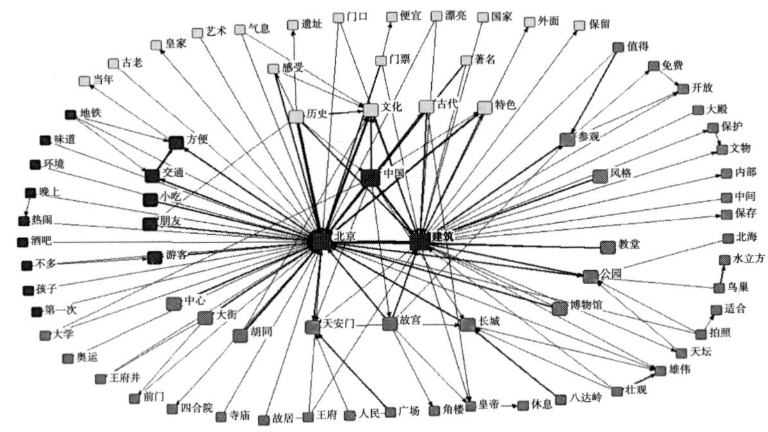

图 4　游览维度市场需求挖掘

（五）购物维度

北京旅游购物的核心关键词是“超市”、“商场”和“购物中心”。

当地特产是旅游购物的最大需求，大部分游客认可“烤鸭”是最具北京味道的美食特产，但游客购买北京烤鸭最多的场所是超市。从前文旅游购物服务设施供给分析发现，特产礼品店的数量已经很多，但目前市场认可度并不高，游客购买特产更愿意去明码标价、质量相对有保障的超市。

除了特产，游客在北京购买更多的是品牌（尤其是品牌折扣）“衣服”、“首饰”和“化妆品”等。“商场”和“购物中心”是购买服饰的主要场所，游客希望购物中心或商场具备“装修高档”、“服务优秀”、“商品种类和品牌齐全”、价格“便宜”、餐饮“配套完善”以及交通方便（尤其是“地铁”方便）等要素。“西单”、“王府井大街”、“东方新天地”以及“前门大街”等普遍被认为是北京人气最旺、年轻人聚集、老品牌与新兴品牌兼具的购物场所，因此这些地方成为游客提及最多的旅游购物商圈。

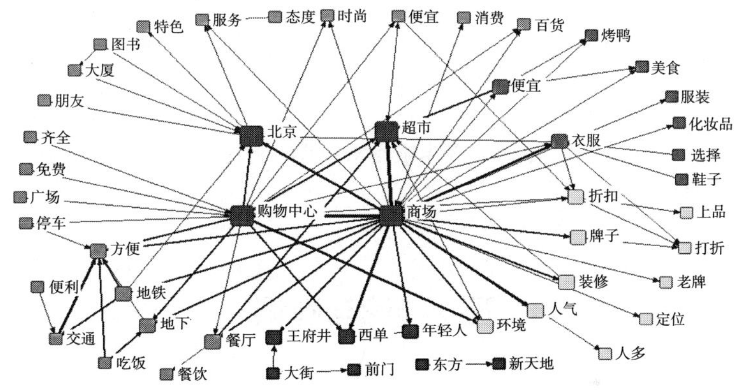

图 5 购物维度市场需求挖掘

（六）娱乐维度

“观演出”“逛酒吧”“泡茶馆”“看电影”等是北京旅游娱乐的主要形式。在前文旅游娱乐服务设施供给分析中发现，北京娱乐设施排名前三的是网吧、台球和洗浴，与旅游市场需求不符，说明目前北京娱乐设施主要是为满足当地居民需求。

北京游客主要的娱乐商圈集中在“三里屯”、“什刹海”、“工体”和“前门”区域等中心城区，这些地方既有传统的茶馆、曲艺等老北京消遣场所，也有像国家大剧院、工人体育场等现代大型演出场所，还分布众多酒吧、夜店和咖啡馆等，同时这些地点地理位置好、交通便利，因此成为北京旅游者的主要娱乐去处。

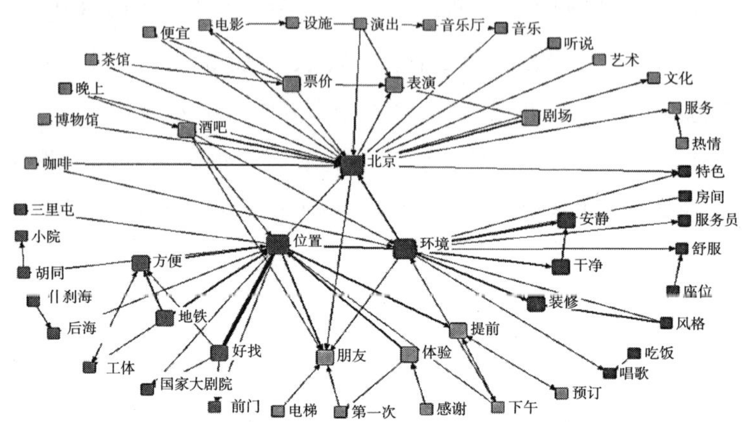

图6 娱乐维度市场需求挖掘

五 结论与建议

（一）提升软实力，进一步完善食宿接待服务体系

食宿供给是旅游六要素服务供给中的基础，北京的食宿服务是较为完善和成熟的两个维度。随着旅游市场的不断成熟，对食宿整体环境和氛围、服务水平、地理位置和周边商业配套等软实力的要求越来越高。因此，北京旅游食宿服务应该在继续发挥传统供给优势的同时，从企业文化打造、政府职能监督、服务人员培训和投诉建议系统完善等多方面着力提升软实力，展现国际旅游城市应有的旅游服务供应水平。

（二）依托地铁系统，打造北京特色交通体验活动

从前文分析看出，多个维度的市场分析都对方便的公交系统，尤其是对地铁站点的依赖提出明确需求。地铁作为地下轨道交通，极大提升北京交通

的运量和效率，成为北京旅游交通的主要承运工具之一。

除此之外，乘坐北京地铁还应该成为一项特色的旅游体验活动。纵横的线路、方便的换乘、高级别安全系数，甚至高峰时期的拥挤、复杂的运行规则等都成为有体验价值的旅游活动。因此，北京旅游应依托北京地铁系统，一方面尝试开通旅游地铁专列以扩充旅游交通运力；另一方面提高乘坐舒适性，突出乘坐地铁中的北京特色体验，让乘坐地铁成为一项新的北京旅游活动。

（三）注重传统与现代的互补，打出北京景区游览组合拳

传统人文景区仍然是北京旅游的核心吸引力，但同时随着主题公园、各大博物馆等的景区类型的兴起，北京游览系统将更加丰富和完善。

北京旅游应该同时注重传统景区的升级发展和新型景区的引导管理。传统景区是北京厚重文化底蕴的展示窗口，新兴景区则是北京作为现代大都市的展示平台，其具备经济、文化、艺术、娱乐等多方面时尚和国际化特点。两者是互相补充和互相促进的，游客只有通过北京传统景区和新型景区的组合游览，才能充分理解北京旅游的全部内涵。

（四）精准细分市场，针对性改善旅游购物和娱乐供给体系

旅游购物、娱乐需求和当地居民的购物、娱乐需求差别往往很大，多数城市的相关产品和服务供给并未很好地细分两个市场，而是进行无差别的产品和服务供应，或者完全将旅游者和当地居民区分开来，造成信任缺失，影响业态发展。北京旅游购物和娱乐服务的供给同样存在这样的问题。

从前文分析可知，北京特产礼品店的数量已经很多，而且空间分布均匀，但大多数游客还是愿意从超市购买特产，原因在于游客潜意识认为特产店是为外地游客开设，存在宰客嫌疑，而对品牌连锁超市的信任度更高。因此，是否应该考虑将特产礼品店直接进驻超市，提升销量的同时，消除游客疑虑。

同样的，为满足北京当地居民娱乐需求而形成的娱乐服务供给体系现状

与北京游客的旅游娱乐市场需求并不匹配，那么在旅游市场需求旺盛的娱乐服务供给中就应该有更多针对性的管理、运营和营销措施。

参考文献

依绍华、冯永晟：《旅游服务质量评价研究——基于北京旅游服务质量评价的实证研究》，《发展研究》2013 年第 6 期，第 78 ~ 83 页。

周爱华、张远索、付晓等《北京城区餐饮老字号空间格局及其影响因素研究》，《世界地理研究》2015 年第 1 期，第 150 ~ 158 页。

曹晓晴：《北京市经济型酒店服务质量研究》，《江苏商论》2014 年第 23 期，第 20 ~ 22 页。

李瑞美、贺玉龙、陈亦新：《旧城历史文化保护区旅游交通行为特征研究——以北京什刹海为例》，《道路交通与安全》2015 年第 3 期，第 18 ~ 22 页。

石美玉：《北京旅游景区旅游购物的现状及对策分析》，《旅游学刊》2006 年第 3 期，第 44 ~ 49 页。

旅游新模式篇

New Models of Tourism

G.9

故宫旅游公共服务的提升理念与路径分析

故宫旅游公共服务课题组*

摘　要：　旅游公共服务的责任履行，不但在各级政府和公权力部门，也在公共资源的管理与经营部门。故宫作为公共资源型景区，近几年在履行公共服务职责、承担社会责任、提升旅游公共水平方面做得非常出色，成为行业楷模。文章总结了故宫在此方面的理念与实施路径，包括三大板块、数十项措施。

关键词：　故宫　旅游公共服务　公共资源

* 执笔人：曾博伟，北京联合大学旅游学院副研究员，研究方向为旅游政策、旅游产业发展；徐菊凤，北京联合大学旅游学院教授，研究方向为旅游公共服务、旅游市场需求、旅游基础理论；方忠权，北京联合大学旅游学院教授，研究方向为旅游开发与规划、会展产业发展。

旅游业天生是一个兼具产业和事业双重属性的复合领域，既有经济效益取向，也有社会效用取向。一国一地规模化旅游活动的开展，必须依托多种公共要素资源才可能实现。在旅游活动成为国民生活的重要组成部分的时代，旅游业的公共服务属性会更加突出。国人对此已经逐步形成共识，深化了对旅游公共服务重要性的认知。

一 旅游公共服务的责任主体与层类划分

旅游公共服务是为了满足旅游者的普遍需求而由政府及其公权力机构，尤其是目的地公共部门向游客提供的公益性、共享性服务及产品的总称。旅游公共服务的责任主体，主要是政府及其公权力部门。略加扩展可分为三部分：一是各级政府和公权力部门，从中央政府到各县乡级政府，从掌握公共资源公共权力的中央部门到地方部门；二是旅游部门，它不掌握资源和权力，主要代表旅游需求和市场发展需要向政府和公权力机构提出建议，协调公共服务的落实；三是公益组织和旅游类企业。这方面我国不像西方国家那么明显，依托公共资源构成的景区和大型国有企业可以被看作是一定程度具有此类非政府、非市场的公益属性机构，尤其是事业型的遗产性景区可以视同此类机构。至于纯粹的市场化旅游企业，公共服务非其固有职责，而是其为了强化竞争力或响应行业规范的附加行为。因此，政府和公权力机构是旅游公共服务的主要责任提供者，第三方力量中的许多景区在国内大多已成为企业，营利成为其主要使命，其公共服务的职责在法理上有所降低，只有少数事业属性的机构在履行公共服务方面恪守职责，不忘初心。故宫博物院是其中最突出的典型。

二 故宫的使命与旅游公共服务结构

（一）资源依托型景区的公共使命

众所周知，依托公共资源而形成的景区，其资源本体在旅游业诞生之前就已存在，有其自身的多种功能与使命，因而也早有各自的归属主管部门。但不可否认的是，这些资源当今时代最主要或最显性的使命，是满足游客的观赏、体验，从中展现其历史文化或自然禀赋价值。而如何让景区更好地传播、展现这些价值，让到访者充分、舒适而且有尊严地体验其价值，则是景区管理者的重大使命。这其中，保护好资源本体、改善服务设施、提升服务水平、执行成本定价职责，可以看作是资源依托性景区履行公共服务使命的四驾马车。

（二）故宫的使命与公共服务职责

故宫，无论在客观地位上还是在人们的心中，都是高大威严的。它既是紫禁城——世界上规模最大的古代皇家宫殿木结构建筑群，又是世界上中国文物藏品最为丰富的国家级博物馆，同时，还是当今世界上观众最多的博物馆（唯一年观众接待量达到千万以上）。这三大世界之最，让故宫履行其公共服务使命的职责更重，路径也更为特别。可以把故宫的旅游公共服务职能划分为这样三大板块：旅游大潮中的文物保护、新时代的文化价值展示、以访客为本的服务管理模式。

首先，作为一个有着近 600 年历史的世界上现存规模最大、保存最完整的木结构古代宫殿建筑群，故宫管理的首要使命是“把壮美的紫禁城完整地交给下一个 600 年”，因此，做好建筑群的修复、保护、传承工作，保护好其中的 180 多万件文物的完整性、安全性，尤其在史无前例的巨大客流的压力下将建筑及馆藏文物保护好，是其首要使命。其次，如何让这座辉煌的宫殿建筑群及其收藏的大量珍贵文物更好地展现给观众，让更多人深入细致地了解，传播其文化价值，是它的第二大使命，也是故宫作为世界第五大博物馆的最大功能之一。这些功能，主要通过展览展示、宣传教育、文化推广、数字媒体、解说服务、定制参观、文化创意产品等路径实现。再次，如何让观众获得更有尊严、更有品质的服务，是其第三大职责，也是故宫作为世界文化遗产和国家 AAAAA 景区最需要主动承担的社会职责，服务设施改造、标识系统升级、信息服务优化、环境氛围营造、社会责任承担、社区关系处理、观众投诉处理、访客调查，都是实施路径。

三　故宫提升旅游公共服务的理念与路径

（一）平衡文物保护与客流冲击的关系

故宫有许多真实的身份与被赋予的头衔。明清两代的帝王宫殿是其真实的历史身份，博物院是其当今机构名称和职能定位（1925 年），此外，全国重点文物保护单位（1961 年），世界文化遗产（1987 年），AAAAA 级景区（2007 年），国家一级博物馆（2008 年），世界第五大博物馆、世界上接待观众量最大的博物馆，这些荣誉和头衔，使故宫博物院的文物保护工作必须在文物保护与客流冲击中保持平衡。

1.“最少干预”理念与“扩大开放面积”思路下的文物保护与修缮模式

木质结构容易损毁，故宫建筑的外观和结构不能随意改变，院内有 100 多万件藏品需要得到修复和采取预防性保护措施，大量文物存在着糟朽、腐蚀、开裂、破损等自然损坏现象……为了应对这些文物保护方面的挑战，故宫必须采取多种措施进行保护。一方面，实施“故宫古建筑整体保护修缮”和“平安故宫”两项重点工程，对建筑和文物进行整体性清理与保护。另一方面，坚持系统日常维护，实施“岁修”和“零修”工程，保持古建筑文物处于健康状态。在修缮理念上，坚持“最少干预”的理念，尽量做到不改变文物原状，最大限度保持历史信息，注重传统工艺的传承。此外，故宫的保护、展示、管理要求还考虑与参观人次 1500 万/年的超负荷观众量之间保持平衡，这一问题被纳入《故宫保护总体规划 2013 - 2025》中。因此，他们优先修缮存在严重危险隐患的、能产生较大社会效益的、能更好发挥社会功能的文物建筑，从而达到逐步扩大开放面积，让观众可以从容领略更多的故宫文化精华。

2. 将大客流需求与疏导列入文保规划与故宫管理重要议程

2009 年以后，故宫成为世界上唯一一个每年迎来上千万参观者的博物馆，也成为当今依托公共资源而形成的景区中游客接待量最大的旅游景区。

从2002年到2011年10年间，访客量整整翻了一番，达到1400万，2016年更是突破1600万人次，达到历史新高。这一增长速度和接待规模在国内外博物馆领域绝无仅有，单日观众人数最高突破18.2万人次的情况，更让近600年“高龄”的紫禁城和馆藏历代珍宝承受着巨大的安全压力，游客参观质量也难以保证。因此，无论从文物保护、安全管理还是游客体验质量考虑，客流限制与游客疏导都成为故宫必须解决的关键性问题。为了缓解持续走高的观众流量对故宫博物院带来的压力，故宫在多年酝酿、社会沟通充分、配套设施完善的基础上，终于在2015年得以实施一套限流分流措施。

（1）制定最大承载量，单日限流，实名购票。作为一个72万平方米面积的故宫，在淡旺季客流分布不均的情况下，制定最大承载量的最佳方式是限制单日最高游客量。故宫世界文化遗产监测信息平台在多年研究的基础上，核定了故宫博物院单日接待游客人数上限为8万人次的最大单日承载量。限流措施在2015年正式实施。而保障限流措施有效实施的配套措施，则是实名购票与网络预约两大举措。经过两年的运行，通过网上预约订购故宫门票的数量快速增加，从2015年的17.34%，增加到2016年的41.14%。

（2）实施周一闭馆制度，让文物得以“喘息”。周一闭馆是世界各国博物馆的通行做法。然而面对大量的访客需求，故宫博物院从1925年成立数十年来并没有实施这一措施。在巨大客流压力下，为了使古建筑、文物藏品、游客服务设施能够及时得到“喘息”，经过下午闭馆半天的一年试行期，2014年1月起正式实行周一全天闭馆（除法定节假日和暑期外）。闭馆之举为保持古建筑和院藏文物安全健康的状态争取了更多的空间和时间，也为开放环境清洁、展厅室内维护、开放区内彩钢房拆除、员工培训提供了机会。

（3）疏导关键环节，优化排队管理。景区的拥堵通常体现在少数环节，故宫也同样如此。2013年起，故宫将售票窗口从16个增加到30个，售票接待能力增加87.5%，大大缩短了游客排队的时间，缓解了拥堵压力。同时，移动安检位置，把安检口从原来的2个增至18个，加快了观众的通行速度。此外，在经常拥堵地段如御花园、展厅等地实行局部分流，采取人工

疏导、停止食品售卖、分时段采取单向参观、关闭个别大门、小区域限流等措施，安全度过客流高峰。

（4）增大开放区域，有效疏散客流。故宫近几年不断扩大对游客的开放区域，增加展示空间，缓解人流压力。2015 年故宫开放面积达到 65%，比 2014 年增加 13%，开放了 5 个从未开放的区域，2016 年迁出部分办公科研单位，进一步使开放区域增加到 76% 左右。

（5）同等重视游客安全，维护游客尊严。安全工作是故宫博物院的生命线。2013 年获国务院批准实施的“平安故宫”工程，“观众安全隐患”被列入七大待解决的问题之中。为此，故宫逐步建立完整的监测信息平台，便于对文物建筑、馆藏文物、观众动态等 10 个方面进行持续监测。目前，故宫博物院拥有约 3000 个摄像头，全程监控故宫博物院每天的运行状态，实现对故宫博物院出入口、重点区域等观众流量的实时准确监测和统计，防止拥挤踩踏、文物损坏等意外事故的发生。此外，本着“以观众为本”的原则，故宫从 2013 年开始禁止机动车辆驶入开放区，所有来宾，包括国家元首、政府首脑都和普通观众一样在故宫午门外下车，步行参观。这样做，既避免了院内来宾车队与观众参观之间存在的矛盾与安全风险，使观众安全得到保障，也使世界文化遗产——故宫更加拥有尊严。

（二）拓展博物馆的文化传播功能

博物馆代表民族的文化经典，彰显民族文化创造的高度。故宫博物院的文物藏品不但数量多，而且价值高。然而，由于受到现有展览设施的限制，故宫博物院所拥有的 180 余万件（套）文物藏品，展出比例不足百分之一。故宫虽然一直将自己定位为博物馆，然而大多数进入故宫的参观者确实只是普通观光客，而非参观文物的“观众”。近年来，故宫大力拓展文物展览与展示工作，采用多种创新手段加大对故宫文化的传播。这可以看作是故宫博物院加强公共服务工作的第二份责任。为做好这份服务，故宫采取了以下措施。

1. 加大展览展示力度，增加重量级展览

为了增加展览活动，使故宫“博物院”的形象深入人心。除了紫禁城内前三殿、后三宫以及西六宫原状陈列外，故宫近年来增加了许多常设展览，如武英殿书画馆、文华殿陶瓷馆、景阳宫的金银器馆、钟粹宫的玉器馆等。此外还举办大量临时展览活动，一些重量级展览引发人们高度关注，吸引了大量特别是为参观文物而来的纯粹观众。2010～2011 年举办的明永乐宣德文物特展、兰亭特展，以及 2015 年的《万寿庆典展》、石渠宝笈展，都引起了极大轰动，社会反响巨大。

此外，故宫还与国际国内博物馆联合举办展览活动。在各省市博物馆举办展览，或参与地方博物馆联合举办的展览，例如，金银器展巡回展览赴全国数十个省市展出，为广大观众提供文化震撼与艺术享受；在故宫博物院举办来自世界各国著名博物馆的重要展览，为中国观众带来跨国文化享受。例如“太阳王路易十四——法国凡尔赛宫珍品特展”（2005 年）、“克里姆林宫珍品展”（2006 年）、“印度宫廷的辉煌——英国国立维多利亚与艾尔伯特博物馆珍藏展”（2013 年）等都非常精彩。

2. 走进学校和社区，实现博物馆文化传播与教育功能

故宫人认为，现代博物馆不再是简单的文物标本的收藏、展示、研究机构，而应该成为面向社会、服务公众的文化教育机构和信息咨询机构。因此，他们把故宫的文化传播到学校去、传播到社区去，使更多的学生和青少年能够在自己的家门口、在自己的校园内就可以感受故宫文化。为此他们专门开发出一些“定制”教育性项目，走进中小学宣讲展示。故宫还与北京工业大学、香港城市大学分别开展了系列合作活动，让故宫的知名专家学者走进大学开展系列专题讲座，也让大学生分批来到故宫进行定制性参观。同时，故宫还面向社会公众推出了品牌公益性系列讲座活动“故宫讲坛”、故宫主题日等。连同故宫知识课堂、故宫大讲堂、故宫趣味课堂，这些走进社区与学校的文化传播与教育活动，普遍受到热烈欢迎。

3. 采用传统和现代技术手段，提升故宫的解说与信息服务

文化遗产具有价值内在、形式抽象、信息隐含、难以感知的特征。因此，文化性景区的解说和信息服务系统显得异常重要。故宫的解说和旅游信息服务具有多方式、多渠道、多内容的特征，呈现出几大亮点。从解说器来看，相比一般国际性博物馆只有 10 种语言的讲解器，故宫的讲解器有 40 个语种。利用志愿者从事解说服务也是一大亮点，故宫专题展馆、临时展览和特别展览的讲解工作基本由志愿者提供服务，发挥他们的专业特长，让观众获得专业知识。此外，故宫的数字化信息与展示系统也令人耳目一新。它建立了“数字故宫”系统，以官方网站为核心和主入口，由官方网站、微故宫建设、App 应用、多媒体数据资源等各种信息子系统构成，线上、线下互通互联，为观众提供便捷、全面的博物馆数字资讯。游客、观众足不出户就可以查阅到有关故宫门票预订、旅游线路、展览信息、文物介绍、安全急救等必要信息和咨询服务。为了吸引青少年关注中国传统文化，故宫还特别开设了青少年网站，用年轻人的语言、动漫等表达方式传递故宫文化。端门的数字博物馆更是全新设计的一个交互式新型数字展厅，不但通过大屏幕播放“大片”的形式让观众了解故宫如何从最早帝王执政的紫禁城变成今天的博物院，还通过各种数字化的文物展现方式让观众与故宫亲密接触，让人了解故宫是什么、故宫有什么、来故宫看什么。“微故宫”、“故宫展览” App、“故宫出品”系列 App 在市场上大受欢迎。总之，“数字故宫”有效实现了故宫信息服务、游客交流、文化传播的重要作用。

4. 精心设计故宫文化创意产品，博得大众广泛欢迎

旅游商品雷同化、粗俗化在我国是一个普遍现象。大多数景区的特色产品难以被游客接受。故宫在这方面迈出了超前性的一大步。故宫人利用丰厚的故宫文化资源，研发并生产出充分包含了故宫元素、设计精美、材质可靠、物美价廉、包装大方、创意十足的数千种故宫纪念品，使观众乐于购买。这些文化创意产品，取材于故宫本身的历史文化资源或相关的宫廷文化陈列展览，有的截取了色彩、纹饰或部件；有的利用了形状、特征或内容，处处体现了皇家气息，让观众容易接受，符合现代消费市场需求。截止到 2015 年底，故宫博物院的文创产品研发数量达到 8676 种，2015 年上半年销售额实现了 7 亿元，销售利润接近 8000 万元。文化创意产品的成功，不仅为景区带来了门票之外的收入，更重要的是把景区所蕴含的文化资源带入到人们的日常生活中，产生了更广泛深远的文化影响。

（三）改善参观与旅游服务质量，担负社会责任

对于故宫人而言，故宫是个博物院，是为了社会公众利益而存在的非营利永久性文化机构，具有为广大民众提供学术专业服务的社会责任。对于旅游界和社会公众而言，故宫是知名景区。故宫肩负这两大职责，也确实做到了这两者之间的平衡。

1. 长期实施低价票制，严格履行社会职责

在履行社会职责方面，故宫堪成中国资源型景区的领跑者。仅以故宫景区门票价格为例，作为中国资源品位极高的第一批世界文化遗产，首批AAAAA级景区，迄今仍然坚持2002年的门票价格，淡季40元，旺季60元，15年没有涨过价，成为全国性价比最高的旅游景区。它真正坚持了公共资源为共所用、成本定价、公益为主的经营原则，以最大诚意履行了社会职责。此外，故宫博物院给社会不同群体提供免费接触的机会。从2014年开始，针对教师、医护人员、志愿者、现役军人、公安民警、大专院校学生等群体，故宫每月（淡季）展开一个群体的主题免费开放日活动，体现对特殊群体的关爱。

2. 不断提升服务与设施水平，服务观众与游客

在公益性服务之余，故宫也没有忘记为游客和观众提供更为优质、更为舒适的服务。近年来实施了一整套改善观众服务设施，提升观众参观体验的工作方案。首先，对基础设施进行升级改造。例如，系统更新标识牌，不但增加类别、数量，还精心设计了颜色、款式，使之与故宫庄严的气氛更加协调；重新设计摆放地点，力求更有效地引导观众参观，避免对古建筑的损伤。标识牌上设置了二维码，参观时扫一扫，手机里即显示出文物信息和展览信息。其次，在环境卫生方面，故宫制定了比以往更高的标准，要求做到“室内一尘不染、室外片纸不留”。再次，让观众“有尊严地休息”。为了让长时间行走参观的观众能有歇息之处，故宫在多个广场和适当位置加装了1400余把舒适座椅，围着古树还安装一圈木板凳以增加小憩空间。这与过往游客只能在地面、树坑旁、护栏上席地而坐的景象形成天壤之别。此外，

为营造故宫良好氛围，保持故宫的庄严环境，避免导游使用扩音器讲解带来的噪音影响，他们要求导游使用人工讲解方式，如果观众人数较多无法采取人工讲解时，故宫可以优惠提供团队专用自动讲解器的服务。

故宫近年来所做的上述工作，完全建立在公共服务的理念之上。无论是其理念价值观，还是具体措施，都值得全国公共资源依托型景区借鉴。

参考文献

单霁翔：《平安故宫·思行文丛：壬辰集》，故宫出版社，2013。

单霁翔：《平安故宫·思行文丛：癸巳集》，故宫出版社，2014。

单霁翔：《平安故宫·思行文丛：甲午集》，故宫出版社，2015。

单霁翔：《平安故宫·思行文丛：乙未集》，故宫出版社，2016。

徐菊凤等《旅游公共服务：理论与实践》，中国旅游出版社，2013。

G.10
北京入境旅游海外推广的新模式研究

孙梦阳　季少军　许二荣*

摘　要： 在亚洲主要旅游城市得益于中国出境旅游人数迅速上升而大发展时，北京却依然面临着入境旅游下降的严峻局面。通过对海外旅行商、国内外旅游局以及 CNN 等第三方机构的访谈及数据分析，从入境旅游的供给侧及第三方找出北京入境旅游市场的新问题与新变化，从政策与体制、产品与服务、市场、品牌建设以及营销推广等层面为北京提出境外宣传推广的新模式和新思路。

关键词： 北京　入境旅游　海外旅行商

一　北京入境旅游市场的现状分析

北京因其独特和高品质的旅游资源享誉全球，入境旅游是北京旅游的重要组成部分，其发展规模和水平是北京旅游业发展水平和发展能力的体现，是衡量北京国际化水平的重要指标。

2012 年以来，受国内外诸多不利因素的影响，北京入境旅游市场呈现下滑趋势。入境外国游客下滑更加明显，平均跌幅为 4.48%，跌幅高于港

* 孙梦阳，北京联合大学旅游学院教授，博士，研究方向为目的地营销、游客行为分析；季少军，北京联合大学旅游学院讲师，博士，研究方向为目的地形象与营销；许二荣，中青旅国际旅游有限公司入境在线暨目的地海外营销事业部副总经理，学士，研究方向为目的地营销。

澳台入境旅游市场1个百分点。尤其是2013年，外国游客跌幅达到10%。2015年港澳台入境旅游市场有所回升，同比增长0.65%，扭转了2012年以来该市场持续下跌的态势；2016年，外国游客人数尽管同比下跌0.8%，但出现了2012年以来的最小跌幅。

从外国入境客源市场看，2012~2016年北京入境游客10万人次以上的客源市场均超过10个；超过20万人次的客源市场保持在4个以上（2012年为5个）。从入境旅游外汇收入来看，2012~2015年连续3年出现负增长。2016年，尽管入境游客数量依然处于下降趋势，外汇收入却同比增长17.5%，出现较大回升。

综合2012~2016年的入境市场数据，北京入境旅游市场的发展总体特征如下。

第一，经过30年的快速增长，北京入境旅游进入平稳发展的新常态。作为中国入境旅游的典型代表和缩影，北京与我国的入境旅游发展总体状态一致。在2011年达到超过500万人次的峰值，经过3年的下滑，从2015年开始步入稳步增长的新常态。

第二，从入境市场规模来看，北京入境旅游市场处于全国前列。尽管受国内外旅游目的地的竞争和北京空气质量问题等影响，北京入境旅游仍处于全国前列，近年来主要的竞争对手是广东、上海和江苏。

第三，北京入境旅游市场呈现更具国际化的“82”格局。与我国入境旅游呈现“28”（即外国游客20%左右，港澳台游客80%左右）的格局相反，北京80%的游客为外国人，北京入境旅游市场更具有国际化。并且，北京入境旅游市场结构相对均衡，来自亚洲、欧洲和美洲的游客人数比重相近。

第四，与上海相比，北京在远程入境客源市场更具有优势。北京的入境旅游市场外国人的比例高于上海。北京在远程市场更具有优势，美国是北京的第一大入境客源国，而日本则是上海的第一大入境客源国。

第五，新兴入境旅游市场增长迅速，市场潜力巨大。2013年以来，北京传统的美国、日本、韩国和俄罗斯等发达的客源市场在出现人数低迷之际，一些新兴入境旅游市场呈现平稳增长的态势，包括印度、越南、泰国和墨西哥等新兴市场正成为入境旅游增长的新动力。

总体来看，北京入境旅游进入平稳发展的新常态，在国内外宏观环境相对稳定的形势下，北京入境旅游很难出现大幅度急剧上升或者下降的情况。作为国际旅游城市，北京并不缺乏知名度和影响力，而是缺少知名度向正面品牌影响力转化的新思路和新模式。而要提出这些新思路和新模式，需要全面地了解北京旅游的海外品牌影响力，更需要进行全面、扎实和深入的市场调研。

二　北京旅游的海外品牌影响力分析

为了解北京旅游的海外品牌影响力，本文综合分析了近5年包括CNN和FACEBOOK在内的海外权威媒体及第三方机构进行的有关旅游目的地城市的调研，结合有代表性的国际旅游城市官网在Alexa网站的排名，北京旅游的海外品牌影响力具有以下特点。

第一，北京在海外市场认知度极高，以积极正面印象为主。作为中国的首都，95%以上的海外受访者都知道北京，对北京的认知度极高。来过北京的受访者重游和推荐的意愿均非常强烈，对于北京的积极印象远远高于消极印象。

第二，北京被看作是重要的商务旅游目的地。作为中国的首都，北京担负着重要的对外经贸、文化传播和人员往来的重任，来京旅游的入境游客很大一部分是商务目的。超过6成的受访者认为北京属于商务旅行目的地，这一数据高于将北京归类到旅游目的地的受访者比例。

第三，以故宫和长城为代表的景点具有较高的吸引力。尽管包括北京在内的诸多国内旅游目的地推出不同主题的旅游产品，但以故宫和长城为代表的，展示中国历史与文化的经典景点在海外受访者中还是具有较高的吸引力。

第四，强化交通与商务旅游的优势有助于提升海外品牌影响力。在未来海外推广中，逐渐改变以东方古老文化为主的形象，强化有利于青少年的交

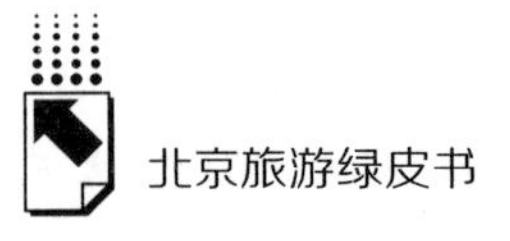

通便捷、科技高度发展和浪漫东方文化等形象，突出有利于商务客人的现代化会议场馆和展览中心等会奖之都形象。

三 北京入境旅游的供给方调研分析

作为国际旅游城市，北京如何利用在国际上良好的品牌影响力，除了对入境游客需求的持续和科学的调研之外，全面而科学地了解北京旅游海外旅行商的“心声”，梳理近年来国内外竞争对手的“他山之石”，全方位的供给侧调研，对于北京旅游的海外推广转换思路、顺应新形势和创新营销模式具有非常重要的意义。

2016 年 10 ~ 11 月，通过对海外旅行商、海外旅游局以及国内外重要旅游目的地的调研与分析，充分了解到供给方对北京在入境政策红利进一步释放、海外品牌形象建设、旅游公共服务以及海外营销推广等方面给予翔实而中肯的建议，以及国内外旅游目的地促进入境旅游的政策及措施。

（一）针对海外旅行商的调研结果

受访的海外旅行商涉及日本、韩国、芬兰、瑞典、美国和德国，除韩国“黄气球”旅行商外，其余旅行商均有超过 10 年的销售北京入境旅游产品的经验，对北京旅游产品十分熟悉并积累了丰富的销售经验。受访海外旅行商就北京旅游海外推广存在的问题及建议如下。

第一，北京入境旅游营销预算与拨付时间、旅行商运营时间契合度不强。绝大多数旅行商表示，他们进行产品沟通测试需要 6 个月以上的时间，有些旅行商从 1 年前，甚至 1 年半前即开始产品的沟通测试，而营销经费预算与拨付存在着滞后的现象。

第二，缺乏专门机构统筹海外推广工作，缺乏游客数据作为决策与营销推广支撑。海外推广最好有专门的人员和机构统筹管理，建立科学的游客数据采集，为制定营销决策提供翔实的数据支撑。

第三，北京的正面海外品牌形象宣传不足。北京在客源市场的新闻媒体报道较少，产品销售与目的地品牌形象推广脱节的现象突出。

第四，机构间营销信息沟通不足。海外旅行商获得北京旅游信息的途径主要是国内合作旅行社，只有少量信息来自北京旅游委的官方平台与海外推介会，无法及时获得新兴旅游资源（景点等）的介绍。

第五，入境旅游奖励机制有待完善。目前对于旅游企业的奖励过于单一，仅限于事后奖励，对于企业自主开展的海外营销推广活动缺乏事前的资金支持，对于某些入境市场做得好的企业以及遇到特殊困难的企业没有资金扶持。

（二）针对海内外旅游主管部门的调研结果

近几年来，各国旅游部门不断推出新的举措与方案以推动入境旅游市场的增长，通过对6家海内外旅游局的访谈、网络媒体报道的各地推广策略以及2015～2016日本政府观光白皮书的整理，各地所实行的新举措以及新做法总结如下。

1. 政策与措施方面

（1）签证以及通关便利化。不断出台新规定延长外籍游客过境免签时间，主要有72小时过境免签、144小时过境免签，同时给予有条件的过境免签以及重要客源市场的游客入境免签待遇。借助新技术的辅助优化办理出入境证件的手续，增加签证申请点，努力实现通关便利化，放宽获得签证的发放条件。

（2）离境退税。对符合某些条件的地区实施境外旅客购物离境退税政策。

（3）奖励体系。出台旅游市场的奖励政策，鼓励旅行社“引客入境”。

2. 入境产品与服务方面

各旅游目的地都在致力于推出新的特色旅游产品，除此之外，有针对性的个性化服务更是近年来各国开拓境外旅游市场的重点。

3. 目的地品牌建设与营销推广方面

目的地品牌建设实施的措施主要表现在提升交通通达性、完善旅游安保体系以及提升旅游信息化程度。

在入境旅游营销推广实践中，着力从三个方面展开，即在线推广（网站、论坛、社区等）、媒体推广（如传统媒体、自媒体、KOL、生活方式类媒体等）以及业内推广。

四　北京旅游海外推广的新模式建议

旅游目的地的海外推广是一个复杂、系统而长期的过程，基于对供给侧的充分调研和第三方对北京海外品牌影响力的评价，未来北京旅游可以从以下五个层面开展新模式的推广工作。

（一）政策与体制、机制层面

签证手续复杂、费用高是当前阻碍海外游客来华旅游的主要因素之一，因此，争取更宽松签证便利政策是当务之急。在北京市权限范围内制定更好的签证便利政策。同时，简化签证办证手续，调整办证费用等也是有效的方法。

在主要客源城市设立办事处或者营销中心，或者通过代理机构，推动北京市海外营销的专业化和市场化运作。

改进预算与奖励机制，激发入境旅游营销潜力。遵循海外旅游市场运行规律，提前一年对下一年度的市场营销推广进行规划，并制定预算。在奖励机制方面，建立产业重点扶持基金，优化奖励支持政策，在事后奖励的基础上增加事前营销活动支持。

（二）产品与服务层面

针对自助游游客，打造更好的惠民产品，对惠行旅游产品与机场、火车站的旅游咨询中心进行整合，为境外游客提供更便利的出行服务；针对团队游客，进一步优化入境旅游产品，让更多的海外旅行商参与线路设计。此外，利用智能化技术，开发多语言版北京旅游 APP，加大无线 wifi 的铺设范围，使外国游客能够畅游北京无障碍。

在服务质量提升方面，通过建立奖励机制，提高导游的积极性和服务的主动性，推动服务质量的提升；同时出台地方性的措施，提高涉旅企业的地位和待遇，形成涉旅行业岗位培训制度，保证旅游接待产业后续人才的供给以及总体的质量提升。

资源共享方面，由旅游委主导，建立业内企业使用的旅游素材库/产品资源库，为海内外旅游企业提供产品素材。

（三）市场层面

定期评估并分级客源市场，发掘海外新兴市场，根据市场的重要性，投入不同时间、精力和费用，制定不同的营销推广策略，并以此分级为基础作为旅行商和海外媒体选定的依据。

与首都城市战略定位相适应，将中老年为主的团队游客、中青年为主的自助游客和商务游客作为北京的重要海外目标客源群体。除此之外，会奖旅游群体、海外留学生群体、赛事活动群体和外交人员群体等均可作为目标群体。

（四）品牌建设层面

开启北京品牌重塑工程，建构多维度北京新形象，聘请顶级的公关咨询团队，为北京策划设计相对稳定的品牌形象。针对不同级别的地域市场，逐年推出不同的主题。针对不同类型的客源群体，有针对性地强化北京的特色。

作为中国的首都，入境旅游受政治因素影响较大。境外媒体的常态化报道，以及特殊时期的危机公关是北京海外品牌建设中非常重要的工作。在与媒体良好常态合作的基础上，通过专业公关机构，针对海外游客心目中对北京的消极印象，进行专业公关，逐渐改变北京的负面形象。

（五）营销推广层面

1. 熟知海外旅行商的运营节奏，提高品牌宣传效果和正面积累效应

要想更好地发挥北京海外旅游推广效果，需要熟知海外旅行商的规则与运营节奏，关注海外游客的决策模式，为海外旅行商提供市场推广的资料与便利，以此提高北京海外宣传的实效。

2. 创新并整合海外推广渠道，构建良性的宣传渠道与互动平台

针对海外市场营销信息沟通不畅的问题，未来的营销推广活动应当挖掘不同海内外机构的宣传优势，通过整合与合作，开发多种海外推广渠道，搭建北京旅游官方组织与海外渠道的互动平台。

可以整合的海外推广渠道包括国家机关驻外机构、海外的华人机构与组织、海外华人企业、在京高校的留学生群体以及重要客源市场的新闻媒体。采用定期举办不同主题的交流活动、中国传统节日的团聚与交流、海外国家传统节日设计与中国文化有联系的节目和活动，定期开展“北京美食”宣传。

3. 借助北京旅游官方平台，与世界重要的在线旅行商开展影响力大的线上旅游推广活动

优化北京旅游委的官方网站外文网站，进一步丰富产品供给，增强预订与支付的便捷性，并与世界范围内主要 OTA（比如，Skyscanner、Expedia、Viator、Priceline 以及 TripAdvisor）合作进行推广。

4. 契合海外推广侧重点及游客特征，有计划地开展事件营销

以“巩固传统市场、开拓新兴市场、培育潜在市场”方针为指导，结合北京旅游委每年海外营销的工作重点，在充分了解海外游客需求及偏好的基础上，有计划地在重要客源市场及潜在客源市场开展事件营销，对北京旅游的具有话题感、显著性、趣味性和高参与度的事件进行营销，增加海外媒体的曝光度。

例如，与海外重要新闻媒体的合作，策划“便捷北京”海外游客在北京活动，以应对自助游客的浪潮，同时集中展示北京公共交通的便捷与高效。

5. 精选主要客源市场的海外旅行商，构建网状的北京旅游产品销售体系

通过精选海外旅游商、整合营销、搭建对接平台与渠道等不同的角度，全面建立起网状化的海外产品销售体系。

在一级市场、二级市场和潜在市场，按照5∶3∶2的比例，精选100家有实力的海外旅行商，提供信息与销售支持，特别是旅游推广的政策与信息。对精选的海外旅行商进行定期评估，通过北京旅游产品数量、销售额和增长情况等指标进行评选，对业绩突出的，授予“北京旅游营销专家”荣誉称号，并对其给予奖励和补贴。

6. 深耕BITE的入境旅游推介功能与实效

北京国际旅游博览会（BITE）是北京极具影响力与实效性的专业展览会，在北京入境、出境双向旅游均占重要位置的条件下，建议利用BITE已有的影响力，提升其功能，形成对入境游的服务。应重视北京入境旅游新资源和新产品的海外推介会，有效地搭建北京旅游企业与海外买家的洽谈平台。邀请海外买家进行踩线与考察，丰富产品供给。

参考文献

北京市旅游发展委员会：《2012－2016年北京旅游业概况》。

北京市旅游发展委员会：《2012－2016年北京入境旅游者情况》。

G.11

休闲类旅游综合体的发展模式研究

王笑宇*

摘　要：随着供给侧改革逐步深入，旅游产品随之需要进一步升级。而如何应对纷繁复杂的旅游新形势、新需求；如何突破旅游地产的时代局限，打造新模式下的休闲类旅游综合体成为从业者需要研究的新课题。本文从旅游市场发展趋势出发，聚焦旅游市场需求变化，并基于对多家上市企业的数据进行比对、案例分析，初步对休闲类旅游综合体新发展模式进行分析，为未来休闲旅游产业的持续、健康发展提供了初步的理论支持。

关键词：休闲旅游　综合体　旅游新模式

一　休闲类旅游综合体的发展契机

根据《中国休闲发展年度报告 2015～2016》数据显示，目前中国城镇居民休闲度假类出游占比接近 40%，其中周末的休闲短途旅游率已经从 2012 年的 4.3% 上升到 2015 年的 17.7%，增长了 4 倍多。2016 年底中国国民人均 GDP 已达到 9000 美元。根据国际惯例，当国民人均 GDP 达到 9000

* 王笑宇，北京市人，旅游管理学博士，旅游经济学博士后，副研究员，首旅如家集团战略发展业务负责人，北京旅游学会理事，主要从事旅游企业管理、旅游行业发展趋势的理论与实证研究。

美元时，观光旅游将趋于饱和，休闲旅游大力发展；同时产品也将发生变化，主题公园、度假村、房车露营地等市场得到大力发展。

（一）传统观光型景区过度发展趋于饱和

笔者根据分析发现，目前我国休闲度假类出游占比接近40%，但休闲类景区的供给不足16%。面对这一迅速增长的需求，我国休闲类旅游景区的供给严重缺位。

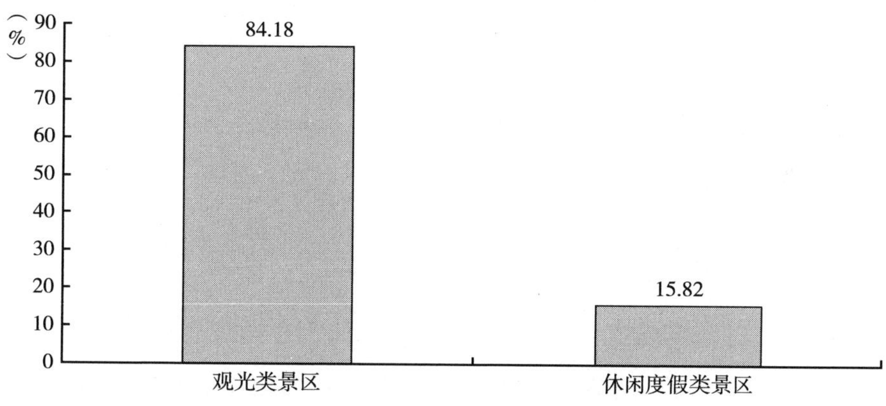

图1　我国观光类、休闲度假类景区占比

来源：根据国家旅游局2016年统计数据绘制。

1. 传统观光类A级景区盈利能力下降

2015年，国内共有约7000家A级景区，其中AAAAA级景区平均年营业收入1.18亿元，同比降低2.4%；AAAA级景区平均年营业收入为2749万元，同比降低3.8%。其中，AAAAA级景区平均净资产收益率为7.2%，同比基本保持不变，但AAAA级景区平均净资产收益率为2.2%，同比降幅达35.8%。其中主要原因是需求变化，但供给产品未变，严重依赖观光型门票、索道经济（占比超过61%）和节假日经济（黄金周游客接待量占全年接待量13%）。

2. 休闲类旅游综合体逐渐被市场认可

近年来，随着深圳“东部华侨城”项目、杭州“宋城”项目、无锡

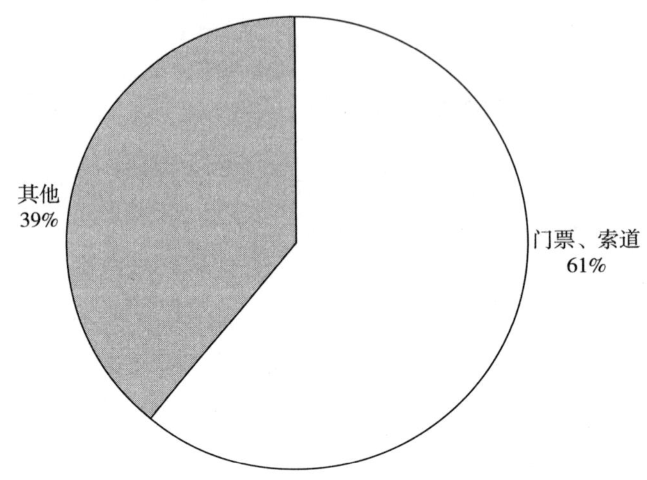

图2　2015 年景区门票、索道收入占比

来源：《景区行业 2016 年度研究报告》，长江证券研究中心。

“拈花湾”项目、“乌镇”、“古北水镇”等休闲类旅游综合体的火爆，凸显了休闲、度假类旅游需求的爆发和市场对这一类产品的追逐热度。这一现象主要因为游客已经越来越不满足于以基础物质为主的观光旅游，而希望旅游目的地提供完整的“浸入式”旅游体验，即包括主题景区、主题娱乐互动、主题购物、主题餐饮、主题住宿等元素的休闲类旅游综合体，能系统性地为游客提供视觉、听觉、味觉、肢体互动、深度感知等全方位、全流程旅游体验。

（二）传统地产企业发展陷入困境

传统房地产市场竞争加剧，未来发展逐步陷入困境。房地产市场面临巨大的转型压力。一边是，因加息及宏观调控企业融资成本增加，一边是“限购”政策导致个人信贷条件收紧，导致房地产市场发展举步维艰。地产企业在未来一段相当长的时间因市场竞争加剧、融资困难以及个人信贷收紧等因素将遇到发展瓶颈。

（三）休闲类旅游综合体与传统地产、传统景区盈利情况比较

笔者根据市场公开信息对传统旅游企业、传统地产企业以及旅游地产企业的盈利状况进行了分析比对，具体如下。

表 1　2015 年和 2016 年房地产、旅游景区、休闲类旅游综合体企业盈利能力对比

单位：亿元

	万科地产 2015	万科地产 2016	同比变化（%）	黄山旅游 2015	黄山旅游 2016	同比变化（%）	华侨城 A 2015	华侨城 A 2016	同比变化（%）
人次（万人）	无	无	无	318.28	330	3.71	3300	3456	5.4
资产总额	6112.95	8306.74	35.89	40.37	51.54	27.66	1152.66	1463.45	26.96
净资产	1434.44	1529.95	6.65	29.77（归母净资）	41.57（归母净资）	39.6	380.85（归母净资）	437.17（归母净资）	14.79
营业收入	1955.49	2404.8	23	16.65	16.69	0.28	322.36	354.8①	10.07
净利润	259.49	283.5	9.25	无	无	无	73.32	93.21	27.14
归母净利润	181.19	210.2	16	2.96	3.52	19.04	46.41	68.88	48.44
资产负债（%）	77.7	80.54	3.7	25.44	18.11	-28.88	58.56	67.12	14.6
净资产收益率（%）	18.09	18.53	2.4	11.71	9.18	-2.53	15.35	16.84	1.49

资料来源：笔者根据上市公司 2016 年度年报公开数据整理制作，其中，华侨城 A 旅游业务收入从 2015 年的 38%，提高到 2016 年的 45%。

休闲类旅游综合体企业保持高速健康发展：一方面，休闲类旅游企业净利润及净资产收益率增速明显分别高于景区企业、地产企业；另一方面，依托于休闲类旅游综合体的运营，其资产负债率持续优化、接待人数大幅提高，表现出优异的持续盈利能力。

二　休闲类旅游综合体的发展新模式

（一）休闲类旅游综合体的界定

休闲类旅游综合体一般是基于一定的旅游与土地资源，以休闲类旅游为

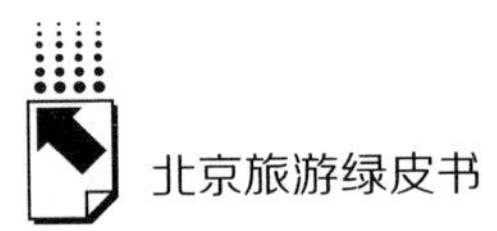

导向进行土地综合开发而形成的聚合空间。其主要包括休闲类主题餐饮、娱乐、住宿、购物、地产等项目，是整体服务品质较高的旅游休闲聚集区，也是一个旅游经济系统。而旅游地产通常定义为“依托周边丰富的旅游资源而建的，融合旅游、休闲、度假、居住为一体的置业项目”。意在配合地产开发，辅以旅游资源配套。

比较而言，休闲类旅游综合体更强调其旅游产业的系统性、空间的协调性、体验的全方位性，属于旅游目的地的长期投资、运营项目。而旅游地产属于短期的地产开发项目。海南的“海花岛”属于旅游地产，而深圳的“东部华侨城”就属于休闲类旅游综合体。

（二）休闲类旅游综合体的发展现状

因休闲类旅游综合体有别于传统旅游地产的功能单一、缺乏联动、不可持续等特点，具有整体开发、聚合效应、综合功能以及地产反哺等特征，因此在当今市场正快速发展。其特征具体包括以下几点。

1. 主题明确、整体开发，可持续发展性强

“东部华侨城”“古北水镇”等项目目前受到了市场广泛的认可。在规划之初，一方面，从地方政府低价获得大片土地，最大化地将荒芜土地合法化；另一方面，通过明确主题、综合开发，保证了项目在明确主题下可以持续发展。

2. 休闲为主、业态多元，聚合效应明显

休闲类旅游综合体主要表现在其“聚合”效应，即集聚包括旅游、住宿、餐饮、娱乐、商业、房地产等多个业态，在提升游客体验的同时最大化地发挥业态协同作用，共享建设、运营资源。“东部华侨城”通过多元化布置七大秀场、八大主题酒店、三大特色小镇等项目满足了休闲类游客的休闲、度假、体验需求；“古北水镇”通过历史灯光水秀、酿酒作坊、特色话剧节等项目，满足了中产阶层游客多样化的娱乐、购物、文化等需求。

3. 整体打造体验，功能综合互补

休闲类游客对旅游目的地游玩的主题体验、主题文化感知是需要通过娱乐、餐饮、住宿、购物等产品，在行程中诸如预定、问询、互动娱乐、游玩、休憩等节点具体感知。华侨城在其各个休闲类主题景区中，打造了“主题+业态”的体验模式，包括“茵特拉根堡”等主题酒店，“瑞士小镇”等主题购物街区，“天麓”等高端隐居别墅等。在满足游客吃、住、行、游、购、娱需求的同时，业态之间形成了良好的互补。

4. 休闲旅游促进地产销售，地产销售反哺休闲旅游发展

休闲类旅游综合体与地产开发相结合，本质是“主题休闲旅游景区开发+房地产”、商业项目配套，先以复游率高的休闲类旅游项目聚拢人气，提升地产的价值，而后用地产盈利反哺休闲类旅游持续开发。通过地产项目迅速回收资金，再投入到休闲类旅游品牌的持续扩张中去，形成良好的循环系统。

（三）休闲类旅游综合体的发展模式

休闲类旅游综合体的发展模式相对于旅游地产，更为健康、可持续。传统旅游地产一般属于快速开发、短期经营类项目，其关注重点在楼盘销售，而非旅游项目的长期经营，后者仅作为楼盘的配套设施。而休闲类旅游综合体自90年代末在我国开始发展以来，其关注长期经营、整体利益的特征保证项目能够健康持续地经营，在提升休闲类旅游产品品质的同时，也带动了空间内所有相关业态的健康发展。虽然其具体的发展模式不尽相同，但最终的发展方向比较相似，都是休闲类的旅游聚合空间，其中包括以下3点。

1. 主题公园型

广州长隆主题公园，由最初的野生动物园逐渐发展成为动物主题的娱乐休闲类旅游综合体，包含了以娱乐为主的动物类主题的马戏表演、娱乐、餐饮、住宿、购物等一系列旅游项目。这一类型休闲类旅游综合体，深受家庭型用户的喜爱，在对小朋友进行教育的同时，也可以提供家庭欢聚的休闲空间。

2. 特色小镇型

乌镇西栅景区是定位于休闲、度假市场的休闲类旅游综合体，初衷是为周边大都市的游客提供一个具有文化氛围的休闲放松的综合旅游空间。其古镇特色的主题餐饮、主题民宿、当地特色的购物街、各种作坊式互动娱乐活动，都构成了吸引中产阶层游客的休闲类聚合空间，使游客置身其中仿佛回到了清末民初的江南古镇。

3.“主题公园 + 特色小镇”

深圳的东部华侨城是综合主题的休闲类旅游综合体，其由山地型主题公园、休闲小镇、山地运动空间组成了“主题公园 + 特色小镇”式的综合型休闲类旅游综合体，其不仅提供了系统的休闲类旅游聚合空间，同时在整体休闲空间中又包括山地景观、异国特色小镇和运动型主题等形色各异的小休闲体验空间。

（四）休闲类旅游综合体的模式变化

基于与传统旅游地产运营模式的比较，休闲类旅游综合体有以下的模式变化。

1. 商业模式变化

休闲旅游综合体需要长期运营，主要依托于休闲类目的地聚集空间的整体打造、旅游发展，带动商业、餐饮、住宿、娱乐、会展等产业发展，享受产业聚集发展成熟后的复合效应，即旅游发展的经济溢出效应，需要不断提升聚集空间的品牌和品质，吸引游客重复旅游、重复消费。

旅游地产是短期开发，主要依托于观光型旅游资源，开发并销售房地产项目，企图靠景区的名气和配套环境，促进房地产的项目销售。因为其主要经营内容为地产销售，辅助内容为景区门票销售，因此在完成销售后通常便不再关心景区的经营问题，属于短期行为。即便地产销售良好，也会因为房产入住率低，游客复游率低形成“鬼城”。

2. 盈利模式变化

旅游地产主要以地产销售收入为主，景区门票收入为辅。休闲旅游综合体主要以游客的综合消费为主，包括门票、餐饮、住宿、购物、娱乐、会展等。前者因为主要靠一次性地产收入，后续收入较不稳定，且受节假日及淡旺季影响；而后者因为休闲旅游复游率高，收入较稳定，不受节假日及淡旺季影响。

3. 旅游方式变化

旅游地产多以观光为主，因此逗留时间较短，对目的地的综合经济拉动效应较弱。而休闲旅游综合体多以休闲、度假为主，因此逗留时间较长，对目的地的综合经济拉动效应较强，同时也对休闲旅游综合体的品质要求较高，因此需要系统性的规划、建设、运营。

4. 核心吸引物变化

旅游地产多以自然或人造景观为核心吸引物，注重线路型旅游；而休闲类旅游综合体多以主题空间为吸引物，注重游客在统一主题空间下，在不同子空间中的整体休闲体验，因此需要深入了解游客需求，并结合差异化需求，打造主题明确、风格协调的体验空间。

三　休闲类旅游综合体的未来发展方向

（一）休闲类旅游综合体目前存在的一些问题

目前，很多旅游企业及地产企业也在模仿华侨城、乌镇的休闲类旅游综合体的开发模式，但在开发及运营过程中需要注意一些可能存在的问题。

首先，旅游项目主题单一且空间聚合度不够。随着中产阶层的崛起，旅游的主要需求从主题观光，逐步转变为休闲游憩，即体验新的生活空间。而现有的项目或者主题单一，或者空间聚合度不够。这样很容易使游客或者体验时间不够，结束游玩不能尽兴；或者因聚合度不够，整体体验不好。因游客体验不高，复游率不够，进而无法从根本上摆脱门票经济。

其次，会员管理仍处于初级阶段。目前经营较好的休闲类旅游综合体多为主题公园，其会员管理仍处于会员信息卡片式管理模式，离会员消费行为大数据分析及消费行为预测等还相差甚远。因而不能指导产品开发和定制化服务，也无法有效提高游客的满意度和复游率，进而无法产生持久的经济效益。

最后，整体体验不够完美、生态系统的发展不协调。一方面，目前的旅游地产项目，项目园区内外一墙之隔是两个世界，当地居民与园区运营方利益往往不能同步，也没法给予客户很好的当地文化体验；另一方面，未来的旅游休闲项目也将会更将注重当地的文化体验、当地居民的文化认同。完全人造，脱离当地居民支持的项目将无法持续发展。

（二）未来休闲类旅游综合体的发展方向

基于现状分析及对旅游市场发展的趋势判断，笔者认为未来休闲类旅游综合体将存在以下几个发展方向。

首先，明确主题，系统性地打造休闲类旅游体验生态系统。休闲旅游项目的开发，需根据某一文化主题，打造系统性的休闲空间，即某一主题下的多元化的休闲生活场景。这一趋势源自对中国中产阶层休闲需求的理解，即其具有文化偏好，但又浮于形式不关注具体内容，仅为满足自我文化认同及阶层属性的标签特征。因此，提出某一文化概念，围绕概念打造系列相关的旅游休闲产品，共同形成休闲体验新生活空间或将是未来的发展方向，类似侨福集团打造的“侨福芳草地”休闲购物空间，以文化为主，打造主题性购物空间，辅以艺术馆、书店、餐饮、商业等配套服务，吸引大批中产阶层消费者在生态系统内流连于各个小生态空间，享受整体的良好体验；类似华侨城的休闲类旅游综合体问题在于，所有产品缺乏某一文化概念的相关性，生活空间的体验是支离破碎的，没有良好的整体体验。

其次，基于大数据的会员服务将提升休闲类旅游综合体的整体价值。基于大数据的会员服务将成为未来休闲类旅游综合体的主要管理方式。随着中产阶层的崛起，人们认知水平及消费水平的提升，重视文化、娱乐体验的休闲类活动会越来越多。而休闲类主题景区的发展，主要依靠旅游消费的溢出效应及重复消费率来支撑。旅游消费的溢出效应主要指通过品质提升、口碑传播，用户在满意休闲类主要产品的同时，会延长景区停留时间，乃至重复多次游玩主题景区，拉动住宿、餐饮、商业、娱乐体验活动消费。这其中对会员的管理及有针对性的、系统性的优化产品和服务就非常关键。一方面，如何设计产品、完善服务品质，需要会员的反馈信息；另一方面，如何应对用户投诉，如何优化、创新产品及服务，需要会员消费的大数据信息。以前，观光景区是短跑，只看关键节假日的消费指数，未来休闲类旅游综合体的开发、经营将是长跑，需要长期跟踪用户消费数据，科学、合理地进行管理。

最后，休闲类旅游综合体将与城镇化开发相结合。在促进生态发展的同时，带动产业及生态系统良性循环。传统上，旅游地产开发一直是孤立于当地社区及居民的独立行为。但是随着休闲旅游的发展，游客越来越希望体验到真实的当地生活、真实的当地文化，而这种原真生活体验和文化体验需要与“原住民”互动才能实现。因此，未来的休闲类旅游综合体发展，需要在开发旅游项目的同时，将特色小城镇的开发工作融入其中，通过打造旅游项目、社区文化、联动产业形成良好的自洽生态系统，共同支持休闲类旅游综合体的健康发展。台湾的休闲农业“6 + 1”工程，即原产地自产、自加工、自销的模式可以作为借鉴。休闲类旅游地产项目一方面发展各种围绕为何主题的休闲、商业、娱乐、体验产品；另一方面，围绕这些产品的生产，打造本地化的供应商。同时，基于休闲项目目的地居民素质水平及文化程度限制，可以拓宽思路，一方面，引入新居民，以股权众筹、孵化器等形式，引入具备文娱产品打造能力的“新居民”，在休闲项目逐渐完善的过程中，符合新的“休闲体验生活空间”文化、物质、精神、艺术等品位和格调的新居民也将逐渐诞生；另一方面，安抚原住民，以宋朝“范氏义庄”为模板，从持续盈利的休闲项目中提取一定比例利润，设立村镇居民帮扶基金，使当地居民能与项目发展形成利益共同体。

参考文献

黄璜：《中国休闲发展年度报告》，《中国旅游研究院》2015 年 2 月。

《中国旅游景区 2015 年度统计数据》，国家旅游局，2016。

《景区行业 2016 年度研究报告》，长江证券研究中心，2017 年 2 月。

G.12
北京 AAAAA 级景区智慧旅游评价

冯 倩 李云鹏*

摘 要: 北京 A 级景区智慧旅游建设已有 6 年时间，本文试图对全部 8 个 AAAAA 级景区智慧旅游建设情况进行一次系统的评估。从评估方法上，本文一方面依据 2011 年北京市旅游发展委员会发布的《智慧景区建设规范》中智慧景区评分表进行评价；另一方面，采取实地调研、质性访谈等方法，从游客角度了解和体验北京 AAAAA 级景区智慧旅游建设情况，总结 AAAAA 级景区智慧旅游建设的共性与个性，并在分析存在问题的基础上提出如何提升北京 AAAAA 级景区智慧旅游建设的建议。

关键词: 北京 AAAAA 级景区 智慧景区 智慧旅游

一 引言

北京现有 8 个 AAAAA 级景区，年游客接待量 1.27 亿人次，占全市接待游客量的 44%，这些景区在北京旅游业发展中起着举足轻重的地位。从 2011 年国家旅游局倡导智慧旅游建设以来，北京 8 个 AAAAA 级景区也纷纷开始了智慧旅游建设，取得了很好的效果。目前，8 个 AAAAA 级景区基本

* 李云鹏，首都经济贸易大学工商管理学院副教授、硕士生导师、后备学科带头人，国家旅游局智慧旅游领域专家，北京旅游学会智慧旅游专业委员会秘书长、旅游 + 互联网研究中心主任，世界旅游城市联合会专家委员会特聘专家，研究方向为旅游信息化、智慧旅游、旅游电子商务；冯倩，首都经济贸易大学工商管理学院旅游管理专业 2013 级本科生。

完成了电子门票、WIFI 覆盖、自助服务、电子讲解器、旅游信息触摸屏等基础设施建设。其中故宫建设了端门数字馆，实现了数字景区虚拟漫游；天坛、奥体公园设置了人脸识别厕纸机，解决了休闲游览并存类景区的公共性问题。

但是，由于北京 AAAAA 级景区顾客构成上既包括了外地来京游客，也同时包括了大量北京市民，这些情况使得北京 AAAAA 级景区智慧旅游建设有其复杂性和特殊性，因此，本文试图从智慧景区建设的共性和个性两个维度，深入评价北京 AAAAA 级景区智慧旅游建设的情况。

同时，由于智慧景区建设往往各自为政，缺乏有效的顶层设计，虽然有《智慧景区建设规范》，但景区并未完全按照规范要求展开建设工作，此外，由于不同景区管理者对智慧景区的核心理念不是非常清晰，造成从游客角度感受到的“智慧景区不智慧”等问题，本文也试图对这些问题的现状和成因进行分析，进而提出改进、提升的建议。

二　北京市 AAAAA 级智慧景区建设现状

笔者采取现场调研和网上调研的方法，对北京 8 个 AAAAA 级景区智慧旅游建设情况进行了系统调研，其结果如表 1、表 2 所示。

（一）智慧景区建设的共性

表 1　北京 AAAAA 级智慧景区建设总体情况

项目＼景区	故宫	恭王府	十三陵	颐和园	奥林匹克公园	天坛公园	八达岭长城	慕田峪长城
门户网站	有	有	有	有	有	有	有	有
移动 App	掌上故宫	恭王府	十三陵	颐和园	奥体公园	这里是天坛	八达岭长城	无
官方微博	有	有	有	有	有	有	有	有
微信平台	微故宫	恭王府	明十三陵	颐和园	北京奥林匹克公园大型活动	天坛公园	八达岭长城	慕田峪长城

续表

项目＼景区	故宫	恭王府	十三陵	颐和园	奥林匹克公园	天坛公园	八达岭长城	慕田峪长城
网上售票	支持	暂不支持	支持	支持	支持	不支持	支持	支持
电子门票	支持	暂不支持	支持	不支持	不支持	不支持	支持	不支持
自动讲解器	配有	配有	配有	配有	无	配有	配有	无
景区WIFI	覆盖	覆盖	非全覆盖	覆盖	覆盖	无	服务区覆盖	非全覆盖
预约参观	支持	不支持	不支持	不支持	支持	支持	不支持	不支持
电子商务建设	故宫博物院文创旗舰店、淘宝店	官网上电子商务专栏	北京明十三陵景区旗舰店	颐和园文创商城	阿里旅行水立方官方旗舰店、微信商城	匮乏	匮乏	无
虚拟体验	部分App提供	A级虚拟导览系统	官网	官网	官网	官网	A级虚拟导览系统	A级虚拟导览系统
景区流量监控	每天8万人限流	无	无	有	暂无	有	无	无
游客服务中心	有（旅游信息触摸屏、数字导览）	有（旅游信息触摸屏）	有（旅游信息触摸屏、旅游信息查询系统）	有（旅游信息触摸屏）	有（旅游信息触摸屏、游客自助信息亭	有（旅游信息触摸屏）	有（纸质信息）	有（纸质信息）
自助服务系统	纪念章自动售卖机、自动售水机、ATM机	纪念币自动售卖机	纪念币自动售卖机、ATM机	纪念币自动售卖机	纪念币自动售卖机、游客自助信息亭	纪念章自动售卖机、自动售水机	ATM机	ATM机
应急广播	覆盖	覆盖	覆盖	覆盖	覆盖	覆盖	覆盖	覆盖
公用电话	无	无	无	有	有	无	有	有

注：信息来自网上及实地调研。

总体情况而言，建设相对完善的景区有故宫、十三陵，故宫在电子商务建设、游客服务中心的建设成效较为显著，十三陵对微信平台、移动

App 的建设比较全面。建设处于中间层面的是颐和园、奥林匹克公园，完成了大部分基础设施建设，其中颐和园在景区流量监控方面做得较好，奥林匹克公园在游客自助服务系统方面做得较好。而建设相对匮乏的景区有恭王府、天坛、八达岭长城、慕田峪长城，其基础设施建设比较匮乏，主要体现在电子门票、景区 WIFI、电子商务建设等方面，且在智慧景区建设进程中，也欠缺标志性成果。

（二）智慧景区建设的特性

表 2　北京市 AAAAA 级智慧景区建设特色情况表

景区	特色方面	具体实例	说明	评价
故宫	数字虚拟景区	端门数字馆	网上预约，刷身份证进景区，单向游览方式	博物馆类景区，空间小，可增强互动，活化景区
天坛、奥林匹克公园	景区综合管理	人脸识别厕纸机	通过人脸识别，每人定量领取厕纸	群众休闲场所，针对厕纸浪费等现象
奥林匹克公园	游客服务与互动体验	公厕二维码	游客可通过扫描二维码，对公厕进行评价	游客意见及时反馈

故宫端门数字馆网上预约、分时段入场的游览方式，能够有效地限制客流，解决故宫客流量过大的难题。天坛和奥林匹克公园推出人脸识别厕纸机，解决了厕纸浪费问题。这些体现了这些景区在智慧旅游建设中，能够结合景区自身特点做出针对性强且注重实用性的建设。

三　北京 AAAAA 级智慧景区建设问题

由表 3 可知，目前北京市 AAAAA 级智慧景区存在的问题主要在景区和游客两个方面。一方面，景区的基础设施建设不完善、终端不智能、信息不全面，导致游客不知景区无线网、APP 等智能服务；另一方面，游客游览景区行为模式也需要改变。

表 3　智慧景区建设存在的问题

<table>
<tr><th>景　区</th><th>问　题</th><th>共性问题</th></tr>
<tr><td>故宫</td><td>1. 电子讲解器枯燥无味
2. App 不智能
3. 现场购票不支持电子支付</td><td rowspan="8">景区方面：
1. 基础设施不完善：缺乏自助服务系统，不支持电子门票、电子支付、无线网、电子导览等
2. 信息不畅：官网建设匮乏、信息难获取等
3. 应用终端不智能：电子讲解器、App、微信不智能
4. 管理能力差：客流量高峰、商业化、黑导、投诉无回复等
5. 缺乏互动体验

游客方面：游客保持传统观光旅行，行为模式有待培养</td></tr>
<tr><td>恭王府</td><td>1. 游客不知景区无线网
2. 游客不习惯使用 App 及电子讲解器</td></tr>
<tr><td>十三陵</td><td>1. 交通不便
2. 缺乏互动体验
3. 微信留言投诉无反应</td></tr>
<tr><td>颐和园</td><td>1. 景区乱，商业化严重
2. 电子讲解器体积大，携带不便</td></tr>
<tr><td>奥林匹克公园</td><td>1. 游客不习惯使用景区无线网
2. App 使用麻烦</td></tr>
<tr><td>天坛公园</td><td>1. 不支持网上售票
2. 网上预约现场换票太麻烦</td></tr>
<tr><td>八达岭长城</td><td>1. 官网无售票、管理差、黑导多
2. 缺少自助服务</td></tr>
<tr><td>慕田峪长城</td><td>1. 现场换票麻烦
2. 缺乏食物自动售卖机、自动售水机等自助服务</td></tr>
</table>

注：问题整理于实地调研及质性访谈文本。

四　问题成因分析

（一）景区管理系统不完善，景区智慧旅游建设处于基础设施建设阶段

由表 4 可知，总体而言，目前北京 AAAAA 级景区智慧旅游建设集中在网络通信、景区综合管理、电子门票和电子门禁、门户网站和电子商务、数字虚拟景区和虚拟旅游、游客服务和互动体验这 6 方面，这些属于智慧景区基础设施建设。

表 4　AAAAA 级智慧景区建设情况与北京智慧景区建设规范评分项目对比

评分项目 景区	北京智慧景区评分细则							
	网络通信	景区综合管理	电子门票和电子门禁	门户网站和电子商务	数字虚拟景区和虚拟旅游	游客服务和互动体验	智慧景区建设规划和旅游故事及游戏软件	创新项目
故宫	无线网	应急广播、流量监控	电子门票、网上售票	官网、电子商务	虚拟体验、虚拟景区	自动讲解器	—	—
恭王府	无线网	应急广播	—	官网、电子商务	虚拟体验	自动讲解器	—	—
十三陵	部分无线网	应急广播	电子门票、网上售票	官网、电子商务	虚拟体验	自动讲解器	—	—
颐和园	无线网、公用电话	应急广播、流量监控	网上售票	官网、电子商务	虚拟体验	自动讲解器	—	—
奥林匹克公园	无线网、公用电话	应急广播	网上售票	官网、电子商务	虚拟体验	—	—	人脸识别厕纸机
天坛	—	应急广播、流量监控	—	官网	虚拟体验	自动讲解器	—	人脸识别厕纸机
八达岭	部分无线网、公用电话	应急广播	电子门票、网上售票	官网	虚拟体验	自动讲解器	—	—
慕田峪	部分无线网	应急广播	网上售票	官网	虚拟体验	—	—	—

因此，智慧景区建设应以基础设施标准化建设为重点。目前，除了极少数景区外，景区智慧旅游的标准化程度还不够，很难对景区智慧旅游进行统一评价，这也是导致表 3 中显示的各种问题出现的原因之一。

（二）旅游产品设计缺乏合理性导致游客驻足时间短

表 5　北京跟团游产品组合情况

单位：小时

序号	产品编号	行程天数	固定景点所含 AAAAA 级景区及停留时间	AAAAA 级景区游览总时间占比
同程网——国内跟团游产品				
1	122899	3 天	故宫(2)、八达岭(3)、定陵(1)、鸟巢水立方(1)、颐和园(2)、天坛(1)	10/30 =33.3%
2	121593	2 天	故宫(2)、八达岭(4.5)、定陵(2)、鸟巢水立方(1)	9.5/20 =47.5%
3	103376	1 天	八达岭长城(2)、奥林匹克公园(1)、颐和园(2)	5/12 =41.6%
4	118555	1 天	颐和园(2.5)、天坛(1)、故宫(2.5)	6/12 =50%
5	124372	1 天	慕田峪长城(3)	3/8 =37.5%
携程网——国内跟团游产品				
1	16240009	3 天	故宫(2)、恭王府(1.5)、八达岭长城(2.5)、定陵(1.5)、奥林匹克公园(1.5)、颐和园(2)、天坛(2)	13/30 =43.3%
2	15526423	3 天	故宫(2)、恭王府(1)、八达岭长城(2.5)、长陵(1)、奥林匹克公园(1)、颐和园(2)、天坛(1)	10.5/30 =35%
3	4100659	2 天	故宫(2)、恭王府(0.5)、八达岭长城(2)、颐和园(2)、鸟巢水立方(0.5)	7/20 =35%
4	15197294	2 天	八达岭长城(2.5)、十三陵(1.5)、鸟巢水立方(0.5)、颐和园(2.5)、故宫(2.5)、天坛(1)	10.5/20 =51%
5	9989852	1 天	八达岭长城(3)、十三陵(2)、鸟巢水立方(1)	6/10 =60%

注：数据整理于同程网、携程网，跟团时长根据产品设定而定。

从总体情况看，1～3 天的行程，占比在 35%～60% 之间。可以发现，北京跟团游产品以北京 AAAAA 级景区为主。从平均值来看，这些旅游产品中每个景区的行程安排时间在 2 小时左右，这样的时间安排对于游客来说无疑是紧张的，游客根本无暇关注景区的智慧建设情况，也无暇使用景区 WIFI 等基础设施。

五　北京 AAAAA 级景区智慧旅游提升建议

（一）共性建议

1. 完善景区基础设施建设，提高综合管理能力

①建立景区流量实时监控系统、人流车流疏导系统等，提高景区综合管理能力。②提供多种游客自助服务，如自助购票机、自助取款机、自动售卖机、自助旅游信息查询系统。③健全门票服务，实行电子门票、支持购买门票电子支付、推行“一卡通”服务。④加强旅游商品管理，完善电子商务建设。⑤健全移动服务终端网，包括导游服务终端、管理人员使用的各种手持维护终端、公园内部票务服务终端等。

2. 完成大平台搭建，提高景区协同能力

应建立景区内部各部门、政府、游客、供应商四位一体的协同管控平台，建立包括应用功能、旅游服务系统以及管理服务系统。在平台上针对不同的问题设计不同的模块，例如建立旅游投诉及响应系统，实现对旅游投诉信息的自动跟踪管理。不同模块间实行联动，信息共享。

3. 完善信息共享机制，提高客户导向能力

一是向游客传递全面的信息。建立智能信息服务系统，提供国内国际站点、天气、交通、客流量、相关保险、银行业务和应急措施等方面的信息。二是充分获取游客的信息。建立数据库，包括景区监测数据、游客实时统计数据、游客与车辆定位通信数据、游客网络媒体数据等，进行数据挖掘，提高景区客户导向能力。

（二）个性方面

1. 历史文化博物馆类——故宫、恭王府

此类景区特点：历史文化底蕴厚重，空间小、建筑密集，交通方便，多处于市区，多采用传统观光游览模式。

景区问题：历史文物晦涩难懂，游客承载量较小，受空间、流量、文物保护等限制，无法举办大型活动。

智慧旅游建设提升建议：此类景区智慧旅游建设重点在游客流量控制、游客互动体验两方面。具体做法：第一，根据景区最大承载量，采取每日限流、网上预约的方式，缓解客流量；第二，在非核心保护区建设数字虚拟景区，提高景区互动能力；第三，重点展馆建设数字触摸屏，实现近距离触摸文物。

可借鉴景区：博物馆、市区小型园林、名人故居。

2. 山水园林类——颐和园

此类景区特点：景区内旅游资源种类多，包括山体、水面、建筑；景区面积较大；可开发项目较多。

景区问题：缺乏电子地图，难以知道自己所处位置；客流大、资源利用程度低。

智慧旅游建设提升建议：建立景区流量显示、线路智能推荐系统，利用景区入口多、面积大、线路多等特点帮助游客推荐线路，避开流量高峰；开发水运路线，采取网上预约、低额收费的方式，疏散客流。

可借鉴景区：大型公园、主题景区。

3. 陵墓寝地类——十三陵

此类景区特点：具有历史文化、考古价值，地处郊区，景区面积大、建筑分散，多为单体景区。

景区问题：交通不便，缺乏娱乐及配套设施。

智慧旅游建设提升建议：针对景区存在的问题，可以利用周边居民、乡镇资源，景区搭建平台，实现经认证注册过后的居民闲置车辆可在平台上与游客对接，游客可随意组合，通过拼车、顺风车等方式出行周边，解决交通不便的问题；游客通过平台与周边农家资源对接，打造旅游小镇。

可借鉴景区：建筑体积较大、地处郊区的景区，如秦始皇陵。

4. “游览 + 公众休闲”功能并存类——天坛、奥林匹克公园

此类景区特点：地处市区，建筑面积大；采取景区免票或月票、景点收取门票的形式；游览价值与休闲功能并存；景区市民占比大。

景区问题：跟团游、市民占比大等因素，景区导游难以生存；公众占比大、公共问题严重；休闲设施需求与景区环境协调问题。

智慧旅游建设提升建议：搭建平台，导游实现在线讲解，游客可以随时提问，解决导游闲置问题；加强建设文明、公共卫生监测系统：如针对厕纸浪费问题运用人脸识别厕纸机，针对厕所卫生问题健全评价反馈体系；统计景区游客与市民占比及区域划分，针对性管理，并对市民常去的区域加强休闲设施建设。

可借鉴景区：地处城区采取部分景点收费的景区，如西湖。

5. “山体 + 文化历史古迹类”——八达岭长城、慕田峪长城

此类景区特点：地处郊区；依托山体等自然资源，地势较高；景区范围大，呈现风景区形式。

景区问题：山区，安全问题突出；旅游服务设施相对薄弱，吃、住、行、游、购、娱相对不便。

智慧旅游建设提升建议：建立景区预警机制及游客安全保护系统，对天气、泥石流等自然灾害进行预测；建立安全平台，对景区内游客进行定位，出现紧急安全事故时可求助，并以游客为中心，搜索附近资源；建立完善游客自助服务系统，如自动售卖机、电子商务网站等。

可借鉴景区：山岳型景区、风景名胜区。

参考文献

金波：《浅谈智慧景区标准化建设》，《中国标准化》2014 年第 3 期。

常少辉、李公立、黄天航：《基于物联网的智慧颐和园信息基础设施方案》，《中国园林》2011 年第 9 期。

张家宁：《智慧景区管理平台的设计研究》，浙江理工大学经济管理学院工商管理专业 2015 年硕士学位论文。

叶金涛：《信息化技术应用提升景区管理水平》，《信息网络》2008 年第 7 期。

苏颖：《智慧旅游景区游客满意度分析——以天山天池景区为例》，新疆师范大学人文地理学2016年硕士学位论文。

党安荣、张丹明、马琦伟、李娟：《大数据时代的智慧景区管理与服务探讨》，《西部人居环境学刊》2016年第4期。

G.13

北京餐饮老字号经营服务模式创新研究*

——基于满意度调查

张景云　王 勇　周 野**

摘　要： 现代餐饮的迅速发展及消费需求的变化，为北京餐饮老字号的经营带来了严峻的挑战，如果不及时调整经营战略开展服务模式创新，就无法跟上时代潮流。北京餐饮老字号消费者满意度调查数据显示，消费者对北京餐饮老字号满意主要是信誉度较高、保持老北京风味和食品安全有保障；不满意的因素主要是缺乏创新、价格偏高、服务质量欠佳和购买网点不便利等。全聚德、东来顺和庆丰包子铺等北京餐饮老字号的服务模式创新，对北京老字号餐饮企业具有借鉴意义。

关键词： 北京老字号　服务管理　餐饮品牌　创新经营

王成荣等认为，老字号是城市特色经济的重要组成部分，是城市发展的人文见证和历史积淀的"活文物"。尤其是餐饮老字号，形成一个城市特有

---

* 基金资助：北京市哲学社会科学规划重点项目"北京老字号品牌营销创新案例研究"（13JDJGA019）。

** 张景云（1965～），女，内蒙古巴彦淖尔市人，北京工商大学商学院教授，中国公共关系协会常务理事，中国新闻史学会公共关系专业委员会常务理事，中国高校市场学研究会理事，研究方向为品牌管理、公共关系；王勇（1982～），男，山东临沂人，北京工商大学商学院副教授，研究方向为零售管理、消费行为；周野（1992～），男，河北秦皇岛人，北京工商大学商学院硕士研究生，研究方向为零售管理。

的地域集群品牌特色和美食文化景观。近年来，随着人们的生活水平不断提高，精神消费、旅游休闲和娱乐消费增加，为餐饮企业带来机遇的同时，也带来更多的挑战。北京餐饮老字号具有独特的品牌文化和经营方面的地域优势，也存在墨守成规、缺乏创新的不足。因此，需要把握消费者需求变化，借鉴成功企业的经验，不断更新经营策略，不仅可以使得品牌价值更好地转化为市场价值，还可以使优秀的品牌文化和非物质文化遗产在创新中得以更好地传承。

一　文献回顾

老字号是中国民族品牌中的特殊组成部分，具有较强的文化内涵和地域特色。周露阳研究了文化粘性与文化契合对“老字号”品牌延伸评价的影响。与一般餐饮企业相比，餐饮老字号不仅具有区域文化元素，还是城市的名片。祝合良提出老字号的重建、激活和淘汰三条发展路径，并强调“老字号”的文化力。龚桂英提出振兴北京餐饮老字号的措施，确立新的品牌战略，发展连锁经营，发挥老字号的文化底蕴优势，加快推进观念和技术创新，推进产权制度改革和寻求政府支持等。张玉凤提出了有助于实现“老字号”快速成长的“三元互动”的运行机制，即以成长为具有国际竞争力的世界级餐饮企业为目标，通过老字号企业自强与创新、市场认同和政府支持来振兴北京餐饮老字号。刘佐太等对全聚德开展多层次的体验营销进行了研究。孟牧青以全聚德为例，研究了高端餐饮企业战略转型路径，并提出开展营销细分、拓宽服务领域、延伸服务时段、梯次定价、拓宽大电子商务销售渠道以及加大信息化建设力度等实施建议。张永等研究了全聚德的连锁经营模式及其运行过程中的经验教训，并为老字号企业的成长模式提供借鉴建议。孙迪对东来顺的创新经营进行研究，他认为，与小肥羊等同行竞争者相比，东来顺具有一些后发竞争优势，如政府政策支持、文化和产品的差异化、营销创新以及与本土化有效融合等。张景云、闫聪阐述了“习大大效应后”庆丰包子铺的公关创新举措，包括挖掘主席套餐价值、开发速冻食品“庆丰福包”礼盒、后厨可视化以及开展公益活动传达品牌理念等。

二　研究方法

本研究采用文献研究、大样本调查和访谈相结合的方法开展。2015 年 6 月至 2016 年 8 月，课题组对 81 家北京老字号进行了消费者接触和满意状况问卷调查。在 81 个企业样本中，79 个为获得“中华老字号”称号的北京老字号品牌。为了全面了解北京餐饮老字号现状，研究样本中增加了 2 个快餐类品牌——北京庆丰包子铺和护国寺小吃。共收回有效问卷 307 份。问卷涉及餐饮（含住宿）类、医药类、服装服饰类、工艺品类、食品加工类、商业百货类、服务类 7 个类型。这里选取其中 22 家北京餐饮（含住宿）类老字号的调研数据进行分析。配合样本调查，课题组还赴全聚德、东来顺和庆丰包子铺等企业进行访谈调研和现场观察，调研对象有高层管理者、主管相关业务的中层管理者和顾客，获得了一手资料。全聚德、东来顺是北京餐饮老字号高、中端正餐的代表，庆丰包子铺是快餐的代表，因而，访谈样本也具有代表性。二手资料部分由企业提供，部分来自相关文献和网站。

三　消费者满意度的调查研究

样本调查数据显示，22 家北京餐饮（含住宿）类老字号中，在全聚德消费过的比例较高，占 72.96%，东来顺为 60.59%，庆丰包子铺为 57.98%，护国寺小吃为 39.41%，便宜坊为 28.99%，其他所占比例大多在 20% 以下（如表 1 所示）。

根据样本统计，北京餐饮（含住宿）类老字号满意度综合得分为 3.65，排名在医药类老字号和食品类老字号之后，居第三位。由于北京餐饮老字号数量多，顾客接触差异比较大，分布比较散，从桌餐和快餐中分别选取了消费者接触比较多的样本，对消费者满意状况进行分析（如表 2 所示）。

表 1　北京餐饮老字号的消费者接触选择

排序	老字号	频数	比例（%）	排序	老字号	频数	比例（%）
1	全聚德	224	72.96	12	烤肉季	37	12.05
2	东来顺	186	60.59	13	烤肉宛	36	11.73
3	庆丰包子铺	178	57.98	14	延吉餐厅	35	11.40
4	护国寺小吃	121	39.41	15	同和居	27	8.79
5	便宜坊	89	28.99	16	柳泉居	18	5.86
6	馄饨侯	65	21.17	17	又一顺	16	5.21
7	都一处	59	19.22	18	同春园	14	4.56
8	峨眉酒家	57	18.57	19	听鹂馆	11	3.58
9	砂锅居	55	17.92	20	玉华台	8	2.61
10	丰泽园	53	17.26	21	来今雨轩	6	1.95
11	鸿宾楼	45	14.66	22	壹条龙	6	1.95

表 2　北京主要餐饮老字号的消费者满意度状况

		很不满意	不大满意	一般	比较满意	非常满意	合计
全聚德	Count	1	7	63	120	12	203
	行比例（%）	0.5	3.4	31.0	59.1	5.9	
东来顺	Count	1	6	50	102	10	169
	行比例（%）	0.6	3.6	29.6	60.4	5.9	
便宜坊	Count	1	7	24	48	2	82
	行比例（%）	1.2	8.5	29.3	58.5	2.4	
庆丰包子铺	Count	1	7	51	98	6	163
	行比例（%）	0.6	4.3	31.3	60.1	3.7	
护国寺小吃	Count	1	6	34	69	4	114
	行比例（%）	0.9	5.3	29.8	60.5	3.5	
	合计	2	8	78	147	15	250

注：行比例是指各个老字号品牌的消费者内部，不同态度的消费者所占的比例，表 3、表 4 同。

从表 2 中可以看出，当前的消费者对于北京餐饮老字号的满意度都比较高，“比较满意”和“非常满意”的消费者比例达到 60% 以上。消费者对餐饮老字号满意的原因如表 3 所示。

表3　消费者对北京餐饮老字号满意的原因

		经营有创新	保持“老北京”风味	价格合理	服务较好	食品安全	网点便利	就餐环境好	其他	合计
全聚德	Count	22	156	60	42	122	27	32	16	477
	行比例(%)	4.6	32.7	12.6	8.8	25.6	5.7	6.7	3.4	100.0
东来顺	Count	23	127	54	37	107	22	29	12	411
	行比例(%)	5.6	30.9	13.1	9.0	26.0	5.4	7.1	2.9	100.0
便宜坊	Count	7	70	27	17	54	12	20	6	213
	行比例(%)	3.3	32.9	12.7	8.0	25.4	5.6	9.4	2.8	100.0
庆丰包子铺	Count	20	128	58	34	99	25	27	8	399
	行比例(%)	5.0	32.1	14.5	8.5	24.8	6.3	6.8	2.0	100.0
护国寺小吃	Count	12	88	36	22	70	15	18	6	267
	行比例(%)	4.5	33.0	13.5	8.2	26.2	5.6	6.7	2.2	100.0
合计	Count	84	569	235	152	452	101	126	48	1767
	行比例(%)	4.8	32.2	13.3	8.6	25.6	5.7	7.1	2.7	100.0

消费者对上述老字号感到满意的两个主要原因是“保持‘老北京’风味”和“食品安全”，所占比例分别为32.2%和25.6%；价格合理”因素占13.3%；而“经营有创新”在所有因素中的比例最低，总体只有不足5%，这表明各个餐饮老字号的经营都比较保守，缺乏创新，需要开展创新经营吸引消费者。

消费者对于餐饮老字号感到不满意的主要的原因首先是“价格偏高”（22.0%）；其次“服务不好”（15.8%）、“网点不方便”（15.5%）、“缺乏创新”（14.3%）也是造成消费者不满意的重要因素；而“不够卫生”和“特色不鲜明”对消费者不满意的影响则相对较小（如表4所示）。

调查数据还显示，不同年龄、不同文化程度、不同地域、不同收入的消费群体，对北京餐饮老字号的满意度没有显著差异。

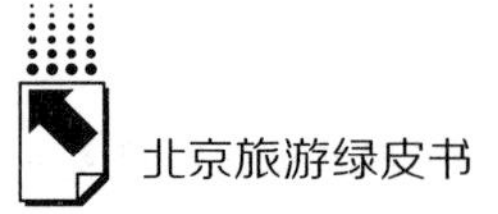

表 4　消费者对餐饮老字号不满意的原因

		缺乏创新	不够卫生	服务不好	就餐环境差	特色不鲜明	网点不方便	价格偏高	其他	合计
全聚德	Count	63	41	71	53	48	74	105	6	461
	行比例(%)	13.7	8.9	15.4	11.5	10.4	16.1	22.8	1.3	100.0
东来顺	Count	52	38	65	50	43	58	86	5	397
	行比例(%)	13.1	9.6	16.4	12.6	10.8	14.6	21.7	1.3	100.0
便宜坊	Count	26	17	35	24	17	31	38	3	191
	行比例(%)	13.6	8.9	18.3	12.6	8.9	16.2	19.9	1.6	100.0
庆丰包子铺	Count	54	32	54	42	36	53	79	4	354
	行比例(%)	15.3	9.0	15.3	11.9	10.2	15.0	22.3	1.1	100.0
护国寺小吃	Count	39	23	34	25	21	38	52	4	236
	行比例(%)	16.5	9.7	14.4	10.6	8.9	16.1	22.0	1.7	100.0
	合计	234	151	259	194	165	254	360	22	1639
	行比例(%)	14.3	9.2	15.8	11.8	10.1	15.5	22.0	1.3	100.0

四　对北京餐饮老字号创新服务经营模式的建议

（一）“餐饮＋食品”双轮驱动

北京餐饮老字号须在保持北京特色基础上，转变经营观念积极应对市场，贴近消费者需求的同时，引领消费新时尚。全聚德集团将曾在 APEC 国宴上的“盛世牡丹”推上百姓餐桌，适应全聚德高端宴请市场定位。为迎合现代女性和儿童消费者的需要，全聚德还推出了各种健康餐饮精品。除了餐饮外，全聚德还进入食品领域，实施了“餐饮＋食品”双轮驱动战略，研发上市了真空烤鸭、鸭类休闲食品、月饼、汤圆、糕点等众多全聚德品牌的包装食品，供游客携带与保存，渠道也相应拓展到商超及机场车站等旅游和客流密集区域。

老字号不仅可以在主菜品方面进行创新，还可以在配餐方面进行创新。比如，东来顺在保持传统大火锅用餐模式的同时，开发了小火锅，每位顾客使用单独的火锅用餐，既卫生又便利。东来顺还推出了“小善计划”，丰富和完善菜品结构，在满足顾客多元化需求的同时，提升了销售能力。东来顺推出一款精美的“小瓶产品”，瓶中分别装着焦糖布丁、奶酪、山楂酪和核桃酪，外形美观，价格仅10元。庆丰包子铺在“主席套餐”的启发下，开发了各种组合套餐，提高了点餐效率。还有方便餐盒，急匆匆的游人点餐后可即刻带走。庆丰包子铺还推出“庆丰福包”礼盒，该礼盒是庆丰包子的速冻产品，带庆丰包子回家过年成为春节返乡族的又一新选择，该礼盒在实体店和百度糯米网同时售卖。

在菜品创新中，正餐类老字号可以适当开发价格适中或偏低的品类，更加贴近大众需求。比如，全聚德在双井店推出的烤鸭自助餐（全价98元/位，午餐特价88元/位），配以特色点心和水果，还有中西合璧的创新口味，将正餐服务的“全服务模式”转变为“半服务模式”，在降低价格的同时，满足了顾客个性化、系统性需要。

（二）标准化与个性化相结合

随着人们消费水平的升级，对餐饮品质和服务质量提出了更高要求，消费呈现高端化和个性化趋势。同时，随着商务消费的下降，高端餐饮市场规模受到影响。基于宴请服务定位，全聚德提出所有员工要做“宴请专家”以及善于开展“亲情化服务”。新版菜单中菜品的数量由原来的“50+50”精简至“50+40”，即50道全聚德品牌统一菜品，辅之以40道全聚德各门店自选菜品。在外埠门店则采取“30+70”的菜品结构，即全聚德传统贯标菜30道和符合本地消费习惯的菜品70道，以适应“本地化”消费口味需求。东来顺在香港连锁店开业时，根据香港人喜欢甜味的饮食习惯，在调料配制上将原来调料用的麻酱品种进行改进；为了保持口感风味，东来顺将调料调制好以后再进行配送，以保证东来顺调料的标准化。庆丰包子铺则通过建立加工配送中心，统一加工、制作、配送包子馅料；建立原材料种植基地，从源头上统一制作原材料；统一店面、员工形象设计；颁发一系列规章制度，实行手册管理等举措，强化“标准化”经营，确保食品安全。

（三）贴近消费者习惯，调整开店模式

要想活化北京餐饮老字号品牌，需要贴近新的消费群体，适应消费者的生活习惯。在“三口之家”成为消费者的主体、都市年轻白领阶层和年轻消费人群兴起形势下，全聚德提出“调整开店模式，创新经营机制”项目，以上海淮海路店开展项目试点，在餐厅面积、餐厅环境、菜品特色、菜单设计、营销方式、人员配备等多方面实施革新，有别于传统全聚德店面“聚餐”消费模式，开展休闲体验式创新。全聚德长沙店是全聚德首家商场店，结合大型商业综合体的经营环境和就餐模式等因素，打造以互动性、娱乐性、便捷化、网络化为特征的新型综合体餐厅经营模式。老字号品牌培养了一批忠诚客户，但是大多与年轻消费者有一定心理距离，因而东来顺为活化品牌而推出创新子品牌——小火锅“青春逗”，价格不贵，环境时尚，摆脱了东来顺一直以来的高端定位和“老”的形象，设计更加年轻，与商圈小店更加匹配，通过“青春逗”进驻商圈有效降低了东来顺的营业成本，也能拉近与年轻人之间的距离。

（四）实施“餐饮＋互联网”模式

互联网的发展为老字号餐饮企业拓宽了销售渠道，优化了订餐点餐流程，有利于企业的宣传和发展。比如，在全聚德网络销售平台上，消费者可预约桌位、点餐和订外卖。全聚德与重庆狂草科技公司合作研发的烤鸭外卖产品——“小鸭哥”在重庆当地美食外卖平台“加班狗”上销售火热，外卖产品采用包制鸭卷、配送上门、自动加热等方式，市场定位针对中高端白领及家庭用户，拓宽了营销渠道。全聚德集团还与“雅座”合作，上线 GRM 客户管理系统，通过会员卡的方式记录客户的消费习惯，有针对性地进行服务和菜品设置，开展“精准营销”。东来顺在京东、天猫等主流电商，优购物、央广电视等购物平台上拓宽了销售渠道，定型的包装产品委托顺丰物流进行专业化配送。东来顺还将调料、熟食、生肉等品类上线，并且由仅仅涉及火锅类，拓宽至烤肉等，同时也设置了多种产品组合来满足消费者的需求。

（五）发挥品牌聚集经营优势，资源共享

北京餐饮老字号中，既有全聚德、东来顺这样的消费者熟知的品牌，也有不少消费者不熟悉的品牌。这些老字号企业须抱团取暖，开展品牌集聚经营，通过资源共享、信息共享、渠道共享，实现共同发展。可以在首旅集团或餐饮集团范围内，采取大品牌带动中小品牌、主品牌带动副品牌的方式开展。例如，全聚德不仅可以带动仿膳、丰泽园、四川饭店等品牌的经营，还可以借助控股聚德华天，带动鸿宾楼、烤肉季、烤肉宛、砂锅居、峨眉酒家、护国寺小吃等京城餐饮品牌。便宜坊烤鸭集团旗下包括便宜坊、都一处、壹条龙、天兴居、功德林、锦芳、力力、锦馨、李正兴、红湖、御膳、正阳楼等多家北京老字号餐饮品牌。目前，通过资本重组，虽然产生了积聚效应，但是如何发挥以点带面、以大带小的作用，还需要进一步探索切实可行的方法，比如，可以开展网点聚集、菜品互荐、站台集中展示，等等。

（六）“餐饮＋旅游”联动营销

北京旅游资源丰富，作为全国政治文化中心，还举办一些大型活动，为北京餐饮老字号带来大量的人流和兴趣流。餐饮老字号可以充分挖掘这些资源，开展“餐饮＋旅游”联动营销，可加强与旅游部门的合作，通过品牌博物馆、美食表演等，吸引旅游者到门店参观体验。还可以充分利用去哪儿网、携程旅行网、同程网、小桔科技、途牛旅游网、艺龙旅游网、北京活力、杭州快智科技、驴妈妈旅游网和中铁程科技等旅游类 App 进行推广，实现“餐饮＋旅游”的“联动营销”，充分利用旅游所带来的“人流”、“兴趣流”与“信息流”，将餐饮老字号的品牌优势更好地转化为市场价值。

参考文献

王成荣、李诚、王玉军：《老字号品牌价值》，中国经济出版社，2012。

周露阳：《文化粘性与文化契合对老字号品牌延伸评价的影响研究》，经济科学出版社，2012。

祝合良：《振兴老字号品牌的路径》，《时代经贸》2009 年第 11 期。

龚桂英：《北京餐饮业老字号的现状与发展对策》，《中国食品》2004 年第 2 期。

张玉凤：《北京"老字号"餐饮企业生存现状分析与成长机制研究》，《旅游学刊》2009 年第 1 期。

刘佐太、景鹏飞：《"老字号"餐饮企业体验营销研究——以全聚德集团为例》，《商业研究》2006 年第 24 期。

孟牧青：《高端餐饮企业战略转型与发展之路探究——以全聚德为例》，《现代企业》2016 年第 2 期。

张永、张浩：《中国老字号企业连锁经营模式研究——以全聚德为例》，《管理学报》2012 年第 12 期。

孙迪：《餐饮老字号后发优势研究——以东来顺为例》，《现代商贸工业》2009 年第 7 期。

张景云、闫聪：《北京老字号"庆丰包子铺"：营销公关新举措》，《公关世界》2016 年第 1 期。

G.14

京津冀协同发展背景下13城市旅游品牌传播模式比较研究*

王 恒　郝志成**

摘　要：　合理有效地塑造旅游目的地的品牌形象是有效提升京津冀旅游协同营销效能的关键。基于京津冀13城市旅游景区网络评论的大数据，运用景区评论主题分类方法，对比分析并评估13城市的旅游品牌形象传播效果，据此提出针对性的旅游目的地品牌传播模式及形象传播提升策略建议。

关键词：　旅游品牌　传播模式　景区网络评论　京津冀13城市

2014年，党中央、国务院做出了推动京津冀协同发展的重大战略部署。京津冀三地旅游部门根据三地党委、政府的统一部署和要求，明确了京津冀旅游协同发展要实现旅游组织一体化、旅游管理一体化、旅游市场一体化、旅游协调一体化"四个一体化"的发展目标。

京津冀旅游协同营销作为推进"旅游市场一体化"的重要手段和有效方法，在提升京津冀旅游资源吸引力和目的地旅游产业竞争力方面发挥着不可替代的作用。特别是，合理有效地塑造旅游目的地的品牌形象，不仅是实

---

* 本文为2016年北京市自然科学界与社会科学界协同创新基地项目"大数据背景下京津冀'旅游一体化'线上线下政府品牌营销策略研究"系列成果之一。

** 王恒，北京联合大学旅游学院副教授，管理学博士，主要研究方向为旅游目的地营销、旅游社交媒体营销等；郝志成，北京联合大学旅游学院工程师，主要研究方向为智慧旅游、旅游大数据处理与分析等。

施品牌营销战略的前提和基础，更是有效提升三地旅游协同营销效能的关键所在。

一 京津冀13城市旅游形象标识与主题宣传口号对比分析

比较京津冀三地 13 个城市的旅游形象标识和主题宣传口号，可以有效地检视各地旅游目的地品牌形象塑造与传播能力。通过搜集整理发现：北京旅游标识清晰度和曝光度较高，但旅游主题宣传口号仍延续了 2008 年北京奥运会的宣传口号"北京欢迎你"，虽然传播度也较高，但内涵和外延均有局限，对北京历史文化和旅游资源的展示力不足；2013 年天津提出了"天天乐道 · 津津有味"的城市宣传口号，入选由《环球时报》评选的十大"中国最佳旅游口号"，但同样存在品牌形象与特色旅游产品关联度不强的问题；河北省石家庄、秦皇岛、邢台、张家口、承德、廊坊通过科学设计或广泛征集确立了清晰的旅游形象标识和主题口号，并注重通过各种媒介进行宣传推广，唐山、邯郸、保定、衡水虽确定了统一的主题宣传口号，但旅游标识的推介力度还不够，沧州则尚无对外公布的形象标识，主题宣传口号仍有待进一步提炼，日前刚刚启动旅游宣传口号的征集工作（如表 1 所示）。

表 1 京津冀 13 城市旅游形象标识及主题宣传口号

城市(省)	旅游形象标识	旅游主题宣传口号
北京市	北京旅游 Beijing	北京欢迎你
天津市	Tianjin Tour	天天乐道 · 津津有味

续表

城市(省)	旅游形象标识	旅游主题宣传口号
石家庄		燕赵古韵·魅力之城 (2008年4月) 红色西柏坡·多彩石家庄 (2012年)
唐山		唐山·想不到的美 (2011年) 新唐山·心体验(2012年)
秦皇岛		长城滨海画廊,四季休闲天堂(2012年) 心向大海·梦想成真 (2015年)
邯郸		成语典故之都·太极传承圣地 (2012年) 有内涵·不简单(2015年)
邢台		山水泉城·魅力邢襄(2012年) 守敬故里·太行山最绿的地方 (2015年)
保定		美食、美景,美在保定 (2012年) 京畿胜境·醉美保定
张家口		大好河山·张家口
承德		避暑山莊·和合承德 (2011年)
		游承德,皇帝的选择 皇家休闲·畅享承德

续表

城市(省)	旅游形象标识	旅游主题宣传口号
沧　州		杂技之乡、功夫故里(2004) 功夫故里·杂技摇篮·运河古郡·渤海明珠(2012年)
廊　坊		京津走廊·休闲胜地 (2012年) 京津乐道·绿色廊坊 (2014年)
衡　水		董子故里·北方湖城·休闲衡水(2012年) 醉美湿地·乐游衡水

资料来源：本研究整理。

二　基于景区评论主题分类法的京津冀13城市旅游品牌形象传播效果分析

（一）景区评论主题分类法介绍与研究过程

1. 景区评论主题分类法介绍

本研究主要通过LDA主题模型（Latent Dirichlet Allocation）辅助人工分析来处理网络评论的文本信息，通过对评论的文本进行数据挖掘，形成景区评论内容的主题分布，根据旅游目的地所辖的景区排名前5的评论主题构成的目的地主题集，构造了描述景区所在旅游目的地的基于评论主题的词云图。

该模型可将评论文本主题看成特定词汇的概率分布，将网络点评内容看作这些主题的随机混合。其核心公式为：

$$p(w \mid d) = p(w \mid t) * p(t \mid d) \qquad \text{（公式1）}$$

以 Topic 作为中间层，通过当前的 θd 和 φt 给出了文档 d 中出现单词 w 的概率。其中 p（t | d）利用 θd 计算得到，p（w | t）利用 φt 计算得到。

2. 景区评论的主题分类研究过程

（1）数据采集

利用 Python 编写网络爬虫从蚂蜂窝网站中抓取 13 城市所有旅游景区的网络评论，通过 XPath 提取评论内容和相关的属性数据，并通过 Bloom filter 进行数据去重处理，形成结构化的评论数据集，最终形成了 20 万条评论数据，将处理好的数据存入数据库。

（2）数据预处理

首先是利用中文分词软件对景区的网络评论内容进行分词处理，使用哈工大社会计算与信息检索研究中心研发的语言技术平台（LTP）进行评论文本的中文分词和词性标注及命名实体识别，通过人工处理部分高频的共现词语，形成与评论内容有关的评价短语字典。其次是建立停用词表，通过观察文本中的虚词部分，将无意义的高频词作为停用词，纳入到停用词表中。最后是将语义相近的词和短语进行合并。

（3）数据分析

将预处理后的评论数据引入到 LDA 处理模块中，初始设置 alpha 值为 0.5，topic 数选择 10，beta 选 0.01，迭代次数选择 200，通过反复运行程序，调整参数设置获得较满意的结果，通过人工挑选将排名靠前的 20 个主题词语作为景区评论的主题词，进而总结为 5 个主题短语。将旅游地景区的主题短语集构成描述旅游地的网络评论关键词语，通过词云生成程序，构成旅游景区网络评论的关键词可视化数据。

（二）京津冀13城市景区网络评论关键词与旅游品牌形象语义对比分析

1. 北京景区网络评论关键词与旅游品牌形象语义对比分析

将生成的词云与北京旅游形象定位和特色产品体系进行对比，可以发现北京作为古都特有的历史文化旅游资源（如故宫）和现代都市旅游资源（如文化创意旅游）得到了较高的认可，但其他类型的旅游产品和线路的营销推介效果并不显著（见图1）。

图1　北京景区网评关键词词云图

2. 天津景区网络评论关键词与旅游品牌形象语义对比分析

将生成的词云与天津旅游形象定位和特色产品体系进行对比，可以看出天津的旅游形象塑造非常成功，打造的“近代中国看天津”都市博览游、海河风光游、滨海休闲游等旅游品牌影响力在不断扩大，宣传推广效应非常显著（如图2所示）。

图2　天津景区网评关键词词云图

3. **石家庄景区网络评论关键词与旅游品牌形象语义对比分析**

将生成的词云与石家庄旅游形象定位、旅游主题口号和特色产品体系进行对比，可以发现“红色西柏坡·多彩石家庄”的品牌形象并未得到广泛的认可，而其下辖的历史文化名城正定的旅游吸引力更强，这从一个侧面反映出石家庄在目标市场选择和产品定位上的偏差（如图3所示）。

图3　石家庄景区网评关键词词云图

4. **唐山景区网络评论关键词与旅游品牌形象语义对比分析**

将生成的词云与唐山旅游形象定位和特色产品体系进行对比，可以清晰地看出唐山通过成功的会展节事营销，特别是2016年的唐山世界园艺博览会和金鸡百花电影节，提升了城市核心旅游资源——南湖及影视基地——的认知度，同时，借势近年来清宫剧产生的影视营销效应，其作为清朝皇家陵园（东陵）所在地的城市名片得到了广泛的推广传播，与“新唐山·心体验”的主题口号较为契合（见图4）。

5. **秦皇岛景区网络评论关键词与旅游品牌形象语义对比分析**

将生成的词云与秦皇岛旅游形象定位、主题宣传口号进行对比后，我们清晰地发现“心向大海·梦想成真”的主题口号与网评的高频词高度契合，其长期形成的中国海滨度假城市形象一直保持着较高的认可度，特别是对于京津冀地区游客而言，出行距离适宜、交通便捷（如图5所示）。

图4　唐山景区网评关键词词云图

图5　秦皇岛景区网评关键词词云图

6. 邯郸景区网络评论关键词与旅游品牌形象语义对比分析

将生成的词云与邯郸旅游形象定位和城市品牌进行对比后，历史文化名城邯郸的代表性“城市名片”几乎一一体现，由此可知，作为河北典型的内陆城市，邯郸在提升旅游产品档次的过程中，其浓厚的历史文化、特色民俗依然是发展旅游产业的核心优势所在（见图6）。

图6　邯郸景区网评关键词词云图

7. 邢台景区网络评论关键词与旅游品牌形象语义对比分析

将生成的词云与邢台旅游形象定位、主题宣传口号进行对比，我们可以看到，“守敬故里 · 太行山最绿的地方”的主题口号品牌推广效应得到了最大程度的体现，邢台的品牌形象塑造是准确和成功的（如图7所示）。

图7　邢台景区网评关键词词云图

8. 保定景区网络评论关键词与旅游品牌形象语义对比分析

将生成的高频词词云与保定旅游形象定位、主题宣传口号进行对照，可以看出无论是之前的“美食、美景，美在保定”还是调整后的“京畿胜境 · 醉美保定”，都未能将独特鲜明的当地旅游资源有效地凸显出来，没有成为旅游资源的品牌载体，而当地的红色旅游资源依然是识别度和认知度最高的“城市旅游招牌”（见图8）。

图8　保定景区网评关键词词云图

9. 张家口景区网络评论关键词与旅游品牌形象语义对比分析

将生成的词云与张家口旅游形象定位、主题宣传口号进行对比，可以看出张家口将城市地标——大境门上的题词“大好河山”作为旅游主题口号，较好地将历史文化的精神气质融入了品牌定位之中，赋予了城市旅游形象以深沉的文化内涵，同时也提升了当地民俗旅游的品质（见图9）。

图9　张家口景区网评关键词词云图

10. **承德景区网络评论关键词与旅游品牌形象语义对比分析**

将生成的词云与承德旅游形象定位、主题宣传口号进行对比，可以发现皇家园林和佛教圣地是承德辨识度最高的城市名片，而这也被吸纳进了“避暑山莊・和合承德”的城市宣传语中，与目标受众的关注点重合（如图10所示）。

图10 承德景区网评关键词词云图

11. **沧州景区网络评论关键词与旅游品牌形象语义对比分析**

将生成的词云与沧州旅游形象定位、主题宣传口号进行比较可知，游客对沧州的城市名片——铁狮子的认知度较高，但美誉度并不高，体验支离破碎，仅有一些位置细节的描述。此外，“杂技之乡、功夫故里”的品牌形象也未得到游客，特别是青年游客的广泛认可，虽然杂技之乡具有一定的辨识度，但吴桥杂技大世界160元的门票价钱是较为敏感的一个关注点（见图11）。

12. **廊坊景区网络评论关键词与旅游品牌形象语义对比分析**

将生成的词云与廊坊旅游形象定位、主题宣传口号进行对比，可以看出游客并未对廊坊当地的旅游景区留下深刻的印象，而是对其近邻北京的地缘优势评论最多，可见，其主题口号和产品功能定位“京津乐道・绿色廊坊”是准确的，但资源吸引力较为有限（见图12）。

图 11　沧州景区网评关键词词云图

图 12　廊坊景区网评关键词词云图

13. 衡水景区网络评论关键词与旅游品牌形象语义对比分析

将生成的词云与衡水旅游形象定位、主题宣传口号进行对比，可以得出如下认识：该市近年来着力打造的“董子故里 · 北方湖城 · 休闲衡水”旅游品牌形象收效不是非常明显，游客对衡水湖的认知还仅停留在地理特征的描述层面，缺乏体验性的评价。综合前面的相关分析可知，一方面是由于衡水在网络和新媒体营销方面的创新性不足；另一方面也说明在旅游产品及线路的规划、提升和整合上还需要下大功夫，特别是要认真研判目标市场（见图 13）。

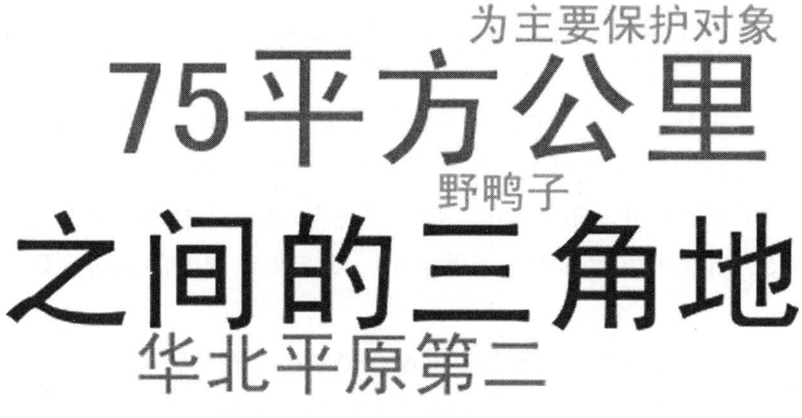

为主要保护对象
75平方公里
野鸭子
之间的三角地
华北平原第二

图 13　衡水景区网评关键词词云图

三　京津冀13城市旅游品牌传播模式及形象传播提升策略

对京津冀地区各城市而言，应立足品牌建设的不同阶段及其特点，围绕旅游品牌知名度、美誉度及忠诚度建设目标，构建有利于提升目的地品牌形象的传播模式。

（一）京津两地——美誉度忠诚度导向品牌传播模式

就北京和天津而言，品牌营销的主要任务和目标不再仅仅是作为旅游目的地知名度的提升，而是美誉度和忠诚度的积淀。同时，品牌辐射的范围应放眼全球，打造中国最具吸引力的世界级旅游目的地品牌形象。

同时，京津两地应进一步构建由各区旅游目的地品牌、旅游产品品牌、旅游节事活动品牌等组成的旅游品牌体系。我们看到，在积极培育和提升各区特色旅游品牌形象方面，无论是京津的核心城区（如北京的东城区、西城区和天津的和平区、南开区），还是边远城区（如北京的密云区、怀柔区和天津的武清区）都在积极塑造独特鲜明的目的地品牌形象，且目的地营销管理不乏亮点。

（二）河北各市——知名度导向品牌传播模式

就河北省 11 个城市而言，旅游品牌建设尚未同步，既有承德和张家口依靠“国际范”网络营销打响城市旅游名片，也有秦皇岛、保定、唐山依靠特色节事营销提升城市美誉度，但同样还有尚处于品牌建设初期的沧州和衡水两市，其城市旅游形象还不够清晰，缺乏高识别度的旅游主题口号和标识。

总之，各城市应立足自身旅游品牌建设阶段，有所侧重地、循序渐进地开展目的地知名度、美誉度和忠诚度三个层面的品牌建设工作。具体工作重点和品牌辐射范围可参照表 2。

表 2　京津冀 13 城市品牌建设着力点及辐射范围对比

城　市	品牌建设着力点			品牌辐射范围		
	知名度	美誉度	忠诚度	京津冀	全国	国际
北　京	★	★★	★★★	★★	★★★	★★★
天　津	★★	★★★	★★	★★	★★★	★★★
石家庄	★★★	★★★		★★★	★★	
唐　山	★★★	★★★		★★★	★★	
秦皇岛	★★	★★★	★	★★★	★★★	★
邯　郸	★★★	★		★★★	★★	
邢　台	★★★	★		★★★	★	
保　定	★★	★★★	★	★★★	★★	
张家口	★★★	★★★	★★	★★★	★★★	★★
承　德	★★	★★★	★	★★★	★★★	★
沧　州	★★★	★	★	★★★	★★	★
廊　坊	★★★	★		★★★	★	
衡　水	★★★	★		★★★	★	

河北各市应在全省城镇体系规划和旅游业“十三五”发展规划指导下，打造和提升符合城市发展定位的旅游品牌形象（见表 3）。

表 3　河北各市职能定位与旅游发展定位

城　市	《河北省城镇体系规划(2016－2030 年)》城市职能定位	《河北省旅游业“十三五”发展规划》现代旅游城市体系定位
石家庄	京津冀城市群中南部中心城市,全国重要的战略性新兴产业和先进制造业基地,国家级综合交通枢纽和国家级商贸物流中心	旅游中心城市(京津冀旅游第三极)
唐　山	国际化沿海城市,东北亚地区经济合作的窗口城市,环渤海地区新型工业化基地	工业旅游名城(集工业遗产观光、城市生态休闲、工艺品博览、工业文化体验于一体的工业文化旅游名城)
秦皇岛	国家历史文化名城,环渤海地区重要港口城市,国际滨海休闲度假之都,国际健康城	国际滨海度假康养旅游城市(国际旅游城市)
邯　郸	国家历史文化名城,全国重要的先进制造业基地,晋冀鲁豫四省交界的综合交通枢纽	历史文化名城
邢　台	冀中南物流枢纽城市,国家新能源产业基地,新型城镇化与城乡统筹试验区,京津冀南部生态环境支撑区	文化休闲名城
保　定	国家历史文化名城,国家重要的新能源和先进制造业基地,非首都功能疏解和京津产业转移重要承接地	京畿文化名城(京津冀旅游协同发展典范城市)
张家口	国际奥运名城,国际休闲运动旅游区,京津绿色农副产品保障基地,新能源产业基地	冰雪奥运城市(国际旅游城市)
承　德	国家历史文化名城,国际旅游城市,京津绿色农副产品保障基地,钒钛产业升级示范区	皇家文化休闲城市(国际旅游城市)
沧　州	环渤海地区重要港口城市,国家重要的化工和能源保障基地,冀中南地区及纵深腹地重要出海口	运河武术名城(中国运河武术文化名城)
廊　坊	创新型城市,京津冀全面创新改革试验区,北京新机场国际门户重点功能区	商务休闲名城(与京津同城效应突出的复合型商务休闲城市)
衡　水	生态宜居的滨湖园林城市,冀中南综合物流枢纽,安全食品和优质产品保障基地	生态休闲名城

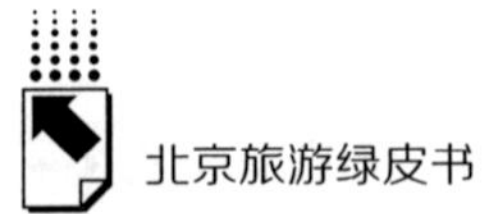

参考文献

李平生:《京津冀区域旅游发展寻求突破》,《北京社会科学》2007 年第 2 期。

宋志伟:《第三届首都旅游发展论坛综述》,《2014 年首都旅游产业研究报告》,旅游教育出版社,2014。

刘锋:《三大视角探析京津冀区域旅游合作》,《旅游学刊》2014 年第 10 期。

旅游新乡村篇

New Tourism Development of Rural Areas

G.15 北京民宿行业的困境与破局

安金明　范梦余*

摘　要： 近年来，随着国内旅游消费升级与共享经济的盛行，民宿行业在全国范围内呈现高速发展态势。伴随北京京郊游的火爆，京郊民宿的预订量也同步激增。然而，京郊民宿的火热发展也暴露出民宿经营不合法、公共安全存隐患、服务质量参差不齐等一系列问题，亟须出台法律规范与配套标准来解决北京民宿经营合法化问题，以提升民宿服务质量，促进民宿行业的健康、有序发展。

关键词： 民宿　共享经济　法律规范

* 安金明，北京市旅游发展委员会副主任，北京旅游学会会长，中国社会科学院旅游研究中心特邀研究员，博士，高级经济师，研究方向为旅游公共服务、旅游行业管理及旅游行业技能培训；范梦余，北京交通大学博士研究生，研究方向为旅游产业运行。

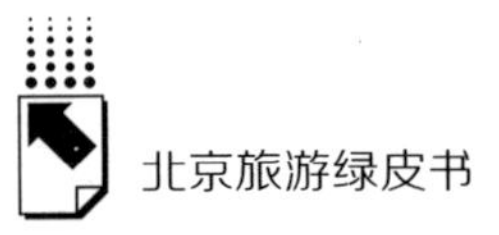

一　引言

随着“大众旅游”时代的到来，国内游客出行频次逐年提升，旅游消费不断升级。越来越多的游客对旅行的需求上升至文化、社交层面，在住宿选择上，更加渴望体验多样化、本土化的住宿形态，与当地人深度接触，深入了解当地的特色文化。这种个性化的住宿需求将民宿业态推向旅游创新创业、品质提升的风口，在全国各地掀起民宿发展热潮。去哪儿网公布数据显示，截至 2016 年 9 月，民宿客栈在去哪儿网登记数量为 48070 家，民宿数量排前五位的省份依次是云南、浙江、北京、四川、山东。借助共享经济平台，民宿市场交易规模同样发展迅猛。艾瑞咨询数据显示，2016 年，中国在线短租市场交易规模达到 87.8 亿元，比 2015 年增长 106.1%。从总体上看，目前中国旅游民宿市场呈现以下特点：从空间分布上来说，主要分布在南方，且以西南和东南地区最为火热；从发展进度来看，行业整体处于起步阶段，少数地区发展相对成熟；从类型上来说，除农户自营的传统民宿外，外来者租赁经营的社会型民宿占较大比重。

北京市文化底蕴深厚，胡同、村落资源丰富独特，且拥有庞大的城市客源群体，具备发展民宿业态的先天优势。近两年，北京周边民宿开始出现井喷发展态势，也涌现出“北京人家”、山里寒舍、驿捷、隐居乡里、漫宜等一批具有一定市场影响力的民宿品牌。然而，北京民宿业态高速发展过程中也暴露出经营不合法、公共安全存隐患、服务质量参差不齐、产品同质化严重等问题，亟须剖析问题，研究破题之法，以突破行业发展瓶颈，保障北京民宿行业健康长远发展。

二　北京民宿发展之困局

（一）困局之一——“民宿是非标准住宿”的认识误区

当前，行业内外的很多人将民宿业态定义为非标准住宿，这个概念本身站不住脚，因为民宿本身并不是非标准化的。从逻辑上讲，非标准化是相对标准化而言，但是在住宿行业并未对二者的范畴做出明确的界定。从标准化的视角考虑，如果将一至五星级酒店、社会旅馆界定为标准化住宿，民宿也设置卫生间等基本的公共空间，也提供资讯功能的电视、电话以及安全消防、治安保障等配套功能设施，因此，从功能共性上讲，民宿与前者没有什么不同，不能将民宿界定为非标准化住宿；从非标准化的视角考虑，有些民宿利用民用住宅建筑物，在面积大小、房间布局、内外部形状等方面表现出独特性，但是星级饭店、社会旅馆在这些方面也是多种多样，显然，也不能因此将星级饭店、社会旅馆划分为非标准住宿。再者，从属性上来讲，一部分民宿属于民用性质住宅，而根据《中国旅游法》第 46 条规定，国家鼓励城乡居民利用自有住宅开展旅游接待活动，即法律上允许民宿业态的存在，但是，这种法律意义上的经营场所与经营主体的差异是区分民宿与星级酒店、社会旅馆的依据，不能成为将民宿界定为非标准化住宿的依据。

此外，民宿注重为游客提供个性化的住宿需求，这一点在业内外达成共识，但是“民宿是非标准住宿”的说法则直接将住宿服务的个性化等同于住宿服务的非标准化，这在逻辑上有一定错误，因为就住宿业而言，标准化与非标准化是对立的，而标准化与个性化却可以是和谐统一的，基本硬件设施与基本服务的标准化和房间设计与软服务的个性化相结合更利于民宿服务水平与游客体验质量的提升。

因此，标准化与非标准化并不是星级酒店、社会旅馆与民宿的主要差异，将民宿界定为非标准化住宿是不必要，也是不严谨的，不利于民宿业态的健康发展。民宿同样是一种住宿业态、一种住宿单元，在提供住宿功能的同时，也能有其他的配套服务。所以，民宿应该是一种与社会旅馆、星级饭店并列的住宿业态。

（二）困局之二——民宿经营合法化不畅

目前，在北京对民宿监管实践中，管理部门将“民宿”视为“旅馆业”，通常按照特许经营行业对民宿进行注册登记与管理，遵循“消防检查合格证—特许行业许可证—营业执照—卫生许可证、税务登记证等”的审批程序。但是，民宿的经营特征和产权属性，致使民宿无法通过消防检查和营业执照审批。据统计，在北京的民宿游中，仅有33家被挂牌为“北京人家”的民宿获得合法经营资质，绝大部分民宿无法获得消防检查许可证，也无法办理营业执照，一直处于无照经营状态。消防问题和营业执照问题成为民宿合法经营的主要障碍。

首先，北京市公安部门将民宿行业视为特许经营行业进行管理，根据《中华人民共和国消防法》相关规定，在运营之前需要办理特许经营许可证，由公安部门负责检查和审批，而获得特许经营许可证的前提是获得公安部门的消防检查合格证。北京市公安部门要求民宿旅游从业者必须遵守2007年出台的《北京市宾馆业治安管理规定》，要求“旅馆与其所在建筑物中的非旅馆部分之间有隔离设施”“客房区为独立区域，与旅馆内的娱乐、商业等附属服务设施分割”，同时还有经营规模、技术标准等制约，对于民宿而言这是难以达标的。因此，北京市民宿无法以“社会旅馆”的名义办理消防检查合格证和特许经营许可证。

其次，我国现有法治体系对于个体工商户的注册与公司注册有着明确的条文规定。乡村创新创业者以农村宅基地作为经营场所，大部分地方工商局将其视为从事工商业经营的自然人或家庭，仅给其办理个体工商户执照，不予其申请公司营业执照。然而在实际管理中，部门地区工商部门在个体工商户的注册登记工作中，把经营场所的性质确定为“必须为商业用途的房产，住宅用途的房产一律不能作为经营场所”。这一要求虽然没有明确法律依据，但是其执行确实阻断了依托农村住宅进行经营活动的工商注册路径，无法办理工商执照，导致经营无法合法化。

北京市现行的消防管理制度、工商注册办法制约北京民宿的合法化进程。尽管北京市政府对民宿经营采取默许态度，但是非法经营制约着民宿经济的健康成长，例如，不能开具发票，制约民宿长续发展；无法同公安局身份查询系统联网，无法及时防范违法活动；无法开展产业链扩展、合作，也无法融资。仅允许民宿经营者办理个体工商户执照，也不利于民宿的规模扩张与质量提升。民宿的经营合法化，成为民宿业态发展的最后一公里问题。

（三）困局之三——民宿公共安全缺乏保障

北京民宿主要是由闲置四合院、乡村民宅改造而成，由民居功能向社会接待功能转换，但与社会接待相适应的安全保障往往不到位。在建筑安全上，部分民宿为满足消费者的个性化需要，在装修设计时会根据设计需要改动房屋布局与结构，造成房体结构的安全隐患；在设施配备上，部分民宿的消防疏散标志、自动报警装置和灭火器等基础安全设施不完备，未预留安全通道、消防通道，不能应对突发危险情况；在住宿登记方面，民宿未与公安局身份登记系统联网，房客身份难以查验。此外，民宿为消费者提供住宿、餐饮服务，由于城乡居民卫生习惯存在差异，民宿配套用品与食品的卫生安全也令消费者担忧。民宿的种种安全隐患给消费者的人身、财产、健康带来潜在威胁，在整个民宿行业供需双方信任机制尚未完全建立的情况下，会遏制消费者的体验需求，降低消费者的体验质量。

民宿公共安全问题涌现的原因主要在于，“民宿”是近两年才兴起的新兴业态，概念、范畴界定并不明晰，政府规制政策相对滞后，导致民宿行业一直处于粗放式发展状态。2017 年 2 月 27 日，住房城乡建设部、公安部、国家旅游局三部门联合发布《农家乐（民宿）建筑防火导则（试行)》(以下简称《导则》)，标志着顶层设计对民宿行业的重视以及对民宿行业规制政策的起步。但是，《导则》集中于农家乐（民宿）消防方面的标准化规范，其他方面的基本配套标准还需要进一步推进，特别是民宿公共安全标准。

（四）困局之四——民宿管理规范存有空白

目前，北京民宿多为城乡居民个人经营，经营者整体素质不高且创新意识薄弱，导致民宿设施配备简单，服务质量参差不齐，产品同质化严重；与此同时，消费者对民宿产品鉴别能力有限，在当前民宿法律法规不完备的情

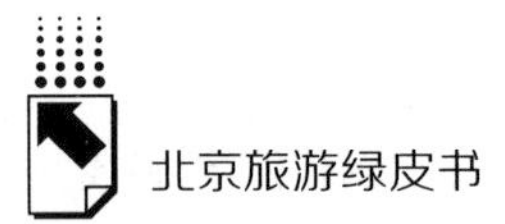

况下，参差不齐的民宿经营个体或产品易使消费者混淆，扰乱市场。为保证民宿行业健康发展，民宿不仅需要消防、安全的标准化，也需要管理服务的标准化，标准化的服务才能满足消费者出行的基本住宿需求，保证服务质量，减少投诉等情况发生。但是，北京在民宿消防、安全、管理服务等方面的法规、标准制定上还处于起步期，对于民宿的经营资格、服务内容，以及卫生和安全的监管还未出台专项的法规条例。管理规范相对滞后于北京民宿高速发展的态势，对北京民宿业态的健康、有序发展尚未发挥有力的引导效用。

三 北京民宿标准化破局之路

（一）业态扶植，着力打造民宿行业标杆

早在民宿市场火爆之前，北京市已经开始扶植与引导乡村和城市民宿业态的实践，打造了一批具有一定市场影响力的民宿品牌。

2009 年，北京为推动乡村旅游的提质升级，推出乡村酒店、国际驿站、采摘篱园、生态渔家、休闲农庄、山水人家、养生山吧、民族风苑八种全新乡村旅游，将其纳入《北京市乡村旅游特色业态标准及评定》。除采摘篱园外，其他业态都注重住宿服务的精细化，融入地方特色文化，如生态渔村要求“建筑风格与周围环境相协调，应能体现渔家风情和地方民俗特色”，养生山吧要求“必须在海拔 500 米以上，每立方厘米负氧离子含量是一万个以上”。这八种业态都可归属为乡村民宿的范畴，在北京市民宿行业的早期发展中，起到了重要的示范和带动作用，其对应的评定标准成为全国最早的地方性民宿精细化评定标准。

2010 年，北京市委为推动城区住宿业态创新升级，彰显古都风貌、老北京文化，发布《“北京人家”服务标准与评定》，评定了 33 家分布在东城区和西城区的传统四合院，授牌为“北京人家”。“北京人家”以四合院为载体，以“京城文化”为特色，提供住宿与餐饮接待服务，注重以个性化、

人性化服务提升服务品质，让游客深度感知北京市民生活、北京风情、北京民俗，是国内民宿发展早期的代表性产品，开国内住宿新业态的先河。

（二）法规升级，加速推进民宿合法化

民宿是在过去星级饭店、社会旅馆的阶段基础上，由共享经济平台牵动所衍生的新型住宿业态，迎合了大众旅游时代的住宿需求，对乡村旅游的发展经营、农民致富脱贫也非常有益。无论是“大众创业、万众创新”的国家大政方针，还是国家旅游局、住建部、农业部等具体国家职能部门，“一行三会”等国有金融机构，还是风险投资等社会资本方，都非常重视民宿业态发展。突破民宿经营合法化障碍已经在政府职能部门和相关职能部门达成共识，成为其并共同推进的重要工作。《农家乐（民宿）建筑防火导则（试行）》的出台意味着民宿合法化的首要环节——“消防许可”开始突破，民宿经营的合法化在全国范围内迎来曙光。

北京市旅游委始终致力于推进民宿业态的合法化。在乡村旅游特色业态、“北京人家”等民宿精细化评定标准制定后，北京市旅游委积极与市公安局、市消防局、市工商局、市卫生局等相关部门协调，组织研究工作方案和实施细则，推进相关评定标准的落地与33户“北京人家”的合法化。在此次北京市旅游条例的修订与升级中，专门针对民宿业态增加一个章节，对民宿概念、设施配备、执照申办、商业保险等核心问题做出明确规定，目标就是推进民宿经营合法化，让经营者放心经营，让消费者享有更安全的旅行住宿环境。目前，新版北京市旅游条例在北京市人大常委会立法工作中已经经过三审审议，进入立法协商阶段。

（三）标准完善，稳步建立民宿监管体系

民宿的发展离不开标准的约束。长期的住宿业管理实践证明，标准化、规范化的行业管理有利于住宿业的健康有序发展，有利于实现经营者与消费者双赢局面。星级饭店和社会旅馆的标准化管理经验对推进民宿的标准化进程有良好的示范效应。

在公共安全方面，星级饭店和社会旅馆的相关安全细则明文规定经营主体需要申办特种行业经营许可，也要求登记消费者身份证信息以保障治安，还要求在消防、食品卫生安全以及生态环保等方面达标，有效解决了星级饭店和社会旅馆的公共安全问题，民宿行业未来至少需要在公共安全和公共服务方面达到某一类标准，才能使经营合法合规，保障消费者人身财产安全。

在管理服务方面，星级饭店的各类管理服务标准已经精细化，例如从一星至五星，分别要求在卫生、整洁、舒适、豪华、文化等多方面达到一定标准，保障了管理服务质量。未来，北京市需要出台系列针对民宿的评定标准，助力民宿提质升级。

在退出机制方面，星级饭店和社会旅馆业态如果违反相关法规就会被吊销执照，停止经营或受处罚。民宿未来也要在一系列的标准法规下接受管理，明确的管理法规会引导民宿业态健康发展。

目前，北京市旅游委正在会同有关部门加紧制定与新版北京市旅游条例相辅相成的民宿标准和技术要求等细化措施，内容包括民宿的消防许可、经营许可、卫生许可等方面，预计在 2017 年内正式公布。随着这些新政落地，北京市将逐步建立起完善的民宿监管体系，保障相关从业者与消费者的合法利益。

四　北京民宿发展的未来趋势

（一）民宿经营将走向品牌连锁化

北京周边民宿的井喷式发展，使民宿行业出现市场需求大和市场供给大并存的局面，竞争压力逐渐加剧，品牌特色和品牌吸引力成为民宿在竞争中长期生存的必要条件。对于单体民宿经营者而言，单独做品牌推广的经验、资源都不足，因此，品牌连锁化经营才能使民宿更具有竞争力，才能使民宿管理更加专业化、规范化，但也对民宿管理运营提出了新的挑战，需要专业的人做专业的事，由专业民宿管理者来负责管理。

（二）民宿将成为乡村建设的新入口

随着民宿对农村资源整合、农民脱贫增收的带动效益逐渐显现，越来越多的地方政府将民宿视为乡村建设和乡村旅游的重要入口，通过促进民宿发展来推动城市和乡村的交流，推动市民和农民互动，让更多的市民体验乡情、人文、山水，也让更多的农民来接受文明城市的生活和卫生习惯。同时，民宿业态能够更多推动城市的公共服务向农村倾斜，能够让农村更早地形成一系列的特色小镇，能带动当地农民创业就业，促进农村的生态城镇化。民宿将会逐渐成为促进城乡协调发展的最佳平台。

（三）民宿将成为推动京津冀旅游协同发展的新引擎

京津冀协同发展已成为国家重点发展战略，旅游协同是其重要组成部分。在当前民宿行业火爆发展的形势下，民宿经济成为地方政府加快推进京津冀乡村旅游协同发展进程的最佳选择。同时，就民宿本身的发展条件而言，京津冀三省市在地域特征上同属北方地区，山水人文、社会习惯、建筑风格等环境都很接近，所体现出来的民宿特质比较稳定，因此，民宿作为京津冀旅游协同发展的推动平台并无障碍，非常利于促进三地市民间的互访互动，利于全面盘活三地乡村旅游资源。

参考文献

品橙旅游：《精读：2016 民宿市场发展报告及经典案例赏析》，http：//www.pinchain.com/article/98781，最后访问日期：2017 年 4 月 30 日。

朱鲸颖：《民宿发展的标准化与特色化》，《经营与管理》2016 年第 9 期。

上海艾瑞市场咨询有限公司：《中国在线短租行业研究报告》，2017。

北京旅游学会旅游环境与公共服务研究中心：《从“奥运人家”到“北京人家”的探索与创新》，《北京旅游发展报告（2013）》，社会科学文献出版社，2013。

关子辰：《民宿不能贴“非标”标签》，《北京商报》2017 年 4 月 6 日。

G.16

北京乡村旅游特色业态游客感知价值研究*

孙新艳　蔡　红**

摘　要：　本文是在对乡村旅游、乡村旅游产品、感知价值、游客满意度和游客忠诚度研究的基础上，通过文献梳理、理论分析、实地调研和专家访谈，总结出衡量北京乡村旅游特色业态感知价值的7个感知价值因子：乡村性、文化性、服务性、品牌性、体验性、安全性和可达性，从而构建了北京乡村旅游特色业态的感知价值模型。运用SPSS20.0对数据进行回归分析，探索不同感知因子对满意度和忠诚度的影响，以及满意度与忠诚度之间的关系。并根据上述研究结论，对未来北京乡村旅游特色业态如何进一步的发展和升级提出对策和建议。

关键词：　北京　乡村旅游　游客感知价值　游客满意度　游客忠诚度

李克强总理在2017年《政府工作报告》中，明确提出“完善旅游设施和服务，大力发展乡村、休闲、全域旅游”；2017年北京市政府工

---

* ［基金项目］北京市社会科学基金项目北京“世界文化遗产类”旅游景区实现精细化管理的路径研究（12JGB133）的延展性成果。

** 孙新艳，首都经济贸易大学工商管理学院旅游管理硕士，研究方向为旅游营销、乡村旅游；蔡红，首都经济贸易大学旅游研究中心主任，首都经济贸易大学工商管理学院旅游管理专业系主任、教授，研究方向为高端旅游、旅游营销、乡村旅游。

作报告中也提出“着力发展现代种业、休闲农业、乡村旅游等都市型现代农业”。2016 年，全国休闲农业和乡村旅游接待游客近 21 亿人次，营业收入超过 5700 亿元，带动 672 万户农民受益。北京市接待国内旅游总人数 2.85 亿人次，其中乡村旅游占全市接待国内旅游总人数也已达到 15% 以上。乡村旅游在国民经济和社会发展中的重要性不言而喻。

一　北京乡村旅游特色业态的发展概况

（一）北京乡村旅游特色业态的发展背景

北京乡村旅游 1998 年以前处于“自发发展阶段”，1999～2002 年，进入“快速扩张阶段”，2003～2006 年市旅游局、农委等相关部门介入，进入“规范发展阶段”，2007 年至今，为乡村旅游的“品质提升阶段”，并推出了一系列品质提升的措施。

北京市乡村旅游在国内起步较早、发展迅速，2008 年北京旅游局在对全市乡村旅游的发展实践深入调研的基础上，总结出乡村酒店、国际驿站、采摘篱园、生态渔家、休闲农庄、山水人家、养生山吧、民族风苑 8 种乡村旅游特色业态，并首创性地推出了《北京市乡村旅游特色业态标准及评定》（DB11/T 652 －2009）（以下简称《标准及评定》）。2011 年以后又根据京郊旅游发展，增加了葡萄酒庄和汽车露营两大特色业态，也制定了地方标准。北京乡村旅游特色业态标准的提出和实施，不仅对北京市乡村旅游发展和品质提升起到推动作用，对北京周边区域甚至全国其他省市也起到重要的引领和指导作用。

2016 年 12 月，北京市旅游发展委员会委托首都经济贸易大学团队修订《标准及评定》。本文的研究依托于《标准及评定》的大量调研、访谈和论证，为《标准及评定》提供了一定的理论依据。

（二）北京郊区区县乡村旅游发展定位

北京郊区的各个区根据其资源环境特点和经济发展重点，确定了不同的发展定位，也体现出“一区一色”的特征，如表1所示。

表1　京郊各区旅游发展定位

地　区	特色定位
门头沟区	山都水谷、北京第一山水庄园
房山区	山水文化名城
大兴区	都市休闲
通州区	滨水新城、漕运古镇
顺义区	临空型商务会展旅游之都
昌平区	温泉胜地
怀柔区	不夜怀柔，旅游经济强区
平谷区	休闲绿谷
密云区	国际绿色休闲之都
延庆区	国际旅游休闲名区
丰台区	生态休闲，河西生态走廊乡村游

资料来源：乡村旅游特色业态修编项目组归纳整理。

（三）目前北京乡村旅游特色业态的发展情况

自《标准及评定》发布实施以来，历经了8年时间。各区充分发挥自己的资源环境和产业发展优势，在乡村旅游建设方面都取得了一定的成绩。截至2017年5月，北京市乡村旅游评定委员会共评定了645家乡村旅游特色业态单位，其中采摘篱园219家，休闲农庄108家，乡村酒店142家，山水人家62家，生态渔家47家，养生山吧41家，民族风苑11家，国际驿站15家。各特色业态企业对促进北京市乡村旅游产业转型升级、品质提升、改善服务发挥着积极的作用。

（四）北京乡村旅游特色业态的重要特性

笔者根据实地调研，对专家和游客进行访谈，同时分析《标准及评定》中的要求，总结出北京市乡村旅游特色业态的7个重要特性。

在已经实施的8个特色业态的地方标准中，所有评价标准都是从环境景观与建筑、餐饮特色、住宿设施、特色活动、旅游服务、基础设施、安全、交通等视角进行规范和要求的（见表2）。

通过对表2中各因素中相关细则的分析，结合乡村旅游产品的特性，笔者总结归纳出，北京乡村旅游特色业态应该具有以下重要特性：乡村性、文化性、服务性、品牌性、体验性、安全性和可达性。下文研究设计部分以及构建模型主要是借鉴这7个特性。

表2　《标准及评定》对各个业态的评审因素

要求业态	环境景观与建筑	特色餐饮	住宿设施	特色活动	旅游服务	基础设施	安全	交通	民俗文化
国际驿站	√	√	√	√	√				
采摘篱园	√	√	√	√	√		√		√
乡村酒店	√	√	√	√	√				
养生山吧	√	√	√	√	√	√			
休闲农庄	√	√	√	√	√				
生态渔家	√	√	√	√	√				
山水人家	√	√	√	√	√				
民族风苑	√	√	√	√	√			√	√

资料来源：笔者根据《标准及评定》相关资料整理。

二　模型构建与量表设计

（一）模型构建

本文结合对前期专家的文献梳理、《标准及评定》、实地调研、专家访谈、网站游记和出游攻略等，最终初步整理出7个关键词：乡村性、文化性、服务性、体验性、品牌性、安全性和可达性。

同时，根据感知价值的模型，借鉴前人将感知价值运用在旅游行业的成功经验，将上文获得的北京乡村旅游特色业态的7个重要特性作为感知因子带入成熟的感知价值模型中，从而构建出乡村旅游特色业态感知价值模型，模型如图1所示。

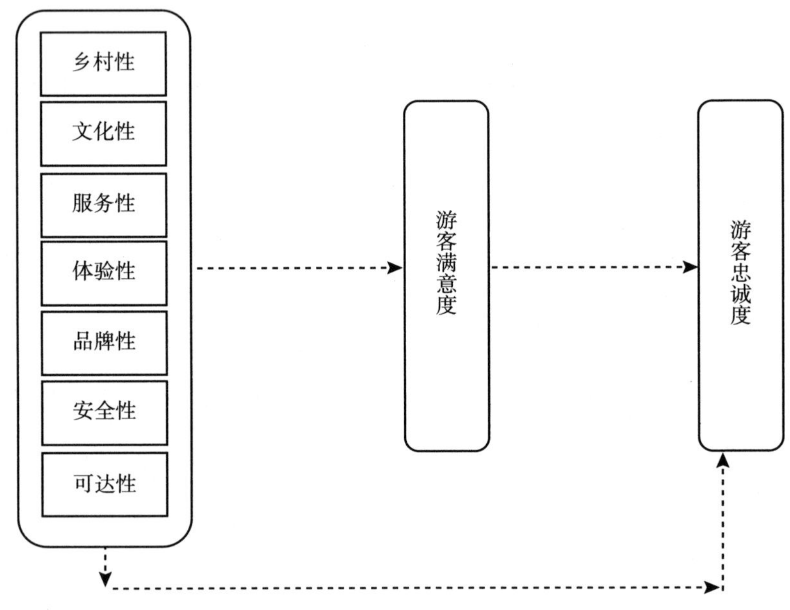

图1　北京乡村旅游特色业态感知价值模型

（二）研究假设

本文从感知价值的角度对乡村旅游特色业态进行测量，根据已有的相关研究，结合总结归纳乡村旅游特色业态的7个感知价值因子（乡村性、文化性、服务性、品牌性、体验性、可达性和安全性），构建北京乡村旅游特色业态感知价值模型，提出如下假设：

H1：北京乡村旅游特色业态的感知因子至少包括乡村性、文化性、服务性、品牌性、体验性、可达性和安全性这7个维度。

Loureiro（2008）、Cronin（1994）等研究学者认为感知价值是顾客满意的重要原因。根据“顾客忠诚的扩展模型”和“价值－忠诚模型”等模型，再结合本文中的思路，提出以下假设：

H2：北京乡村旅游特色业态的感知因子与游客满意度具有正向影响；

H2a：北京乡村旅游特色业态的乡村性与游客满意度具有正向影响；

H2b：北京乡村旅游特色业态的文化性与游客满意度具有正向影响；

H2c：北京乡村旅游特色业态的服务性与游客满意度具有正向影响；

H2d：北京乡村旅游特色业态的品牌性与游客满意度具有正向影响；

H2e：北京乡村旅游特色业态的体验性与游客满意度具有正向影响；

H2f：北京乡村旅游特色业态的安全性与游客满意度具有正向影响；

H2g：北京乡村旅游特色业态的可达性与游客满意度具有正向影响。

学术界对感知价值、满意度和忠诚度之间的研究分为以满意为主导的理论和以价值为主导的理论，其中持有以价值为主导观点的学者认为：影响顾客忠诚的直接前因是顾客感知价值，顾客满意则是通过顾客对价值感知的不同反应而间接作用于顾客忠诚。根据上述理论提出如下假设：

H3：北京乡村旅游特色业态的感知因子与游客忠诚度具有正向影响。

同理假设北京乡村旅游特色业态的感知因子（乡村性、文化性、服务性、品牌性、体验性、安全性和可达性）分别与游客忠诚度之间存在正向的影响。

因顾客满意始终与顾客忠诚相联系，满意的顾客会导致顾客重复购买意向的增加以及进行积极的口碑宣传。本文结合相关实证研究结果，提出如下假设：

H4：游客满意对游客忠诚具有正向影响。

三　数据分析与假设验证

（一）信度效度检验

使用 SPSS21.0 分别对问卷中自变量（乡村性、文化性、服务型、品牌性、体验性、安全性、可达性）和因变量（游客满意度和游客忠诚度）进行信度检验，结果显示各自的 Cronbach's Alpha 系数均大于 0.8，说明量表具有较高的信度。

同时对量表的总体信度进行检验，检验结果如表 3 所示：总量表的 Cronbach's Alpha 为 0.968，表明具有很高的可靠性。

表 3　总量表信度检验

Cronbach's Alpha	项数
0.968	36

（二）效度分析

采用 KMO 和 Bartlett 球形检验依次分析自变量、因变量和整体量表的总体效度，结果如表 4 所示：可见量表总体效度很好，量表可以有效地测量自变量、中介变量和因变量。

表 4　效度检验总表

	取样足够度的 _Kaiser-Meyer-Olkin 度量	Bartlett 的球形度检验		
		近似卡方	df	Sig
自变量	0.955	8481.076	496	0.000
因变量 1	0.718	684.901	3	0.000
因变量 2	0.735	437.297	3	0.000
整体效度	0.950	11503.593	903	0.000

（三）回归分析

以下将通过主成分回归分析来验证各因子之间的因果关系，本小结采用多元线性回归分析北京乡村旅游特色业态七大感知因子与游客满意度和游客忠诚度等变量之间的相关关系。

1. 感知因子与满意度之间的回归分析

方程 1：自变量为北京乡村旅游特色业态感知价值的 7 个因子：乡村

性、文化性、服务性、体验性、品牌性、安全性和可达性，因变量为游客满意度。

表5　回归系数及显著性检验表（满意度）

模型	非标准化系数		标准系数	t	Sig
	B	标准误差	试用版		
（常量）	-1.002E-013	0.049		.000	1.000
乡村性	0.218	0.049	0.218	4.416	0.000
品牌性	0.202	0.049	0.202	4.088	0.000
服务性	0.291	0.049	0.291	5.900	0.000
可达性	0.155	0.049	0.155	3.144	0.002
文化性	0.112	0.049	0.112	2.264	0.024
体验性	0.175	0.049	0.175	3.537	0.000
安全性	0.059	0.049	0.059	1.196	0.233
N			318		
R方			0.244		
F			14.282		
DW			1.820		

如表5所示，样本总量318，R方0.244，F值14.282，DW值1.820，都在可接受的范围内，常数项的显著性概率为1，表示常数项与0没有显著性差异，说明常数项不能作为解释变量出现在回归方程中，乡村性、品牌性、服务性、可达性、文化性和体验性的显著性概率均小于0.05，所以说明乡村性、品牌性、服务性、可达性、文化性和体验性的回归很显著，能有效地解释变量，可以作为变量出现在方程中。而安全性的显著性概率为0.233，大于0.05，统计结果表明安全性的回归不显著，偏回归系数B为0.059，呈弱相关关系，不能进入方程。

根据上述回归分析，可得方程如下：

乡村旅游特色业态游客满意度 = 0.218 × 乡村性 + 0.202 × 品牌性 + 0.291 × 服务性 + 0.155 × 可达性 + 0.112 × 文化性 + 0.175 × 体验性

2. 感知因子与忠诚度之间的回归分析

方程2：自变量为北京乡村旅游特色业态游客感知价值的7个因子：乡

村性、文化性、服务性、体验性、品牌性、安全性和可达性，因变量为游客忠诚度。

表 6　回归系数及显著性检验表（忠诚度）

模型	非标准化系数		标准系数	t	Sig
	B	标准误差	试用版		
(常量)	1.001E-013	0.050		0.000	1.000
乡村性	0.238	0.050	0.238	4.789	0.000
品牌性	0.095	0.050	0.095	1.906	0.058
服务性	0.144	0.050	0.144	2.895	0.004
可达性	0.193	0.050	0.193	3.896	0.000
文化性	0.207	0.050	0.207	4.172	0.000
体验性	0.248	0.050	0.248	4.995	0.000
安全性	0.099	0.050	0.099	1.998	0.047
N			318		
R 方			0.220		
F			13.783		
DW			1.934		

如表 6 所示，样本总量 318，R 方 0.220，F 值 13.783，DW 值 1.934，都在可接受的范围内，常数项的显著性概率为 1，表示常数项与 0 没有显著性差异，说明常数项不能作为解释变量出现在回归方程中，乡村性、服务性、可达性、文化性、体验性和安全性的显著性概率均小于 0.05，说明乡村性、服务性、可达性、文化性、体验性和安全性的回归很显著，能有效地解释变量，可以作为变量出现在方程中。而品牌性的显著性概率为 0.058，大于 0.05，统计结果表明品牌性的回归不显著，偏回归系数 B 为 0.095，呈弱相关关系，不能进入方程。

根据上述回归分析，可得方程如下：

乡村旅游特色业态游客忠诚度 = 0.238 × 乡村性 + 0.144 × 服务性 + 0.193 × 可达性 + 0.207 × 文化性 + 0.248 × 体验性 + 0.099 × 安全性

3. 满意度与忠诚度之间的回归分析

方程 3：自变量为游客满意度，因变量为游客忠诚度。

表7　回归系数及显著性检验表（忠诚度）

模型	非标准化系数		标准系数	t	Sig
	B	标准误差	试用版		
（常量）	1.542	0.127		12.157	0.000
满意度	0.595	0.037	0.669	15.979	0.000
N			318		
R方			0.447		
F			16.234		
DW			1.884		

如表7所示，样本总量318，R方0.447，F值16.234，DW值1.884，都在可接受的范围内，常数项的显著性概率为0.000，表示常数项与0有显著性差异，说明常数项可以作为解释变量出现在回归方程中，游客满意度的显著性概率为0.000，小于0.05，说明游客满意度的回归很显著，能有效地解释变量，可以作为变量出现在方程中。

根据上面的统计分析，可以得到方程如下：

游客忠诚度 =0.595 ×游客满意度 +1.542

四　研究结论与建议

（一）研究结论

本文在研究综述和北京乡村旅游特色业态实地调研分析的基础上，分析前人对乡村旅游及乡村旅游产品的研究结果，用实证的方法研究北京乡村旅游特色业态的感知因子与满意度和忠诚度之间的关系。从上文可知：本文共有4个大假设，14个小假设，假设检验结果如表8所示。

根据表8的分析，可以构建出假设验证后的北京乡村旅游特色业态感知价值的模型，如图2所示。

表8 假设检验结果

序号	内 容	结果
H1	北京乡村旅游特色业态至少包括乡村性、文化性、服务性、品牌性、体验性、可达性和安全性这7个维度	支持
H2	北京乡村旅游特色业态的感知因子与游客满意度具有正向影响	支持
H2a	乡村性与游客满意度具有正向影响	支持
H2b	文化性与游客满意度具有正向影响	支持
H2c	服务性与游客满意度具有正向影响	支持
H2d	品牌性与游客满意度具有正向影响	支持
H2e	体验性与游客满意度具有正向影响	支持
H2f	安全性与游客满意度具有正向影响	不支持
H2g	可达性与游客满意度具有正向影响	支持
H3	北京乡村旅游特色业态的感知因子与游客忠诚度具有正向影响	支持
H3a	乡村性与游客忠诚度具有正向影响	支持
H3b	文化性与游客忠诚度具有正向影响	支持
H3c	服务性与游客忠诚度具有正向影响	支持
H3d	品牌性与游客忠诚度具有正向影响	不支持
H3e	体验性与游客忠诚度具有正向影响	支持
H3f	安全性与游客忠诚度具有正向影响	支持
H3g	可达性与游客忠诚度具有正向影响	支持
H4	游客满意对游客忠诚具有正向影响	支持

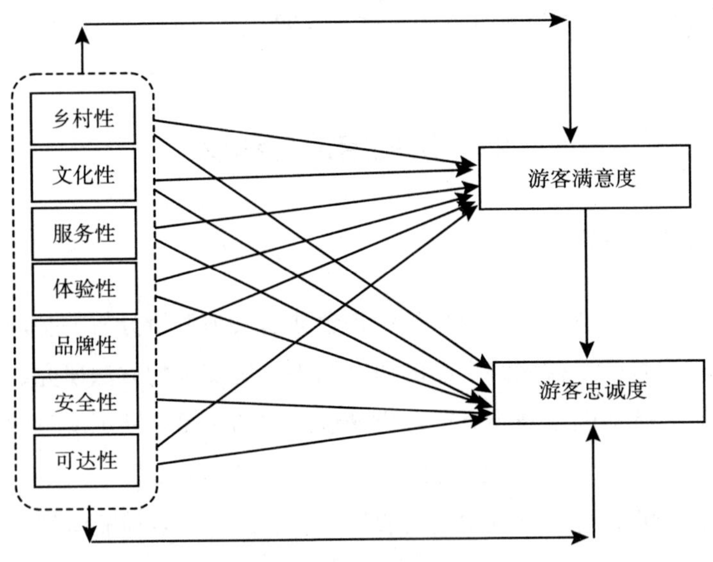

图2 北京乡村旅游特色业态感知价值模型

（二）对策建议

1. 提升乡村性，营造乡村氛围

根据上述实证分析，乡村性越强，游客的满意度越高，忠诚度越高，保留并提升北京乡村旅游特色业态的乡村性、原生性是未来乡村旅游与特色业态发展的关键。

乡村性是北京乡村旅游特色业态发展的一个重要感知因子，乡村性主要表现在建筑、环境、餐饮和住宿等方面，未来北京乡村旅游特色业态发展的首要原则：借助原生态的乡村环境，营造与周边建筑及环境和谐统一的乡村环境。一是尽量保护好乡村的古老建筑，使乡村的乡村性能有载体；二是提升乡村旅游整体环境和公共服务水准，使游客能够“看得见山，望得见水，记得住乡愁”。

2. 发掘文化性，让业态发展更具内涵

文化是乡村旅游发展的灵魂。所以在未来的北京乡村旅游特色业态的发展中，应该注重文化的发掘，进一步开发当地特色文化资源，讲好乡村故事，挖掘好乡村工艺，设计好乡村建筑，制作好乡村餐饮，使得旅游者在游览休闲之后，有内容可回味，有文化可品鉴。

3. 提升整体服务质量，创造人性化乡村

从旅游者的角度讲，一方面想要领略乡村山水，另一方面需要感受友好的服务，首先，基层服务人员的服务水平可以从定期培训、外出考察参观等角度进行服务升级。服务态度友好，真诚即可，不以酒店式服务为标准，应该给游客更多的自由空间，展现乡村中古朴自然的生活状态。

4. 丰富活动内容，增强体验感

丰富活动内容主要是从能够留住客源的角度进行的分析，现在业态的整体经营内容比较单一，开发新的活动形式，让游客可以获得更强的体验度，比如：年轻人喜欢的骑行活动、老年人喜欢的康养活动、学生喜欢的研学活动等，寓玩于健，寓玩于养，寓玩于教，活动的丰富度和多样性可以让更多的游客参与进来，可以让游客获得更多的体验。

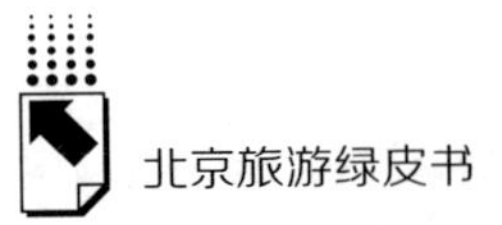

5. 打造"乡村旅游老字号"，提升品牌形象

从调研中发现，北京乡村旅游的业态单位普遍存在经营持久力不足的情况。开业前几年经营状况良好，时间一久不少业态单位都会因为经营状况不佳、业主和经营团队的变化等原因，发生变化，甚至关门歇业。但在调研中，有如同意大利农场、山吧等特色业态单位尽管在经营中也遇到各种问题，但始终坚守乡村旅游的阵地，成为本区乡村旅游特色业态的代表。建议仿效商业和手工业"老字号"的办法，提出对经营超过20年乡村旅游业态单位授予"乡村旅游老字号"，形成品牌效应，成为北京市乡村旅游发展的示范企业，并提供旅游宣传、资金支持等相关政策的支持。

6. 提升安全意识，促进业态健康发展

北京乡村旅游特色业态单位的客源以北京市和津冀及周边游客为主，受中国国情的影响，游客的安全意识不强，这在调研中也有充分的体现。因此，特色业态的经营单位更需要在食品安全、建筑安全、设施安全、消防安全等方面给予游客充足的保障。游客需要有自我保护意识，不要做业态经营单位未经允许的活动。安全是所有业态在发展中最应该注意的事项。基于此，北京市旅游委2017年3月推出了针对乡村旅游特色业态经营单位等的乡村旅游政策性保险"京郊保"，在全国率先示范，保障游客的安全和业态单位的经营安全，对于提升游客的安全感和体验感、提高旅游业态经营单位的安全意识，促进乡村旅游的发展意义重大。

参考文献

蔡红、孙新艳、郑尧等《北京市乡村旅游特色业态标准及评定的修订报告》，2017。

徐佳：《基于游客感知的山东省乡村旅游服务质量研究》，山东师范大学，2016。

张迪：《乡村旅游游客感知价值研究》，浙江大学，2006。

李金：《历史文化主题公园游客感知价值、满意度与行为意向关系研究》，陕西师范大学，2012。

Yonggui Wang, Hing Po Lo, Renyong Chi, Yongsheng Yang. *An integrated framework for customer value and customer-based perspective from China* [J]. Managing Service Quality, 2004, 14 (213): 169－182.

Day G S. *A Two-Dimensional Concept of BrandLoyalty* [J]. Journal of Advertising Research, 1969, 9 (3): 29－35.

G.17

社会资本促进北京乡村民宿发展的调查报告

陈怡宁　范梦余　刘　达*

摘　要： 乡村民宿是旅游者体验乡土文化的空间载体，日益成为乡村旅游地的重要吸引物。社会资本积极参与，也面临由于土地属性所带来的种种问题，本文在梳理北京乡村民宿发展现状的基础上，提出社会资本参与乡村民宿发展的主要路径，认为投资渠道、行业管理、权益保障等关键环节是主要的制约因素，本文从旅游行政管理部门的视角，提出八项促进社会资本参与北京乡村民宿发展的对策建议。

关键词： 社会资本　乡村　民宿　北京

一　引言

中国旅游产业发展由资源驱动、要素驱动逐步向资本与产业融合驱动、创新驱动转变。在过去10年中，以“互联网+旅游”的融合创新模式，颠覆了传统的旅游产业格局。由于企业运营成本的提升、场地空间的缺失、旅游电子商务市场饱和等原因，北京城区的创新创业环境红利开始衰减，乡村

* 陈怡宁，北京交通大学经济管理学院副教授，研究方向为旅游城镇化、旅游满意度、旅游大数据；刘达，北京市旅游发展委员会综合处副处长，研究方向为旅游政策与法规；范梦余，北京交通大学博士研究生，研究方向为大数据挖掘、旅游者足迹。

正以良好的生态环境、充足的闲置场地、低廉的运营成本，成为北京旅游创新创业的新重心。值得注意的是，民宿是现阶段北京乡村旅游创新创业中最具活力、最具潜力的业态之一，民宿是“度假+乡村气息+文化创意”的多元融合，市场需求旺盛。一方面，乡村民宿在全国已有示范案例，最有可能取得成功；另一方面，北京乡村民宿的核心障碍是体制机制，最有可能率先突破。本文将系统梳理北京市乡村民宿发展的现状，明确乡村民宿经营模式和社会资本参与路径，识别北京乡村民宿发展的主要障碍，为地方政府促进社会投资支持北京乡村民宿发展提出切实可行的措施建议。

二　北京乡村民宿发展背景与现状

（一）城市人的乡居诉求被激活

新消费革命不仅体现在消费热点的变化，更是表现为对消费品质的追求。从乡村旅游在国内的发展来看，正逐步经历四个发展阶段：一是以乡村特色风光、餐饮为主要吸引物的单一化阶段，多为城市周边自驾车一日游；二是在农家乐和观光的基础上增加住宿、购物、采摘、农事活动的多元化阶段；三是更多融入文化与休闲要素，以精品民宿，乡村度假小镇为代表的乡村度假型阶段；四是具有成熟设施和较高知名度、品牌力，能够吸引中远程国内游客及境外游客的国际化阶段。北京、长三角、珠三角等经济发达地区是民宿最主要的客源市场，中产阶级消费升级，构成乡村民宿行业增长的核心驱动力。

（二）闲置资源盘活带动乡村旅游转型升级

根据2015年统计数据显示，国内客栈民宿总数高达42658家，民宿数量前五位的省份依次是云南（6466）、浙江（5669）、北京（3587）、四川（3361）、山东（2829）。京郊“空心化”农村闲置土地资源充足，使得北京近几年乡村住宿开发也呈现快速增长的态势。从发展阶段来看，北京乡村民宿创业发展时间短，在市场中有一定品牌影响的企业也都是处于初创期的企业，如山里寒舍（2013）、驿捷（2013）、隐居乡里（2015）、漫宜（2015），品牌知名度和影响力仍不够强，品牌连锁化经营也受到外部环境制约，尚未形成规模效应和联动效应。相比南方全年无淡季的优势，北方乡村民宿淡旺季差异大、投资回报期长、土地流转难、资金缺口大成为近期发展的制约因素。

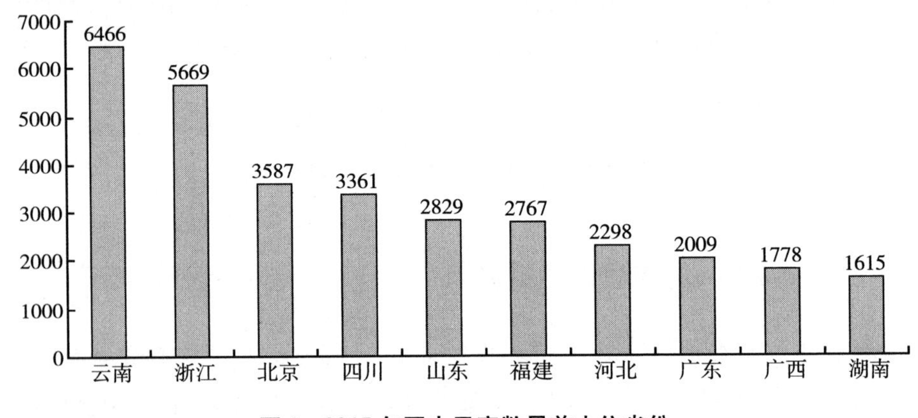

图1　2015 年国内民宿数量前十位省份

（三）有经验、有资源、有知识、有情怀的创业者成为重要的推动力量

经济学家熊彼特（Joseph A. Schumpeter）将“创客”（Maker）视为“一种新的生产要素”，是创新的五种基本形式之一。“创客”带给乡村的，不仅是知识和技术，还有理念和经验，以及资金和市场，这些都是乡村旅游资源转化、业态创新、产品升级的必备要素。北京乡村旅游创新创业的主要力量来自创业的企业家、规划设计专业机构、艺术家、媒体人、文艺群体等，如今空间集聚（如宋庄、不夜谷等）、组织集聚（如中关村智慧旅游创新协会）已初具规模，创客们有能力在推进乡创的同时，带动农副产品的包装销售、传统文化保护与传承，实现乡村旅游的转型升级。

（四）社会资本、大资本、大企业开始进入民宿领域

2015 年，我国整个旅游投资达到 1 万亿元以上，其中 1/3 的投资与乡村旅游相关。当众多小投资者退出民宿投资领域的时候，大型企业自 2015 年开始进入民宿，品牌、连锁运营模式助推民宿品质高端化发展。这样的大企业有三类。第一类是电商平台，如携程、途家，纷纷成立民宿业务部门，2016 年携程旅行网宣布与绿地集团联手进军我国民宿产业发源地云南，以昆明“大城天地”项目为依托，推出自助式酒店公寓产品；途家和远大住工产业合作的途远通过轻资产模式切入乡村酒店，一方面借助途家的线上资源，另一方面依靠远大住工的建筑技术，帮助业主管理闲置的乡村别墅。第二类是传统旅游企业，比如首旅集团 2015 年 3 月成立首旅寒舍酒店管理有限公司，2016 年 3 月，如家启动民宿项目“云上四季”。在传统酒店普遍业绩增长乏力的背景下，乡村酒店也逐渐成为大公司、大资本眼中的新蓝海。第三类是房地产企业，如新华联地产在安徽芜湖做了一个鸠兹古镇项目，上万平方米的物业要做成客栈、民宿和精品酒店，绿地集团与山里寒舍合作打造山里寒舍高端民宿度假村。北京银泰、国奥、金融街等大型国企、上市公司、房地产企业都已经在做或有计划投资民宿。

（五）利好政策和建议不断出台

在过去 10 年间，中央及有关部委发布的与乡村旅游有关的文件多达 20 多个，尤其是这一两年，新农村建设保护、农民增收就业、扶贫脱困等国家和地方发展战略迫切需要旅游业的溢出和拉动效应。在这一背景下，各级党委和政府重视以民宿为代表的乡村旅游发展和供给侧改革，并密集出台一系列的促进政策。北京市旅游委、市农委一直倡导京郊旅游要“突破高端、发展中端、提升低端”，要从满足人民群众的一般观光游需求向满足休闲度假游需求提升，从旅游产业分散开发向整合资源、统筹开发提升，从简单追求旅游人次向大力提高人均消费能力提升，成为促进农村一、二、三产业融

合发展的龙头产业，成为促进农民就业增收的引擎。此外，地方性政策创新为北京乡村民宿的政策环境优化提供了参考。

三 社会资本参与北京乡村民宿创业的路径

（一）“农户 + 农户”

“农户 + 农户”模式一般以村集体方式进行资源整合，用以发展民俗旅游接待。例如密云金叵罗村在村支部书记伊书华的带领下，成立了三个实体合作社，其中旅游合作社有成员 580 户，小米合作社 912 户，樱桃合作社 218 户。村内 90% 耕地都已流转到合作社，由村集体统一管理、统一打造，实现规模经营。成功运营北井小院乡村客栈、开心农场、疯狂农场等项目。

（二）“创业企业 + 农户”

“创业企业 + 农户”模式一般直接与农户合作，通过租赁农户闲置房屋进行乡村民宿项目的开发，这种模式下，农户收入主要依靠租金，并不参与后续经营活动的利益分配；对于创业企业而言，其投入成本较高，考虑到租期及农户毁约风险等因素，企业投资一般较为谨慎，装修风格相对简约，主要面向中端消费群体。例如漫宜龙湖居项目以母公司的名义与农户签订租房条约，由农户自己去申办个体工商户执照，但是其与企业不存在产权隶属关系。值得注意的是，由于此类模式可能参与的农户数量并不多，因此企业需要更好地协调与其他农户、与村集体及当地政府的关系。

（三）“创业企业 + 社区 + 农户”

“创业企业 + 社区 + 农户”的模式中公司先与当地社区（如村委会）进行合作，通过村委会组织农户参与乡村民宿的发展，公司一般不与农户直接合作，但农户自有房屋的装修、接待服务、参与旅游开发则要经过公司的专业培训，并制定相关的标准与规定，以规范农户的行为，保证接待服务水平，保障公司、农户和游客的利益。例如隐居乡里山楂小院项目的母公司是作为平台方，不持有物业，主要负责策划、设计、培训、营销。村委会整合有闲置房产资源的农民成立合作社，并与公司签订合作协议。从参与主体来看，农民是业主方，负责按公司设计方案和标准进行房屋装修施工的投资，目前每个院子的装修改建费用在 30 万元左右，工期 30 天；从服务主体来看，公司雇佣当地居民从事接待服务，并支付其报酬。

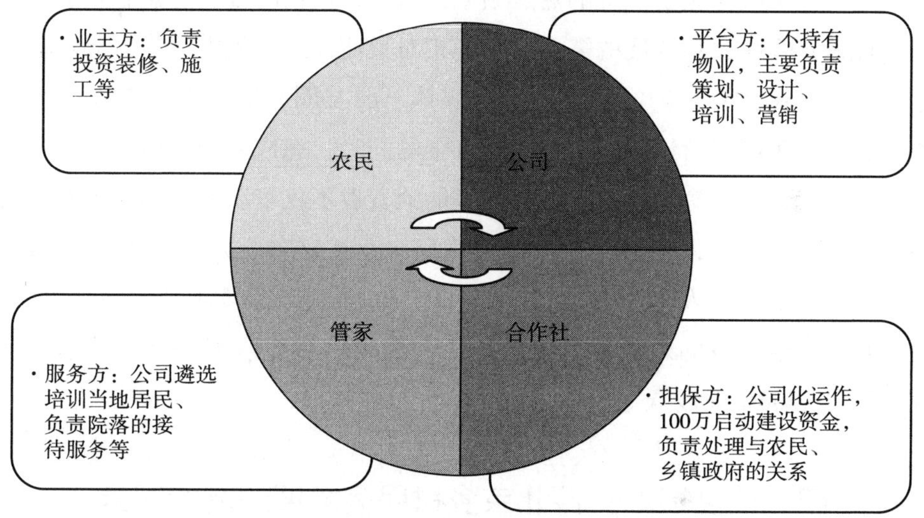

图 2　隐居乡里山楂小院项目各参与主体的分工

（四）“资本 + 创业企业 + 合作社 + 农户”

具有良好运营模式、形成品牌效应的乡村民宿企业，会成为大企业、风头资本注入的优先选择。山里寒舍（北京）旅游投资管理有限公司（以下称山里寒舍）成立于 2013 年，同年投资兴建了密云区干峪沟村的山里寒舍项目。与“隐居乡里”相似的是，在不改变所有权的前提下，村民以自家的房屋、果树和土地自愿加入“旅游专业合作社”，化零为整，再委托企业统一运营管理，不同的是，公司出资对整个古村落统一规划并进行改造，将具有百年历史的古民居改造成乡村酒店。2015 年山里寒舍与首旅集团共同

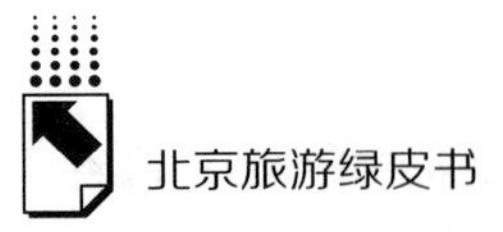

出资成立首旅寒舍酒店管理有限公司，2016 年 9 月山里寒舍分别与绿地集团合作，以轻资产合作的方式入住绿地旅游地产项目，快速实现全国布局。

（五）互联网金融

乡村民宿从初创到高速发展期，资金的需求量随之同比增加。传统资金获取途径局限在银行贷款和民间借款。由于土地属性等原因，尽管乡村旅游这两年一直被视为旅游投资的热点领域，但投资机构的投资意愿和投资力度仍不能满足乡村民宿发展的需要。众筹相对灵活，融资成本适中，节省营销成本，符合民宿发展的需求。通过自媒体、朋友圈、微博等社交媒介的发布，也是一种圈层营销手段。在引入资金的同时，完成品牌传播推广、吸引原始消费者以及筹集资源等。参与众筹的消费者不仅可以每年享受免费的消费权益，而且能获得项目经营分红。燕海旅业在京东众筹平台推出“做一个更懂生活的都市人”项目，2016 年 11 月，31 天筹集款项超过 300 万元。北京房山区蒲洼乡的森林乡居度假酒店，利用多彩投众筹平台，筹集资金 400 万元，200% 完成众筹目标。

四　社会资本支持北京乡村民宿发展的制约因素

北京地区，客源群体庞大，乡村民宿需求旺盛，具备乡村民宿发展的巨大潜力，同时也存在诸多不利因素，如淡旺季明显，相对于南方十至十二个月的经营周期而言，社会投资更为谨慎；此外，体制机制的制约，也不利于民宿经济的培育，抑制企业的投资热情，在投资渠道、行业管理、权益保障等关键环节仍有待改进。

（一）投资渠道不完善

由于乡村民宿项目的经营风险较大，退出机制不明晰，使得投资者对乡村民宿项目的筛选相对比较谨慎，投资者与乡村闲置房屋供给者之间的信息不畅制约了乡村民宿的开发效率。地方政府与村委会采取积极扶植的态度，帮助投资方协调各方关系与利益，则会增强投资方的投资信心；反之，投资者的沟通协调成本较高，例如在“创业企业+农户”这种模式中，投资者需要单独与一家一户的农民签订租赁协议，而农户对投资者及发展前景的不确定，使其往往不愿意签订长期（通常为10年）的租赁协议，影响投资方后续的增资决策。

（二）法制环境不健全

“民宿”是近两年才兴起的新兴业态，概念、范畴界定并不明晰，尚未写入国家层面的法律监管体系之内，北京在民宿监管实践中，政府部门将“民宿”视为“旅馆业”，通常按照特许经营行业对民宿进行注册登记与管理，基本遵循“消防检查合格证——特许行业许可证——营业执照——卫生许可证、税务登记证等”的审批程序。由于乡村民宿的经营特征和产权属性，难以通过消防检查和营业执照审批，消防和营业执照成为乡村民宿合法经营的制度障碍。

尽管目前对民宿经营采取默许态度，但是无合法身份的经营制约着民宿经济的健康成长，不利于乡村民宿的规模扩张与质量提升。从法律意义上而言，个体工商户属于自然人性质，民宿经营者虽然可以开设分店，但不是法律上的母子公司关系，也不能按同一品牌进行注册，即营业执照相互独立，经营管理相互独立，削弱了民宿经营者的资源整合能力，影响企业的品牌化、连锁化经营。因此，北京应借鉴其他省市的先进经验，针对民宿制定相关管理办法，引导民宿经营合法化。

（三）利益主体的权益保障不规范

乡村民宿的相关利益者众多，涉及农民、村集体、投资者、经营者、地方政府、消费者等多元主体。从乡村资源的投入来看，目前基本以土地作为核心资源，各地乡村旅游发展不断出现农民中断合约的事件，这一方面反映出法律支持和市场监管的缺位使得民宿经营者的权益无法得到保障，另一方面也是农民对利益分配不公的体现。事实上，除了土地资本外，乡村所依赖

的社会文化、自然环境、建筑风格、民俗风情都应视为农民的资本投入，但由于缺乏核算依据往往被忽视，这也是社会资本与乡村融合发展中急需破解的难题。此外，相关保险产品的缺乏，使得消费者和经营者都面临较大的风险。

五　促进社会投资支持北京乡村民宿发展的八项举措

（一）建立“1 +5”的民宿管理政策体系

为促进北京乡村民宿规范、有序发展，旅游委应在市政府的统筹安排下，联合公安、消防、工商、卫生等部门编制一个《北京市关于促进农村民宿产业规范发展的指导意见》（以下称《指导意见》），《指导意见》中应明确乡村民宿的界定、开设条件、办证程序及对应职能部门，明确各有关部门的工作要求；制定五项管理办法，包括《北京市乡村民宿治安消防管理办法》《北京市乡村民宿工商注册管理办法》《北京市乡村民宿卫生标准》《北京市乡村民宿餐饮服务许可管理办法》《北京市乡村民宿业污染物排放标准》，形成制度化、协调化管理体系。

（二）探索民宿参与主体的多渠道融资路径

一是发挥旅游融资担保体系扶植效应，支持村委会与农户自筹资金以直接运营或委托管理的方式依法利用农村房屋院落参与民宿开发。发挥政府政策性资金的引领作用，将参与民宿建设的村委会与农户纳入京郊旅游融资担保体系。二是探索投资企业信贷融资新模式，由市政府主导协调投资企业、业主（农户）、银行探索“三方协议”的担保贷款模式，放大企业投资的金融杠杆效应，即在企业租赁农户住宅进行民宿开发的前提下，以企业对农户住宅投资建设的全部装潢作为抵押物，折价向银行申请低息贷款，由农户以其他自有资产提供抵押担保。

（三）设立乡村民宿扶持专项资金

由北京市政府安排乡村民宿扶持专项资金，对利用农民房屋，采用保留原貌方式经营开发特色民宿并起到显著提升产业、致富农民、繁荣农村效应的投资者，按其投资规模给予资金奖励；对将民宿作为主要业态，形成显著集聚效应的示范村给予资金补助，其中，投资企业对农户履约评价、对村委会协调能力的评价应作为遴选示范村的重要参考指标。

（四）搭建北京民宿资源与资本对接平台

充分调动村镇各级政府及企业的积极性，建立北京乡村民宿资源库与乡村民宿企业家库，对相关信息进行整理并及时发布网络平台，实现北京民宿资源与企业对接平台，减少企业寻找民宿资源与民宿资源寻找企业的时间、沟通成本。

（五）打造京郊旅游扶植政策推广平台

以北京市城郊旅游协会为单位创办微信公众账号，推送北京市旅游委最新政策文件及相关重要政策文件；鼓励现有北京市城郊旅游协会与中国旅游创业家协会会员，以及其他京郊旅游创业者关注公众账号。

（六）组建各区民宿发展协调小组

各区成立民宿发展协调领导小组，具体由区政府办公室、农办、公安、消防、旅游、食品药品监管、工商等部门组成，下设办公室，协调小组负责民宿发展过程中重大事项的决策及管理过程中涉及全局性、政策性问题的协调和处置，办公室负责牵头民宿的多部门联合审批、联合执法和日常管理的指导督查。乡（镇）人民政府要设立相应机构，配备人员，负责民宿指导、培训、服务、安全和日常管理工作，纠正农户的短视行为，促进民宿经济的良性、可持续发展，及时将本行政管辖区域内土地利用规划等政策变动向投资方通告。

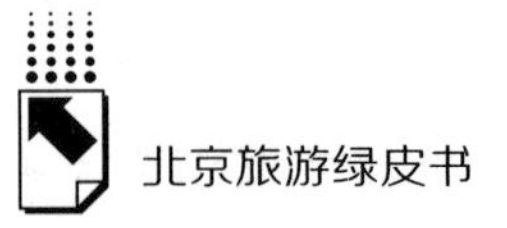

（七）实施民宿村基础设施提升工程

各行政区整合新农村建设示范点、美丽乡村建设的资金和政策，向区内民宿集聚村庄倾斜，加大所在村水、电、路、电信及网络等基础设施、村庄绿化等公共服务设施建设的扶持力度。

（八）调动村委会参与民宿建设的主动性

村委会应主动发挥资源整合功能，成立农村合作社，采用租赁、合股、委托管理等模式引进社会资本和管理理念开展民宿经营；整合村内农副产品，与投资方合作开发旅游商品，拓展村民增收渠道。充分发挥村委会或合作社的协调功能，积极参与投资方与农民的利益协商、调解投资方与业主产生的纠纷。

参考文献

李亚娟、陈田、王婧等《大城市边缘区乡村旅游地旅游城市化进程研究——以北京市为例》，《中国人口·资源与环境》2013 年第 4 期。

李平、刘晴：《德清县西部山区“民宿”发展与存在的消防安全问题探讨》，《消防技术与产品信息》2015 年第 5 期。

李燕琴、于文浩、柏雨帆：《基于 Airbnb 网站评价信息的京台民宿对比研究》，《管理学报》2017 年第 1 期。

张大玉：《传统村落风貌特色的保护传承与再生研究——以北京密云古北水镇民宿为例》，《小城镇建设》2015 年第 1 期。

蒋佳倩、李艳：《国内外旅游“民宿”研究综述》，《旅游研究》2014 年第 6（4）期。

张胜利：《深圳大鹏所民宿研究》，华南理工大学 2016 年硕士论文。

阮雯：《民宿业发展新态势与政府行为分析——基于杭州民宿的调查研究》，《山东行政学院学报》2016 年第 1 期。

何一飞、李丰生、曹世武：《乡村旅游发展新出路：基于新型城镇化平台的嵌入式发展》，《理论导刊》2015 年第 9 期。

G.18
大兴区都市田园生态旅游发展模式研究

颜淑敏　凌生金　石金莲*

摘　要：随着京津冀协同发展的推进，北京大兴国际新机场的紧张建设，雄安新区的设立，“后月季大会时代”的到来和各层级“十三五”规划的开始实施，大兴迎来了前所未有的发展机遇。在现有中国城乡发展和生态建设政策的基础上，结合大兴区城镇化发展的实际情况，分析大兴都市田园生态旅游开发的背景、基础条件、开发中存在的问题，提出古老月季都市田园旅游区发展模式及对策，以期为大兴旅游提供可持续发展的建议。

关键词：生态旅游　都市田园　大兴区

“都市田园生态旅游”，是产业互动、深度融合的新型城市郊区农村的发展模式，是将城、水、田、林、路和土地利用融为一体的美丽的乡村景观生态发展模式，是整体形成的“房—园—田”集群式布局的旅游发展模式。

* 颜淑敏，北京市大兴区旅游发展委员会主任、党组副书记，北京旅游学会京郊旅游新业态研究基地主任，主要研究方向为旅游管理；凌生金，硕士，北京市大兴区旅游发展委员会产业科科长，研究方向为区域旅游发展规划；石金莲，北京联合大学旅游学院管理系主任，理学博士，教授，研究方向为自然资源游憩与保护、游景区开发设计、区域旅游研究。

一　都市田园生态旅游的背景

都市田园这种创新模式很适合在城市周边或郊区推广，促进其城市功能的扩展，同时保留农业景观，满足市民亲近自然的需求，同时也促进了乡镇地区经济发展并创建和谐社会。“生态旅游”，是1983年世界自然保护联盟（IUCN）首先提出的，国际生态旅游协会于1993年把它定义为：具有保护自然环境和维护当地人民生活双重责任的旅游活动。生态旅游更强调的是自然景观的保护和旅游业可持续发展的内涵。

因此，都市田园生态旅游既是借助国际生态旅游注重生态保护和生态教育的理念，促进旅游业的可持续发展，又是不同于国际严格的生态旅游的概念。

“都市田园”的建设符合城市发展的必然趋势和居民休闲需要的必然要求，是促进城乡一体化，加快建设社会主义新农村的必然要求，也是推进生态文化建设的必然要求。都市田园的建设主要集中在周边城镇的城市转型，有效统筹城乡发展，带动周边土地开发，带来更多的人流、物流、资金流、信息流，切实推进新农村建设，而且也为城市的发展扩大了空间，推动城市休闲和升级的发展，有利于提高城市品位，改善人居环境。建设城市田园，按照自然规律，充分利用自然资源，在创造物质文明的同时，减少损害，创造优美和谐的生活环境。以绿色、生态环保为主题，打造一个天然氧吧。

二　大兴发展都市田园生态旅游的条件分析

大兴作为北京近郊的农业大区，具有得天独厚的区位优势、农业资源优势，借助“后月季大会时代”的悄然兴起，在新机场新航城建设、京津冀协同发展、雄安新区的设立等背景下，都市田园生态旅游的发展变得极为可能。

（一）区位条件

大兴区历史文化悠久，先秦置县，定名于金，史称“天下首邑”，素有首都“京南门户”之称，是距离北京市区最近的远郊区。大兴全为平原，占北京市平原的1/6。在北京“两轴两带多中心”的城市总体规划中，连接一轴，横跨两带，关联多中心，是京津冀产业带、环渤海经济圈的重要战略节点。

京津冀地区土地面积约为20万平方公里，占全国的2%，人口总数约为1.5亿人，占全国的7.98%，地区生产总值占全国的10.9%，人口密度和生产强度比较大，从自然资源和生态环境要素构成基础看，属于生态环境脆弱区，未来发展要特别注重生态的可持续发展。随着京津冀协同发展的推进、雄安新区的设立，大兴迎来了重要的快速发展时期，产业格局和城乡格局也将发生重大变化，围绕北京城市功能定位，配合北京市行政副中心建设，积极承接首都功能疏解，2019年大兴国际机场投入使用，全力服务保障机场建设，北京市“十三五”旅游规划提出：结合和谐宜居之都建设，大力拓展都市旅游休闲空间，而大兴位于其中。大兴旅游以“为民·为农·为生活”为宗旨，积极打造“都市田园·甜蜜大兴”。

（二）旅游资源基础条件

大兴区现有星级酒店7家，其中五星级1家，四星级4家，三星级2家；经济型酒店和社会达标旅馆等非星级住宿业214家；A级景区8家，其中AAAA级1家，AAA级6家，AA级1家；全国农业旅游示范点2个；工业旅游示范企业19家；大型生态公园4家；其他特色景点6处；休闲旅游产业带6条；“北京最美丽乡村”8个；星级民俗旅游村16个；乡村旅游新业态82家；星级民俗接待户171户。大兴旅游的发展格局正在日趋完善，呈现出较好的发展势头，从2012年开始面向全市推出了“春赏花、夏品瓜、

秋摘百果、四季农家”的特色旅游，2015 年接待游客 599 万人次，同比增长 18.9%；旅游综合收入 59.8 亿元，同比增长 10.4%。大兴区入选 2015 年全国休闲农业与乡村旅游示范县名录。这些都为大兴建设现代化生态田园城市提供了良好的基础条件。

（三）后月季大会时代的便利条件

2016 年正值月季被评为北京市市花 30 周年，由北京市政府主办、大兴区政府承办的 2016 世界月季洲际大会于 2016 年 5 月 18 日在大兴区隆重举办，这也是大兴区有史以来最大的旅游盛会。本次大会为世界各国月季相关产业和月季花种植爱好者提供多方面的交流沟通平台，同时还借此重要契机，发展完善大兴本地月季全产业链，通过发展月季产业，推动月季小镇等十大旅游主题小镇建设，促进旅游休闲产业发展，打造京南假日旅游休闲新去处。大兴旅游委紧紧围绕月季大会，发展大兴区旅游事业，将月季主题融入各项旅游重点工作中，优化旅游设施环境，提升旅游接待服务品质，促进新区旅游业国际化发展。同时，进一步加强与天津市、河北省的合作，建立健全京津冀旅游协同发展工作机制，整合区内旅游资源，鼓励区内园区、景点、酒店、民俗村（户）及旅行社参与京津冀旅游一体化发展，强化市场化运作，打造适合三地短线旅游的精品线路，塑造区域旅游品牌形象，增强对津冀游客的吸引力。

（四）都市田园旅游生态条件

大兴区地处北京南郊，素有“京南门户”“绿海甜园”“南菜园”之称。全区 1052 平方公里，辖 14 个镇、8 个街道办事处、527 个村、177 个社区居委会。全区现有耕地面积 61.7 万亩。农业户籍人口 9.7 万户、28.7 万人；乡村从业人员中从事一产的人数为 8.2 万人，比重为 21%。2015 年，大兴区城镇居民人均可支配收入 40598 元，比上年增长 8.1%，农村居民人均纯收入 17796 元，比上年增长 8.8%。

大兴农业发达，具有较发达的现代农业产业体系，生态良好。全区有蔬菜、西甜瓜、果品、甘薯、花卉五大种植业主导产业。全区蔬菜面积15万亩，瓜类面积7万亩，果品面积12万亩，甘薯面积1万亩；养殖业上，生猪出栏50.6万头、肉牛出栏1.2万头、羊出栏14.1万只、牛奶产量13.5万吨、家禽出栏866.5万只、禽蛋产量1.5万吨，西瓜、牛奶产量居全市首位，蔬菜、果品、生猪出栏居全市第二。2012~2014年平原造林面积累计完成16.1万亩，全区林木绿化率达到31.2%。

建设了南海子公园（占地面积8.01平方公里，其中湿地面积240公顷）、大兴滨河森林公园（占地面积共计8074亩）等生态公园。2017年底前将建成拥有3000亩自然湿地的京南最大湿地公园——长子营湿地公园。

大兴区除永定河外，有主干排水河道、排水干沟共16条，分属于天堂河、龙河、凤河、凉水河四个水系，河道总长302.31千米，控制全区1039.97平方千米流域面积。蓄水工程主要有埝坛水库、东大屯橡胶坝、河道阶梯闸。农业灌溉工程：全区主灌渠有永定河灌渠、中堡灌渠、凉凤灌渠、红凤灌渠、角门子引水渠、东南郊干渠等。节水灌溉工程，2015年全区节水灌溉面积达35.76万亩，占总耕地面积的45.5%。

大兴生态旅游资源得到了有效保护，逐步完善、创新生态旅游发展模式，高度绿化美化净化，生态环境良好，为现代大兴生态田园的建设发展提供了良好条件。

（五）大兴都市田园生态旅游发展的问题

大兴都市田园生态旅游虽然有了一定的发展，取得了一定的经验，但也存在一些问题。第一，拓宽了休闲农业发展渠道，缺乏认识和行动，经营者忽视或不再进行农业生产经营，缺乏全盘规划，没有突出自己的特色。第二，项目重复，功能相似，相互竞争，效率不高。第三，尚未挖掘休闲农业旅游资源和民俗文化，休闲活动主要是观光、垂钓、采摘等，仅仅满足游客的物质需求，缺乏精神需求和文化内涵。

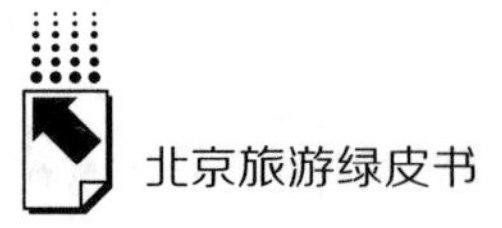

三　大兴都市田园生态旅游新模式创新

以新城建设为契机，围绕旅游业与生态农业、商业、工业和文化产业的融合，进行空间战略布局，以体现旅游功能集聚、旅游资源整合和区域联动为原则，构筑大兴新型的“一轴三带五区多亮点”的都市田园生态旅游新格局，创新发展古老月季都市田园旅游区。

（一）创新发展大兴都市田园生态旅游功能区

进一步完善南中轴都市文化生态旅游轴、永定河绿色生态游憩带、庞采路田园休闲旅游带、黄亦路城区拓展游憩带、大兴新城城市游憩购物区、亦庄新城时尚文化科技体验区、新航城临空商贸会展旅游休闲区、庞各庄都市农业旅游示范区、魏善庄会展农业商贸旅游区，打造以“一镇一品”为支撑的多亮点主题旅游小镇格局，对接《北京市“十三五”时期旅游业发展规划》《京郊旅游发展纲要（2015—2020）》，推进旅游业与农业、会展业的融合，以月季产业为核心，依托月季小镇和古老月季园，发展魏善庄月季文化品牌，打造大兴区都市田园生态旅游的标志区域——古老月季都市田园旅游区。

（二）构建大兴都市田园新载体

充分发挥大兴的区位优势、现有旅游资源的优势、“后月季大会时代”的带动优势、都市田园旅游生态优势，选择农业基础良好，具有集一产景观、生态环保、休闲旅游、交易会展于一体的古老月季都市田园旅游区，提升三产服务功能，完善公共卫生间、停车场、标识牌、垃圾桶、休息座椅等旅游公共服务设施。

（三）打造独特的都市田园景观

以古老月季园为例，围绕月季小镇，依照园区的月季种植等自然条件，作为月季品种园，与周边月季主题园、月季文化园、月季博物馆互为配合，打造月季田园种植的自然景观，开展观赏、种植的亲身体验活动。

（四）开发的 DIY 活动

充分利用园区的月季种植生产环境，发展丰富多彩的、充满情趣的 DIY 活动，给不同类型的游客传播月季知识，制作月季标本、体验月季盆栽，感受月季食用、月季药用、月季家居的不同功能，让人置身于月季氛围之中，享受田园乐趣和自然和谐。

（五）丰富传承月季文化内涵

月季被誉为“花中皇后”，代表着圣洁、和平和爱情，是华夏民族北方系的图腾植物，自汉唐以来倍受关注，具有很高的美誉度，文人墨客以诗词书画为载体，极具咏赞月季的形体之美、精神之贵，而当代中国月季被赋予了爱情、长春、顽强等丰富内涵。以展览、解说、动画演示、全息投影等形式体现月季文化。

（六）发展特色民宿

半壁店星级民俗旅游村作为古老月季都市田园旅游区的辐射和有机补充，以“泛博物馆”的方式将绿色低碳理念、文化创意元素与古老月季都市田园旅游区有机地融合在一起，打造集月季田园文化、生态低碳、文化创意的亲子教育、休闲旅游于一体的民宿群，为都市田园生态旅游探索的新方式。

四　古老月季都市田园旅游区发展对策

只有将三农与都市有机结合，不断改善旅游环境，提升都市品位，让游客更好地追忆田园生活，贴近自然，享受都市田园乐趣，才能真正实现都市田园旅游区的旅游休闲功能。

（一）规划先行，推动科学发展

结合现有条件，在科学发展观的指导下，辐射周边园区、景区、星级民俗旅游村，重点围绕月季小镇建设，有机结合半壁店村、泰迪低碳乐园等旅游元素，扩展月季文化内容，丰富旅游产品，充分利用月季种植科技，优化旅游区功能布局，将大兴发展成为受欢迎的基地和都市田园观光休闲景点。结合城镇化发展，将都市和田园元素有机结合，重点示范引导，逐步推进旅游区建设。

（二）平衡利益相关者

古老月季都市田园旅游区开发的利益相关者以区政府、镇政府、旅游开发商、游客、当地居民和农民等为主。大兴区旅游发展委员会应把握旅游业的宏观发展和田园生态环境保护的方向，以保护都市田园资源为出发点，对旅游项目进行严格指导，防止旅游开发的盲目性和随意性，对旅游开发商和运营商在开发和经营中的行为实时监控，提高和加强环保意识，制定和实施宽松的投资政策和激励措施。让当地居民或农民参与田园生态旅游规划及开发管理，并允许从中受益，充分考虑各级政府、开发商、旅游者、居民或农民的不同需求。

（三）加强田园生态意识教育

首先，古老月季都市田园旅游区的发展，必须普及推广生态价值，提高田园生态意识，逐步树立人与自然和谐的价值观。田园生态意识教育可以通过各种渠道包括报纸、电视、互联网、电信、微信、微博等媒体加大宣传，开辟田园生态旅游热线，设立公益广告，以促进绿色消费，组织环保行动，普及中小学环境教育。发动群众积极参与植树造林、绿化城市、保护环境，强化游客和群众的环保意识。其次，要建立都市田园生态旅游的政策法规，完善生态立法，包括加强环境保护、空气污染、水资源保护、旅游行业管理、景区管理等政策法规。

（四）注重统筹城乡发展

大兴的三个中心城区与周边城镇和村庄紧密联系的开放系统是建设现代化的生态田园大兴的必然要求。首先，形成特色新市镇，将庞各庄镇、魏善庄镇、安定镇、采育镇打造成旅游型城镇，为“后月季大会时代”和新机场提供广泛的旅游服务，形成“城在田中，园在城中”的都市田园风光。其次，要发展现代农业经济带，形成特色的支柱产业，努力构建现代生态农业，逐步形成景观一产。最后，必须统筹城乡发展，结合月季小镇加快都市田园公共基础设施的建设，提高城市集聚和辐射的综合承载能力，注重自然之美，促进城乡一体化和社会和谐，加快现代生态田园大兴的建设。

（五）宣传推介，创建品牌

以“后月季大会时代”为契机，结合月季主题公园、月季博物馆，以古老月季品种种植为抓手，围绕月季种植、都市田园生活、生态、月季文化等要素，结合世界古老月季大会、中国月季展和北京月季文化节，打造有影响的月季文化品牌和节庆活动，提升月季文化产业影响力、社会认知度和产品知名度，引领都市田园旅游区消费热点的形成，提高都市园区农业发展水平和经济社会效益。

总之，大兴都市田园生态旅游的建设是一个庞大的综合工程，都市田园生态旅游建设的性质应该是生态化的自然、经济和社会一体化的整体系统。要实现这一一体化系统，需要政府、企业、居民（或农民）分工协作、相互配合、各履其责。区政府层面，作为组织者和协调者，要制定相关政策，倡导田园生态理念，加强都市田园的建设和管理，加强生态宣传和教育，为都市田园生态旅游的建设营造一个适宜的外部大环境。企业是落实者，要执行相关生态政策，全面实施绿色质量管理，减少资源的生态破坏和浪费。社区居民（或农民）参与都市田园生态建设，积极参与环保活动，并对政府和企业的行为进行监督。政府、企业、居民（或农民）互相配合，都将是都市田园生态旅游建设的最大受益者。

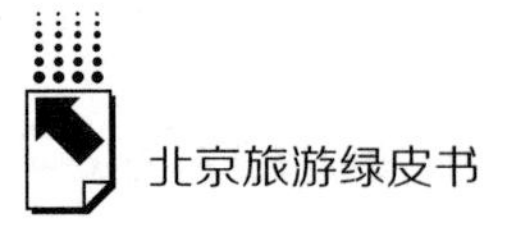

参考文献

霍保安、韩景豹：《都市田园休闲农业生态园区发展探讨》，《现代农业科技》2013年第6期。

吕明伟、任国柱、郭焕成：《休闲农业园区规划设计》，中国建筑工业出版社，2007年4月。

数据来源：《燕赵都市报》，2015年3月。

数据来源：北京市大兴区旅游发展委员会。

数据来源：大兴农业信息网，2015年3月。

数据来源：北京市大兴区水务局。

大兴区旅游委：《北京市大兴区和北京经济技术开发区“十三五”时期旅游业发展规划》，2016年3月。

大兴区旅游委：《北京市大兴区主题旅游小镇概念性规划》，2014年12月。

李长荣：《生态旅游的可持续发展》，中国林业出版社，2004年4月。

熊金银：《城市生态旅游发展策略研究——以建设现代化生态田园西昌为例》，《智慧城市与旅游》2014年第37期。

是丽娜、王国聘：《我国生态旅游环境教育理论研究述评》，《学术交流》2011年第12期。

G.19

乡村旅游的探索与模式

——以湖州乡村发展经验为例

干永福*

摘　要：　自2005年8月习近平同志在湖州市安吉县提出了“绿水青山就是金山银山”的发展理念以来，湖州市坚持将“青山绿水”的生态优势转化为乡村旅游发展的产业优势，逐步探索出一条“旅游扶贫——旅游富民——扶贫富民强市”，“农家乐——乡村旅游——乡村度假——乡村生活”的湖州乡村旅游发展之路，构建了乡村旅游“湖州模式”与“乡村十景”（十大乡村旅游集聚示范区）交相辉映的旅游发展格局。文本系统介绍了湖州发展乡村旅游在体制创新、特色提炼、品牌塑造、标准制定等方面的经验与做法，以期对全国，尤其是北京市乡村旅游的健康持续发展提供些许参考。

关键词：　乡村旅游　湖州模式　国际度假集聚区

乡村旅游的快速发展为中国乡村旅游产业经济的成长壮大，乡情乡愁乡风乡俗的沉淀坚守，乡村生态环境的风华绽放，乡村百姓生活的幸福安康发挥了重要的引领示范作用。

---

* 干永福，浙江省湖州市旅委党组书记、主任，浙江乡村旅游研究院副院长。

湖州市汲取国内外发展乡村旅游的优秀经验，借鉴乡村旅游的“北京模式”，锐意改革进取，探索出乡村旅游的“湖州模式”和“乡村十景”（十大乡村旅游集聚示范区）发展经验。2016 年湖州市接待游客人数、接待入境游客人数、国际旅游（外汇）收入增幅列浙江省第一名，旅游总收入、入境过夜人数增幅列全省第二名，真正实现了跨越式发展。本文总结了十二年来湖州发展乡村旅游的经验，系统介绍了湖州发展乡村旅游的探索和思考，以期对全国，尤其是北京市乡村旅游的健康持续发展提供些许参考。

一 体制创新是乡村旅游发展的根本

（一）实现了市县旅游委体制的全覆盖

2014 年，为更好地引领湖州旅游业的发展，湖州市正式组建了市旅游委员会，在机构、职能、编制、职数、经费等五个方面顺利实现了“增加”，基本形成了“统筹规划、统筹产业、统筹执法、统筹考核、统筹营销”的大旅委体制，为乡村旅游的发展提供了重要的体制基础。具体表现为：

1. 完善了以市主要领导为组长的旅游发展领导小组和市旅游联席会议制度为重点的领导体制，进一步明确了由旅游委员会统筹管理全市休闲旅游产业；

2. 全市新增十四个行政编制和事业编制，进一步壮大了旅游行政管理队伍；

3. 定职交通局、规划局和农办三个部门的领导为职数内的旅委兼职副主任，推动完成了市县两级旅游委员会体制的全覆盖；

4. 结合乡村旅游产业发展需要，增设乡村旅游处和产业促进处；

5. 建立了市旅游委员会代表市政府对三十六个部门和七个县区的年度综合目标的考核机制。

（二）实现了乡村旅游体制新突破

作为浙江省乡村旅游提升发展专项改革试点城市，湖州市2013年率先成立了湖州市乡村旅游事业发展中心，统筹全市的乡村旅游产业发展与管理。2014年，又设立了乡村旅游处，三县两区均设立了独立的乡村旅游管理办公室。目前，湖州市乡村旅游业已构建了“三位一体”的乡村旅游产业发展和服务管理的新体制：即四级行政管理体系+部门联动体系+行业协会自律体系。

（三）构建了促进乡村旅游产业发展的执法体系

湖州市早在2014年就在全国率先成立了旅游行政执法支队；2016年，在全省率先建立了“综合执法+旅游警察+市场监管旅游分局+旅游巡回法庭”的“1+3”旅游综合执法体制，以贯彻落实《旅游法》为契机，加大了乡村旅游市场联合执法的力度，基本形成了市县区部门联合执法的大体系，为提升乡村旅游服务质量和消费环境提供了法制保障。

（四）发挥了协会的桥梁与纽带作用

湖州市所辖县区现已经建立了九个乡村旅游（农家乐、民宿）协会，十二个农家乐乡村旅游服务中心（办公室）和相应的村级农家乐工作站。为湖州乡村旅游的发展提供了坚实的基层组织保障。

二　彰显特色是乡村旅游大产业的活力

（一）以扶贫富民引领反哺发展

湖州始终把旅游作为扶贫富民的一个大产业来培育，乡村旅游正在成为湖州旅游最具个性特色、最具产业规模、最具带动作用、最具扶贫富民的旅游大产业。2016年，湖州市乡村旅游共接待游客3884万人次，占全市游客总人次的44%；乡村旅游总收入302亿元，占全市旅游总收入的34.2%，乡村旅游从业人员达6.38万人。湖州市乡村休闲旅游带动农民人均增收639元，为农民增收贡献31.2%。湖州市的乡村旅游已经成为湖州经济发展新的增长点，真正将“绿水青山”变成百姓参与、共得实惠的“金山银山”。

湖州发展乡村旅游之初即立足于“旅游扶贫”，将重点放在贫困乡镇以及贫困村，如安吉县余村、长兴县顾渚村、南浔荻港村、德清后坞村等，发展到今天，四个村农民的人均收入均达到2万元以上，而顾渚村2002年的人均收入仅仅为800元左右。

（二）以产业标准促进特色发展

近年来，根据乡村旅游产业发展需要，湖州市陆续编制了乡村旅游发展规划、乡村旅游集聚区产业发展专项规划等。制定了《湖州市乡村民宿管理办法（试行）》，出台了五项认定标准：示范农家、示范洋家、示范农庄、乡村旅游示范村和乡村旅游集聚区，构建了集乡村旅游规划、乡村旅游标准和乡村旅游管理办法于一体的“标准体系”。安吉县被国家旅游局授予国家乡村旅游度假实验区。2015年，湖州成为国际乡村旅游大会永久会址，并成功召开了2015国际乡村旅游大会。2016年，国家乡村旅游扶贫工程观测中心落户湖州。

（三）以政策导向引领创新发展

湖州市先后出台了《湖州市人民政府关于推进乡村旅游提升发展的指导意见》等政策文件，致力在乡村旅游发展体制机制，在业态引导、金融投资、用地许可、管理创新等方面开展先行先试。如在证照许可方面，起草了《湖州市乡村旅游条例》，积极探索与相关部门建立联合审批机制；在资金保障方面，积极争取旅游发展专项资金，目前该项资金已达2.2亿元，其中80%用于乡村旅游产业的发展。在旅游用地方面，与市规划局共同编制并发布了《湖州市旅游用地专项规划》。

（四）以理论探索引领发展理念

在国家旅游局的关心和支持下，2014 年，湖州市旅游委总结多年来发展乡村旅游的经验，编辑出版了《中国乡村度假新模式——湖州乡村度假的实践探索与理论观察》，对于湖州乡村旅游发展进行了系统的梳理和提炼。

2015 年 5 月，张高丽副总理、汪洋副总理等中央领导同志和浙江省领导先后对《新华社国内动态清样》刊登的《“绿水青山”是怎样变成“金山银山”的——浙江湖州乡村旅游的探索和实践》一文做出重要批示，对湖州乡村旅游的实践经验给予了高度的肯定。

湖州还成立了浙江乡村旅游研究院，以更饱满的热情聚集国内外专家学者和从业人员的智慧，开展实践探索和理论总结，为中国乡村旅游的基础理论建设提供助力。

三　公共服务是乡村旅游大产业的保障

（一）完善旅游基础设施

积极响应国家旅游局倡导的“厕所革命”，浙江省推进的“五水共治”、“四边三化”等战略要求，实施旅游厕所“双百双千”工程、旅游景区环境的整治工程，全面提升乡村旅游厕所和联通景区的道路品质。

（二）健全公共服务运作体系

编制《湖州市旅游交通建设专项规划》《湖州市旅游公共服务产业体系专项规划》等，进一步加快速度，建设湖州市的大型现代旅游公共服务（集散）中心和五大运行中心；积极健全旅游交通标识系统，积极推进十大乡村旅游集聚示范区的旅游交通标识在高速公路、国道、省道的规范设置；不断完善乡村智慧旅游体系，目前湖州市十大乡村旅游集聚示范区已经实现了无线网络的全覆盖；利用长三角地区蓬勃发展的私营交通企业的灵活性和便利性的特点，开设乡村旅游专线，实现了从市民社区到湖州乡村农家的门到门服务，有效地解决了乡村旅游交通中普遍存在的“最后一公里”；加快推进将城市公交服务网络延伸至乡村旅游点和主要景点（区）；构建主客共享通用公路、休闲绿道、生态停车场体系和自驾车营地体系。

四　产品体系是乡村旅游大市场的支撑

（一）加快发展旅游休闲“十大业态”

近年来，湖州市不断丰富乡村旅游业态类型，推进经营模式创新，逐步建立起以乡村民宿为主体，集国际度假、创意农业、主题庄园、文化游憩、生态景区、养生养老、运动休闲、婚庆旅游、旅游商品于一体的十大乡村休闲旅游业态，成为支撑湖州乡村旅游与客源市场的重要保障。

（二）创新市场品牌营销体系

湖州市非常重视旅游目的地营销，围绕全力打响“乡村旅游第一市”的旅游目的地品牌，创新乡村旅游营销手法，建立了长三角乡村旅游联盟、国际乡村旅游联盟和中国乡旅网，以中国·湖州国际生态（乡村）旅游节为依托，开展十大乡村旅游品牌节庆营销活动和系列特色乡村节庆活动。

近年来，湖州市通过形式多样的乡村旅游营销活动，特别是借力新媒体营销与口碑营销，“上海村”、“洋家乐”、“台湾村”、“韩国村”和“湖州人家”等一批乡村旅游个性品牌脱颖而出。

五　“湖州模式”+“乡村十景”构建了乡村旅游大格局

在立足规范化发展的同时，湖州市积极引导乡村旅游的特色化生存、个性化发展和差异化竞争，形成了乡村旅游的“湖州模式”+“乡村十景”（十大乡村旅游集聚示范区）的发展格局。

（一）以美丽乡村带动的“生态+文化”模式

这种模式的典型代表是安吉县。依托资源环境和城乡协调优势，安吉县以大景区理念建设美丽乡村，以美丽乡村建设提升大景区，形成了“美景深溪”“诗画龙王”“石岭人家”“云雾董岭”等知名度高、美誉度好的乡村旅游优质品牌，安吉民宿农家乐成为都市客人心之神往的“第二家园”。为促进乡村旅游的发展，安吉县出台了《安吉县加快发展休闲经济若干政策》等，通过政策性奖励和补助的形式，充分调动发展乡村旅游的积极性，建成了安吉（中国）生态博物馆及地域文化展示馆39个，尚书圩、横山坞、高家堂3个村跻身为国家AAA级旅游景区。通过举办“中国美丽乡村节”，以美丽乡村提升民宿农家乐旅游发展。

（二）以洋家乐带动的“洋式+中式”模式

这种模式的典型代表是德清县。德清县以生态资源为吸引，鼓励常驻中国的外籍人士、文创专业人员、旅游投资机构等投资乡村旅游，融合本地民俗文化与异域文化开发新兴旅游产品，促进了湖州乡村旅游发展的国际化、品牌化和市场化，形成了环莫干山国际度假集聚区，裸心谷、安缇缦等一大批具有先进理念的民宿涌现，成为全国乡村民宿参观学习的“圣地”。如德清县的裸心谷的床位数121个，而每张床所上缴的年税金达11万元。德清县一幢普通旧民房出租价格已涨到5万~7万元/年。

（三）以旅游景区带动的“景区+农家”模式

这种模式的典型代表是长兴县。长兴县按照“因地制宜、突出特色、合理布局、和谐发展”的原则，以景区景点为依托，鼓励周边农民改造自家庭院，开发农事体验项目，推动了旅游景区与乡村旅游互动发展。依托独特的“禅茶”文化，将水口打造成集茶、泉、禅、田于一体的生态旅游度假地，在整个乡域创建AAAA级景区，形成了八都健康休闲游、水口茶文化乡村游、和平休闲农业观光游三类产品线路，实现了景区与农家互促共荣

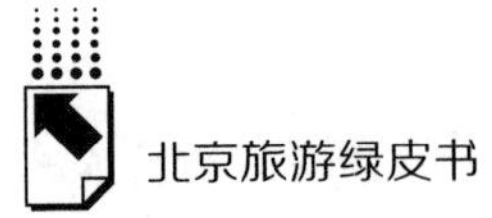

的乡村旅游发展格局。如长兴水口乡与大唐贡茶院景区深度互动，开设农家乐（民宿）400 余家，2016 年春节共有 2 万余游客在该村过大年。

（四）以休闲农庄带动的“农庄＋游购”模式

这种模式的典型代表是市本级。市本级以城乡互动为抓手，着力整合城乡资源优势，以区域内大型农庄为龙头，开发集观光、休闲、采摘、购物于一体的游购式乡村旅游产品，从而带动大型休闲农庄的快速发展。吴兴区、南浔区在发展中，坚持规划引领，深化乡村旅游集聚区建设，创新多元化市场主体进入机制，发展规模化的休闲旅游项目和配套产业。同时结合美丽乡村建设，加大资金投入，推进旅游信息化在乡村旅游经营管理中的应用，持续提升管理水平，打造精品区域，加速产业融合。

（五）“乡村十景”（乡村旅游集聚示范区）

湖州市编制了《乡村旅游集聚示范区产业发展专项规划》，逐步构建满足不同层次、不同等级消费需求的新型乡村旅游产品体系，推动全市乡村旅游向集聚化、产业化、景区化方向发展，目前全市已形成了安吉黄浦江源乡村旅游集聚示范区、莫干山国际乡村旅游集聚示范区、长兴水口茶乡乡村旅游集聚示范区、南浔荻港水乡乡村旅游集聚示范区等十大乡村旅游集聚示范区（“乡村十景”）。

G.20

新时期县域乡村旅游市场消费特征与营销创新研究*

——以马山县为例

曹世武　彭义芳　黄玉梅**

摘　要：　随着我国进入大众旅游时代，乡村旅游呈现出迅猛发展态势，不但丰富了旅游产品的供给，更促进了“三农”问题的解决和美丽乡村的建设，也有效地促进了县域旅游的发展。没有调查就没有发言权，本文通过对马山县乡村旅游客源市场的消费行为进行调查分析，从供给侧改革、“互联网+”的视角提出县域乡村旅游营销的创新策略。

关键词：　乡村旅游　客源市场　县域旅游

随着我国进入大众旅游时代，乡村旅游呈现出迅猛发展态势，不但丰富了旅游产品的供给，更促进了“三农”问题的解决和美丽乡村的建设。2016年，全国休闲农业和乡村旅游接待游客近21亿人次，收入超过5700

* ［基金项目］2015年广西哲学社会科学规划研究课题（项目编号：15FMZ008）。

** 曹世武（1978~），男，江西都昌人，博士，广西师范学院副教授、硕士生导师，研究方向为乡村旅游、旅游规划和旅游企业管理；彭义芳（1982~），女，重庆长春人，广西师范学院经济与管理学院助理研究员，研究方向为人力资源管理；黄玉梅（1993~），女，广西博白人，广西师范学院旅游管理（职教师资）2014级1班（本科）。

亿元，带动672万户农民受益；同年，全国乡村旅游类产品实际完成投资3856亿元，同比增长47.6%，乡村旅游投资规模不断扩大。“郡县治则天下安”，作为我国经济社会中城乡结合最为紧密的基本单元，县域是乡村资源最富集的空间，也是乡村旅游发展潜力最大的地域。当前我国步入经济社会新常态，随着新型城镇化和供给侧结构性改革的加快推进，乡村旅游成为县域旅游突破发展的重要路径。

近年来，广西以创建特色旅游名县作为切入点和着力点，大力推动广西旅游全面协调可持续发展，在结合“美丽广西”乡村建设过程，大力发展乡村旅游，使得乡村旅游成为县域旅游发展新的增长点。作为广西首府南宁下辖县之一的马山县，是地处滇桂黔石漠化片区的国定贫困县，2015年被列入广西特色旅游名县备选县；近年来马山县优先发展旅游产业，加大发展乡村旅游的力度，打造了弄拉、小都百、三甲等具有代表性的乡村旅游区。随着创建特色旅游名县工作的深入推进，广西的县域旅游发展出现你追我赶的竞争态势，乡村旅游的竞争日益激烈。面对新市场和新环境，新时期的马山县应该运用产业思维发展乡村旅游，既要精耕细作打造优质乡村旅游产品，更要创新营销拓展客源，推进旅游业持续健康地发展。因此，深入分析马山县乡村旅游客源市场消费行为的情况，将有助于为马山县乡村旅游营销提供建设性的策略，也为其他县域乡村旅游营销提供借鉴。

一　研究方法与数据来源

本研究主要采用的是市场问卷调查法、半结构式访谈法。问卷调查是在2017年2月期间完成，选取了马山县目前游客量较多的弄拉、小都百、三甲等乡村旅游区作为调查点。共发放142份问卷，其中有效问卷132份，有效问卷数率达92.96%，并通过Excel对马山县乡村旅游客源市场消费行为进行分析。

二 马山县乡村旅游客源市场消费行为分析

（一）社会人口学特征分析

表1 马山县乡村旅游客源社会人口学统计特征

1. 性别	男:38.6% 女:61.4%
2. 来自	本区当地:59.1% 本区外地:37.1% 外省:3.8%
3. 年龄	8~25岁:34.1% 26~35岁:24.2% 36~45岁:15.9% 46~60岁:22.0% 60岁以上:3.8%
4. 是否结婚	是:59.1% 否:40.9%
5. 学历教育	初中及以下:16.7% 高中/中专:36.4% 专科:23.5% 本科:23.5% 研究生及以上:0
6. 职业	工人:18.2% 个体商人:15.2% 学生:13.6% 职工、干部:6.8% 公务员:4.5% 离退休老人:22.0% 老师:2.3% 待业:0.8% 其他:16.7%
7. 月收入	1500元以下:12.9% 1500~2300元:9.1% 2300~3200元:15.9% 3200~4000元:37.1% 4000元~8000元:21.2% 10000元以上:3.8%

针对游客的社会人口学特征进行分析，目的在于了解游客个体的一些基本情况。从随机抽样调查结果（表1）来看：

一是被调查者中，男性占：38.6%，女性占：61.4%，以女性旅游者稍多；

二是从地区结构来看，本次调查中本区当地占59.1%，本区外地占37.1%，外省占3.8%，区内的游客占绝大多数；

三是从年龄结构看，涵盖了各个年龄阶段，其中8~25岁年龄段的人最多，占34.1%，这与该年龄段爱玩且精力充沛的特点相吻合；其次是26~35岁，占24.2%，这类游客多已结婚生子，并结合游客的婚姻状态调查结构显示，已婚游客占59.1%，未婚占40.9%，而这类游客在方式上多数会选择家庭式出游，自驾车为主要交通工具，因此在景区建设上应多考虑亲子活动、停车场问题；

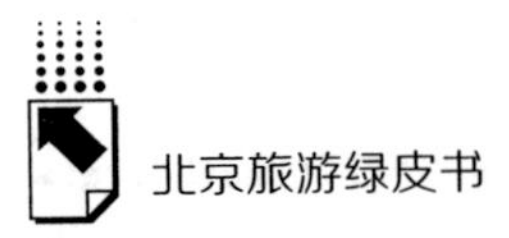

四是从教育程度来看，具有高中/中专学历的人最多，占36.4%，其次是专科、本科、初中及以下分别占23.5%、23.5%、16.7%，各类别占比相对均衡，反映了受教育程度并不是乡村旅游选择的决定因素；

五是从职业结构来看，分布相对较散，其中离退休老人所占比例最大，占22.0%，说明有钱有闲使得他们成为主要的消费者。另外，工人占18.2%，个体商人占15.2%，学生占13.6%，这与乡村旅游相对价廉有较大关系；

六是从游客的月收入结构看，大多数的消费者月收入集中在3200～4000元，这为乡村旅游的合理定价提供了依据。

（二）马山县景区游客旅游行为特征分析

1. 旅游次数

从表2可以看出，游客到马山县开展乡村旅游，第一次占42.4%，为最高比例，其次是占31.8%的第二次，说明了马山县乡村旅游的回头客还不多，旅游形象与知名度还有待提升；同时，还需要不断调整旅游产品结构、改善交通条件和基础配套设施，提高游客的新鲜感、获得感。

表2　游客到马山县的旅游次数

次数类型	人数	百分比(%)
第一次	56	42.4
第二次	42	31.8
第三次	14	10.6
第四次及以上	20	15.2

2. 获取旅游信息渠道

统计结果显示（见表3），有50.3%的游客选择的信息来源于亲戚、朋友的介绍，“口碑效应”是游客获取旅游信息的主要影响因素；旅游宣传材料和网络等新媒体的比重分别为22.2%和12.2%，互联网的今天，尤其是年轻人，网络无疑是他们获取旅游信息的主要途径，因此要加强网络营销力度。虽然问卷没有体现旅行社这一方面，但是乡村旅游区在开发经营过程中不能忽视旅行社的信息传递这一渠道，尤其是针对新开发的乡村旅游区或淡季时段，发挥其带动效应，设计和创新适合不同年龄不同职业的游客旅游线路，通过事件营销、活动/节庆营销等营销方式，扩大游客接待量。

表3　获取有关马山县乡村旅游地信息的方式（多选题）

获取方式	数据	百分比(%)
亲戚、朋友	95	50. 3
报纸、杂志	5	2. 6
网络等新媒体	23	12. 2
广播电视	12	6. 3
旅游宣传材料	42	22. 2
其他	12	6. 3

3. 影响旅游地选择的因素

统计结果显示（见表4），游客选择乡村旅游目的地的影响因素排在前四的分别是出行距离占25. 9%，交通便利占22. 7%，独特的地方特色占21. 1%，环境优美占19. 9%。在考虑服务要素这一方面，根据调查结果来看（见表5），进入前四的依次是娱乐、餐饮、交通和住宿，这与乡村旅游朝休闲化、娱乐化、度假化的趋势是相吻合的，而交通是解决可进入性，对乡村旅游的影响更大。

表4　选择马山县作为乡村旅游目的地的主要因素（多选题）

因素	数据	百分比(%)
出行距离	65	25. 9
独特的地方特色	53	21. 1
环境优美	50	19. 9
交通便利	57	22. 7
较强的体验性	11	4. 4
价格相对较低	9	3. 6
其他	6	2. 4

表5　游客关注的服务要素

服务要素	数据	百分比(%)
住　宿	34	11.1
餐　饮	81	26.5
娱　乐	82	26.8
购　物	29	9.5
交　通	57	18.6
导　游	12	3.9
其　他	11	3.6

4. 出游动机

不同的出游动机将直接导致前往目的地类型的不同。统计结果显示（见表6），游客来马山县开展乡村旅游的主要动机为放松身心、增进与家人朋友的感情、体验农家风情、参拜宗教寺庙，这也启示着马山县乡村旅游产品未来的开发方向。

表6　选择来马山县开展乡村旅游的原因（多选题）

原因	数据	百分比(%)
放松身心	90	35.7
体验农家风情	43	17.1
增进与家人朋友的感情	69	27.4
参拜宗教寺庙	32	12.7
购买土特产	0	0
打发时间	15	6.0
其他	3	1.2

5. 旅游方式

统计结果显示（见表7），有高达80.3%的游客在出游时选择与恋人配偶、家庭成员、朋友一起，大幅度地领先于其他方式，这与当前私家车的普及相关联。此外，旅游团或散客拼团的游客仍占一定比例，因此，乡村旅游区不能忽视旅行社的作用，尤其是对新开发的景区而言，需要通过与旅行社的合作，积极拓展客源，提升知名度和影响力。

表7 旅游方式的选择

旅游方式	数据	百分比(%)
独自一人	5	3.8
恋人、配偶、家庭成员、朋友	106	80.3
同旅游团、散客拼团	16	12.1
单位组织	5	3.8

6. 乡村旅游停留时间倾向

调查结果显示（见表8），人们开展乡村旅游的时间选择在周末的比例最高，占56.8%，其次为小黄金周占12.1%。结合上述游客来源地的统计，马山县乡村旅游的客源多为本地区和南宁市区居民，因此，马山县乡村旅游客源呈现出典型的“双周”市场（即周末、周边的客源）。对游客逗留时间（见表9）进行分析可知，游客逗留时间最多为一天占62.9%，其次半天占18.2%，故当天回的游客超过80%，这说明游客停留的时间并不长，马山县休闲度假氛围尚未形成，需要进一步挖掘。

表8 乡村旅游停留时间倾向

时间倾向	数据	百分比(%)
周　末	75	56.8
春　节	7	5.3
国　庆	0	0
小黄金周	16	12.1
寒暑假	10	7.6
商务旅游	12	9.1
年假或可以自由支配的非旅游高峰时段	9	6.8
其　他	3	2.3

表9 在马山县开展乡村旅游逗留的时间天数

时间天数	数据	百分比(%)
半　天	24	18.2
一　天	83	62.9
两　天	15	11.4
三　天	1	0.8
四天及以上	9	6.8

通过对马山县乡村旅游区游客旅游行为特征分析，可以发现：其一，出游率较高，客源市场潜力巨大；其二，集体游成为其主流出游方式，集体游产品有待深入开发；其三，当前的游客愈加理性，会通过多渠道获取信息并进行比较分析，再选择合适的旅游地；其四，潜在的客源易受有旅游经历的家人、朋友等影响，目的地的“口碑效应”会影响出游率以及购买力。

（三）游客旅游需求特征分析

1. 旅游交通工具选择

统计结果显示（见表 10），选择自驾车出游的比例最高，占 50.0%，自驾游已然成为主要趋势，景区应加强停车场、汽车营地、亲子项目等的配套设施建设。其次，旅行社大巴的交通方式占 27.3%，反映了旅行社的客源仍占据较大比例。

表 10　选择的交通方式

交通方式	数据	百分比(%)
旅行社大巴	36	27.3
公交车	22	16.7
自驾车	66	50.0
自行车	4	3.0
包车	2	1.5
单位公车	2	1.5

2. 外出旅游住宿方式倾向

统计结果显示（见表 11），游客不会在马山县住宿的比例为 56.8%，超过一半，这也进一步体现了游客在乡村旅游区的停留时间短。因此，可根据游客特征、本地优势，创新地开发包括民宿在内的乡村旅游产品，延长游客的停留时间，增加游客的消费链条。

表 11　是否选择住宿

选择意愿	数据	百分比(%)
不会	75	56.8
考虑同伴的想法	17	12.9
视住宿条件而定	29	22.0
非常乐意	11	8.3

3. 旅游类型偏好

统计结果显示（见表 12），游客认为马山县可打造的类型呈现多样化，其中休闲度假型占 47.0% 为最高比例类型。在乡村旅游需求类型中（见表 13），田园风光农家乐占 39.6%，特色民族文化体验占 35.4%，排在前两位。从期待的体验活动中（见表 14），排在前三的是风景欣赏 25.7%，农产品采摘 24.1%，探险活动 12.2%。因此，可以判断游客向往乡村的淳朴和大自然的馈赠，休闲度假的市场前景好，在项目规划设计时应跟进。

表 12　马山县可以打造哪些类型的乡村旅游（多选题）

乡村旅游类型	数据	百分比(%)
休闲度假型	86	47.0
观光旅游型、商务型	15	8.2
社交、文体活动型	21	11.5
采摘、购物体验型	50	27.3
学习、交流业务型	5	2.7
其他	6	3.3

表 13　乡村旅游需求类型（多选题）

乡村旅游类型	数据	百分比(%)
田园风光农家乐	76	39.6
渔村文化渔家乐	17	8.9
森林生态农林家乐	29	15.1
特色民族文化体验	68	35.4
其他	2	1.0

表 14　期待的体验活动（多选题）

体验活动	数据	百分比(%)
探险活动	37	12.2
农产品采摘	73	24.1
养殖体验	16	5.3
溶洞生活体验	32	10.6
石漠化山庄生活体验	13	4.3
射猎活动	10	3.3
风景欣赏	78	25.7
比赛竞技类项	11	3.6
历史文化类	13	4.3
亲子活动项目	15	5.0
其他	5	1.7

三　县域乡村旅游营销创新策略

德鲁克先生指出，“由于企业的目的是创造顾客，任何企业都有两个基本功能，而且也只有这两个基本功能：营销和创新。”包括乡村旅游在内的目的地，靠的是游客“用脚投票”对其认知、认可，需要从整体上以“企业的逻辑”运营管理，必须从营销和创新视角突破，进而赢得竞争。管中窥豹，结合上述马山县乡村旅游客源市场消费行为的分析，新时期县域乡村旅游营销创新可以从以下三个方面展开。

（一）瞄准有效的目标市场

大众旅游时代，不但表现在人们的出游能力、频次不断增加，而以景区为代表的旅游产品供给也在不断扩张。当前和未来一段时间，乡村旅游区的市场竞争越发激烈。于是，开展有效的市场定位显得尤为迫切。也只有瞄准有效的目标消费群体，才能获得更大的发展空间。首先，县域目标市场应重视“双周”市场。相比于传统“高大上”景区，乡村旅游区的景观价值及其吸引力逊之，但利用其价格、区位和活动项目的优势，对周末、周边的客源的吸引力较强，易形成客户黏性，无疑靠近的城市居民是县域乡村旅游首选的核心客源市场。其次，以家庭市场为重点。根据前述调查分析，游客出游方式中与恋人、配偶、家庭成员、亲朋好友的比例为80.3%，为增进与家人朋友感情的比例为27.4%，反映家庭市场的重要性，将是开拓的重点。最后，中老年人、高校在读生也可以成为重点目标市场。相对而言，这两个群体的闲余时间较多，加之乡村旅游一般是免门票、花费较低，乡村旅游完全可以成为他们的主要选择。

（二）基于供给侧改革视角加大乡村旅游产品的创新

特色是乡村旅游的生命。新常态下，县域乡村旅游实现可持续发展的突破口在于遵循供给侧结构性改革理念，创新乡村旅游产品供给。供给侧改革，说到底就是以市场需求为导向，针对性提供有效的产品。因此，县域应结合乡村旅游客源需求特征，挖掘优势旅游资源，通过创意创新和产业链构建，发展全域旅游，打造具有差异化、精致化、时尚化的乡村旅游产品，推动县域内乡村旅游向观光游览、乡土体验、休闲度假等综合型高级化的方向发展。

（三）利用“互联网+”推进乡村旅游精准营销

旅游目的地营销的关键在于通过大量的信息传递，提高目的地的知名度。随着移动互联网和大数据技术越发成熟，通过整合各种资源、技术、模式，实现乡村旅游精准营销是可行的。其一，紧贴互联网技术或平台，县域及各乡村旅游区应建立或完善专属的官方网站、认证QQ空间、博客、微博、微信、直播等乡村旅游自有营销平台。其二，随着各种旅游网站和APP的出现，自有平台营销渐成“孤岛”，县域要善于借助携程网、美团、驴妈妈等专业平台引流，适时推出乡村旅游精品路线、节庆专题、四季专题等旅游产品开展专题营销，提高营销效率。其三，常态化地借助大数据分析，使得全面地掌握游客的年龄、性别、客源地、出游行为、价格愿意等信息，深入分析客源地、年龄结构、职业、出游时间、游客的偏好等规律性变化和兴趣点，为持续的精准营销提供依据。

四 结语

大众旅游时代的今天，发展乡村旅游既不能“谦虚”，又不能自负地“酒香不怕巷子深”，应积极对外推销甚至是“王婆卖瓜，自卖自夸”，加快实现“总人口——感知者——潜在游客——出游游客”的有效转化。县域乡村旅游的营销，需要县域整体和各个乡村旅游区主体的合力，瞄准有效的目标市场，从供给侧改革的视角加大乡村旅游产品的创新，利用“互联网+”推进乡村旅游精准营销，从而实现乡村旅游的可持续发展。

参考文献

吴丽云：《以创新为导向推动乡村旅游发展》，《中国旅游报》2017 年 4 月 24 日第 3 版。

彭清华：《着力打造特色旅游名县　推动全域旅游创新发展》，《中国旅游报》2016 年 10 月 20 日第 1 版。

〔美〕德鲁克著《管理的实践》（珍藏版），齐若兰译，机械工业出版社，2009。

杜立峰、王庆杰：《浙西南农家乐营销策略研究——以浙江省丽水市为例》，《现代商业》2015 年第 31 期。

感谢广西师范学院旅游学院本科生方晓福、黄莉萍参与问卷调查。

旅游新业态篇

New forms of the Tourism Industry

G.21
加快北京露营旅游新业态发展的对策与建议

童碧莎*

摘　要：　北京露营旅游经过十多年的发展，已经形成较好的发展局面，营地数量全国领先、露营品牌企业涌现、露营节事活动众多，同时露营协会组织、露营促进政策也都逐步跟进。与此同时，北京露营旅游发展也存在行业指导力度有限、服务质量参差不齐、经营模式单一、淡旺季问题突出等制约因素，对此本文从消费理念培育、运营管理指导、区域战略合作等角度提出了促进北京露营旅游发展的相关对策。

关键词：　露营旅游　营地运营　露营品牌

* 童碧莎，北京交通大学经管学院旅游系讲师、博士，研究方向为旅游经济运行、旅游政策法规。

露营旅游是指以休闲营地为依托，通过帐篷、房车、小木屋等非固定住宿设施进行短暂的户外生活，并开展相关户外休闲活动的旅游活动类型。露营旅游起源于美国，在现今的欧美地区较为盛行。中国露营旅游起步于21世纪初，经过十余年的发展开始逐步进入蓬勃发展阶段。北京市的露营旅游与中国露营旅游发展几乎同步，并已逐渐形成较好的发展局面。

一　北京市露营旅游发展现状

经过十多年的发展，北京露营旅游发展已经达到了一定规模，并取得了较为显著的成效。

（一）高品质露营地数量持续增加

露营天下与SMART度假产业智慧平台共同发布的《2016中国露营行业报告》数据显示，2016年度我国已建成露营地469个，在建营地489个；其中北京已建成露营地53个，在建营地3个。北京的营地数量已占据了全国营地数量的1/10以上，在全国居于领先地位。从营地分布来看，北京的营地主要分布于周边的区县，其中昌平、密云、通州、大兴等区县营地数量相对较多（见表1）。从营地类型来看，以山地型营地为主，兼有乡村型营地、森林型营地、湖畔型营地，类型较为丰富。从营地品质上看，营地建设渐趋规范，一些营地积极与国际接轨，形成了以延庆龙湾国际露营公园、房山房车博览中心露营地、平谷桃花深处露营地等为代表的一批较具市场影响力的自驾车房车营地。其中，2014年开业的龙湾国际露营公园已经成为北京乃至全国最具有号召力的露营地之一。

（二）露营品牌企业涌现

早在2003年北京就已成立了中国第一家提供房车旅行服务的专业化企业——北京中天行房车俱乐部有限公司暨中天行总部。近年来，随着露营旅游市场的持续升温，以港中旅、首旅集团等为代表的一批品牌露营企业也开

表1　2017 年北京市各区县主要露营地

行政区划	营地数量	营地名称
昌平区	7	北京红栌银山国际汽车露营地、昌平苹果主题公园露营地、北京奥林狩猎俱乐部射击场露营地、昌平柿子林山地露营地、北京后花园天地行生态房车示范基地、半山云居旅游休闲度假基地、北京龙母山庄汽车文化基地
密云县	6	港中旅密云南山房车小镇、中航爱游客北京云湖露营地、北京蜜蜂大世界汽车露营地、北京密云县丛林鸟户外营地、北京密云香草园宿营中心、北京清水河湾野奢度假房车小镇
通州区	4	北京酷易乐房车驿站、通州绿色港湾房车露营地、第五季生态露营农场、北京京郊大地庄园
大兴区	4	北京大兴奥肯尼克农场房车温泉花园、北京祥发国际汽车露营伊甸园、北京东方骑士露营地、北京梨花村汽车露营地
延庆县	3	北京龙湾国际露营公园、北京延庆五指山庄汽车露营地、延庆野鸭湖汽车露营基地
平谷区	3	北京平谷桃花深处露营地、北京京东老泉山野公园房车营地、北京平谷通用产业园区航空汽车房车露营公园
怀柔区	3	怀北国际汽车露营地、星空箭扣营地、白河湾水岸桃源房车露营基地
房山区	3	北京房车博览中心露营地、北京蒲洼小西藏花台高山汽车露营地、房山十渡仙龙岛露营地
海淀区	3	北京汇通诺尔狂飙乐园汽车（房车）露营地、北京海淀绿世界汽车房车露营地、凤凰岭王姐果园露营地
门头沟区	2	潭柘寺镇桑峪村汽车营地、北京门头沟核桃庄园露营地
朝阳区	2	北京蟹岛国际汽车露营港、北京北人户外文化产业园房车展示培训基地
顺义区	1	港中旅意大利农场露营地
丰台区	1	北京国际汽车露营公园

资料来源：根据 21 世纪房车网（www. 21rv. com）、中国房车露营联盟网（www. rvca. cn）、中国营地网（www. rvcn. cn）、露营天下网（www. campave. com）、中国房车网（www. rv360. cn）、房车旅游网（www. lvyouw. net）、中国汽车消费网（www. 315che. com）等网站资料整理而得。

始崛起。港中旅集团的营地发展战略规划从北京起步，自 2010 年在北京密云开发建设了国内首家国际标准的房车营地——港中旅密云南山房车小镇之后，开始面向全国布局露营地网络。首旅集团于 2014 年重组华龙旅游实业发展总公司，负责汽车营地建设板块，并推出“金蜗牛”露营品牌，延庆龙湾国际露营公园即为旗下项目。与此同时，一些省外的知名露营地品牌也开始进军北京市场，例如中航爱游客北京云湖汽车露营地等。

（三）露营协会组织相继成立

我国最早成立的露营协会组织当属2003年成立的中国汽车运动联合会露营分会。相应地，北京市汽车摩托车运动协会在2004年成立了北京市汽车露营委员会。其主要职责是组织开展全国汽车露营规划“三圈两线”中“首都经济圈”具体任务的完成；并负责北京市汽车露营行业的组织、协调、服务等工作。2016年，在北京市旅游发展委员会的积极促成之下，又成立了北京房车露营自驾旅游协会。该协会主要服务于北京市的房车露营自驾旅游行业。同年，为了提升北京青少年营地教育的专业化水平和可持续发展能力，北京青少年营地协会正式成立。青少年将成为未来北京露营旅游的生力军。此外，为了促进露营行业的合作与发展，业内一些自发的行业组织也相继成立，这些组织的总部设立在北京，面向全国招募会员，例如2010年成立的中国房车露营联盟、2014年成立的中国国际汽车房车露营联盟、2015年成立的爱尚自驾游露营地产业联盟等，由联合露营公司发起的中国露营地联盟也正在酝酿之中。各类协会组织的成立，为露营旅游的组织化、规范化、品牌化发展提供了行业保障。

（四）露营节会活动较为丰富

随着露营旅游的持续发展，北京也形成了一些在国内乃至国际上具有一定影响力的露营节会活动（见表2）。其中始办于2010年的中国（北京）国际房车露营展览会是国内首个房车交易和文化传播推广平台，也是目前亚洲最具影响力的房车露营交易平台。从各节会的启动年份来看，主要集中于近三年，预示北京露营旅游发展的良好势头；从节会主办单位来看，既有各级行业协会如中国旅游协会、中国汽车工业协会房车委员会等，也有一些大型企业集团如首旅集团等，更有一些民间组织如太阳守望者户外探索学校等的参与，显示了社会各方面力量参与露营旅游开发的热情。此外，值得关注的是，青少年露营教育也日益受到重视，相关节会也逐渐推出。丰富的节会活动为北京营造了良好的露营文化氛围，促进了北京露营旅游的发展。

表2　北京主要露营节会活动

节会名称	主办单位	节会内容与特色
中国（北京）国际房车露营展览会	中国汽车工业协会房车委员会、21世纪房车网、房车世界	始办于2010年，每年春秋两季在北京房车博览中心举行；是国内首个房车交易和文化传播推广平台，也是目前亚洲最具影响力的房车露营交易平台
中国自驾游与房车露营大会	首旅集团	2014年举办首届中国汽车房车露营大会暨第80届世界汽车房车露营大会，2015年开始大会更名为中国自驾游与房车露营大会
中国露营行业年会	露营天下	首届年会于2015年在北京鸟巢召开，2016年升级为中国露营行业年度盛典，并在上海召开，致力于打造露营行业内标志型盛会
中国营地教育大会	国际营地协会（ICF）、中国营地教育联盟（CCEA）	2015年开始每年举办一届，致力于促进中国青少年营地教育可持续发展
全国青少年露营大会	太阳守望者户外探索学校	2015年开始每年举办一届，致力于青少年山地户外运动的推广
中国露营旅游论坛	中国旅游协会主办	始办于2008年，由中国旅游协会每年联合一家省级旅游局共同主办，北京中天行露营发展有限公司承办；2010年联合北京市旅游发展委员会在北京主办了第三届
中国露营地运营“1+10城市论坛”	爱尚自驾游露营地产业联盟	2016年启动，致力于推动露营产业区域合作

资料来源：21世纪房车网（http：//www.21rv.com）、露营天下网（http：//www.campave.com/）、中国露营网（http：//www.51luying.com/）等。

（五）露营旅游促进政策陆续出台

露营旅游的发展离不开政策的积极推动。近年来，国务院颁布的关于促进旅游发展的系列文件如《关于加快发展旅游业的意见》《关于进一步促进旅游投资和消费的若干意见》《关于促进旅游业改革发展的若干意见》等都明确鼓励发展自驾车、房车、露营旅游。2016 年国家密集出台了多个促进房车露营旅游的相关政策，其中《关于促进自驾车旅居车旅游发展的若干意见》着眼于自驾车旅居车旅游产业体系的构建，提出到 2020 年全国要建设自驾车房车营地 2000 个左右的目标。北京市积极响应国家政策，也陆续出台了相关的标准和意见（见表 3）。其中，2012 年北京市旅游发展委员会出台的《关于促进北京汽车营地建设的指导意见》提出要对北京市的汽车营地建设进行总量规划、分步实施，依托郊野、城镇、景区三种类型，以市区为中心，网状延伸布局建设。2014 年，北京市先于国家标准制定了行业标准《汽车旅游营地建设规范》，而后又在 2015 年出台了北京地方标准《汽车旅游营地等级划分与评定》，将营地建设划分为一星至五星的等级。这些标准和意见对于促进北京市露营旅游的规范发展具有积极的作用。

表 3　近年来国家及北京市露营相关政策

时间	名称	内容	发布机构
国　　家			
2007	《中国体育休闲（汽车）露营营地建设标准》	参考有关国际汽车露营营地建设标准，结合我国的具体情况制定此标准，为我国体育休闲（汽车）露营地的建设提供依据	中国汽车运动联合会汽车露营分会
2009	《国务院关于加快发展旅游业的意见》（国发〔2009〕41 号）	旅游房车被纳入国家鼓励类产业目录PH	国务院
2013	《汽车露营营地开放条件和要求》（TY/T 4001 －2013）	第一个国家级露营地标准	国家体育总局
2013	《国民旅游休闲纲要》	支持汽车旅馆、自驾车房车营地、邮轮游艇码头等旅游休闲基础设施建设	国务院办公厅
2014	《关于促进旅游业改革发展的若干意见》（国发〔2014〕31 号）	强调建立旅居全挂车营地和露营地建设标准，完善旅居全挂车上路通行的政策措施	国务院
2014	《关于加快发展体育产业促进体育消费的若干意见》（国发〔2014〕46 号）	鼓励发展建设汽车露营地	国务院

续表

时间	名称	内容	发布机构
国　　家			
2015	《关于进一步促进旅游投资和消费的若干意见》(国办发〔2015〕62 号)	新辟旅游消费市场,加快自驾车房车营地建设,制定全国自驾车房车营地建设规划和自驾车房车营地建设标准等	国务院办公厅
2015	《休闲露营地建设与服务规范》(GB/T 31710)	首次以国家标准的形式对露营地的建设与管理进行了细分和规范	国家质检总局、国家标准委
2015	《关于加快发展生活性服务业促进消费结构升级的指导意见》(国办发〔2015〕85号)	首次将房车露营产业与"生活性服务业"挂钩	国务院办公厅
2015	《关于积极发挥新消费引领作用加快培育形成新供给新动力的指导意见》(国发〔2015〕66 号)	首次将房车露营定调为"基础设施建设";露营地将着重发挥"基础设施网络支撑"作用	国务院
2015	《关于支持旅游业发展用地政策的意见》(国发〔2014〕31 号)	明确自驾车、房车营地旅游等新业态的用地政策	国土资源部、住房和城乡建设部、国家旅游局联合出台
2016	《关于促进自驾车旅居车旅游发展的若干意见》(旅发〔2016〕148 号)	着眼于自驾车旅居车旅游产业体系的构建;提出到 2020 年建设自驾车房车营地 2000 个左右	国家旅游局、国土资源部等 11 部委
2016	《关于加快推进 2016 年自驾车房车营地建设的通知》(旅办发〔2016〕241 号)	督促《2016 年全国自驾车房车营地建设项目表》所列 514 个营地建设任务落实	国家旅游局、公安部办公厅等 6 部委
2016	《关于加快发展健身休闲产业的指导意见》(国办发〔2016〕77 号)	提出打造"三圈三线"(京津冀、长三角、泛珠三角,北京至深圳、北京至乌鲁木齐、南宁至拉萨)自驾路线和营地网络的任务	国务院办公厅
2016	《关于实施旅游休闲重大工程的通知》	引导建设自驾车房车旅游配套设施建设项目	国家发展改革委、国家旅游局
2016	《"十三五"旅游业发展规划》(国发〔2016〕70 号)	将自驾车旅居车旅游作为"十三五"旅游业产品创新的八个重点方向之一,制定自驾车旅居车旅游推进计划	国务院

续表

时间	名称	内容	发布机构
国　　家			
2016	《"十三五"全国旅游公共服务规划》(旅办发〔2016〕345号)	实施自驾车旅居车营地公共服务示范工程,到2018年、2020年分别推动建设100个、200个国家级自驾车旅居车营地公共服务示范点	国家旅游局
2017	《关于促进交通运输与旅游融合发展的若干意见》	鼓励在公路路侧富裕路段建设驿站、营地等;完善房车准驾制度	交通运输部、国家旅游局等六部门联合印发
北　　京			
2012	《关于促进北京汽车营地建设的指导意见》(京旅发〔2012〕132号)	规定了营地分类、设施、建设要求、建设目标等	北京市旅游委
2014	《汽车旅游营地建设规范》	规定了汽车营地的基本建设要求、营地选址与布局、汽车营位、生活卫生设施、管理和服务设施等	北京市旅游委
2014	《2014年汽车房车营地项目奖励资金竞争性分配评审工作方案》	7个项目通过专家评审获得资金奖励	北京市旅游委、北京市财政局
2015	《汽车旅游营地等级划分与评定》(DB11/T1294－2015)	规定了营地等级划分、设施设备、服务质量、管理制度等方面的条件和要求	北京市质量技术监督局
2016	《关于加强和规范自驾车房车营地经营管理工作的通知》	重点就北京市被曝光的露营地违法违规用地、改变营地用途、租售房车营位、变相经营"小产权房"等问题进行规范	北京市旅游委
2017	《关于规范自驾车旅居车营地项目用地和建设管理意见(初稿)》	具体规定了北京市自驾车旅居车营地项目的用地和建设管理问题	北京市规划国土委

资料来源:国家旅游局官网(http://www.cnta.gov.cn)、北京旅游发展委员会官网(http://www.bjta.gov.cn)、21世纪房车网(http://www.21rv.com)等。

二　北京市露营旅游发展制约因素分析

北京市露营旅游在蓬勃发展的同时，也受制于相关因素，其发展速度和发展水平呈现被长三角地区、西南地区城市赶超之势。

（一）露营旅游发展缺乏整体规划，行业指导力度有限

北京露营旅游虽然在全国起步较早，但是客观地说当前的发展局面更多的是行业自发发展形成的结果。从规划角度来看，除了2006年延庆县曾经编制了《延庆县汽车露营旅游体系规划》外，北京市目前尚未有专门的露营旅游发展规划。规划的缺失，会在较大程度上影响营地投资者的信心，对于迎接即将到来的露营旅游发展大潮十分不利。从行业指导上看，尽管已经成立了相关的协会，但对于行业的指导意义目前来看比较有限，仅就其网站建设而言，缺乏专业内容，相关专业资料和数据均未有体现；再如虽然已有《汽车旅游营地等级划分与评定》等相关标准出台，但对于营地的评级、动态监管等工作尚未很好开展。

（二）营地服务质量参差不齐，品牌推广力度不足

尽管北京目前已有营地数量居全国前列，但总体来看，仍存在营地数量不足问题。在《2016年全国自驾车房车营地项目建设表》中，全国将有514个新建营地，而北京仅有1个，显示营地建设后劲不足。已有营地服务质量也亟待进一步规范和提高。耿志伟曾在其硕士论文中就北京市汽车露营地设施满意程度进行了调查，结果显示，参与者对于营地的住宿条件、卫生设施、服务质量等满意程度均较低。

为了进一步了解目前北京市营地服务质量情况，本文基于携程网进行了营地满意度数据的获取与分析。根据中国旅游研究院发布的《2016年中国旅游城市吸引力排行榜》，选取了前15名城市，于2017年3月24日在携程网站输入5月13日作为预订日期，然后逐个城市输入“房车”“露营”“汽

车营地”等进行营地搜索，最后记录各城市在携程网显示的营地数量、营地名称、最低价格、点评得分、点评数量等。之所以选取5月13日基于以下考虑：首先，5月份不论南、北方城市，营地通常都已正常开营，这样可以避免漏掉有些淡季不经营的营地；其次，该日为周六，是各大营地最主要的接待日，且不属于黄金周、小长假等特殊假期，其显示价格可以较为真实地反映其定位。经搜索，15个城市中天津、武汉、深圳、西安、青岛、郑州6个城市无任何营地记录；其余9个城市营地数据记录如下（见表4）。

表4　基于携程旅行网的9个旅游城市营地服务质量概况表

序号	城市	数量（个）	营地名称	开业年份	最低价格（元/夜）	点评得分	携程点评数量（条）
1	北京	5	北京红栌银山国际汽车露营地宾馆	2016	258	5	5
			北京龙湾国际露营公园	2014	438	4.4	1572
			北京星空箭扣营地	2015	498	4.2	14
			北京意大利农场	2008	848	4	288
			北京港中旅密云南山房车小镇	2011	888	3.6	193
2	上海	4	上海邻家露营地	2016	943	4.9	19
			上海Maxus大通假日广场D+房车驿站	2016	1612	4.7	49
			上海中航爱游客枫泾房车露营地	2016	668	4.7	11
			崇明东平国家森林公园房车	2015	900	4.3	313
3	杭州	5	天目山蜂巢驻宿·风之谷房车宿营地	2016	368	5	1
			千岛湖36都乡宿度假酒店(原36都乡宿·木屋酒店)	2016	444	4.5	70
			杭州西溪蜗牛房车营地	2014	589	3.8	5
			临安月亮湾房车酒店(天目山)	2016	388	2.6	6
			千岛湖星空营地	2016	520	—	0
4	苏州	2	苏州太湖1号房车露营公园	2013	528	3.8	113
			昆山立德国际房车	2016	650	0	0
5	重庆	2	客乐得房车营地(重庆玉峰山店)	2015	588	4.7	9
			重庆安居黄家坝湿地公园	不详	300	2.7	1
6	南京	2	南京巴布洛生态会议中心(配套几辆房车)	2015	453	4.3	48
			南京半城·涵田房车度假区	2017	980	0	0

续表

序号	城市	数量（个）	营地名称	开业年份	最低价格（元/夜）	点评得分	携程点评数量(条)
7	成都	1	318 连锁汽车旅馆(新津斑竹林房车营地店)	2017	328	3.5	2
8	长沙	1	浏阳树栖星之营地	2014	86	3.8	56
9	广州	1	广州吉卜赛房车体验中心	2017	400	0	0

数据来源：携程旅行网，http：//www. ctrip. com（注：数据获取时间点：2017 年 3 月 24 日；表中营地的最低价格统一为 2017 年 5 月 13 日携程网站显示的预订价格）。

从表 4 可见，目前营地通过在线平台展开预订业务的数量极少，北京市 40 多家营地，仅能在携程上搜索到 5 家。而更多的营地主要通过口口相传进行招揽，品牌推广效果不佳。从营地预订价格来看，北京市低于上海市，略高于其他城市。而从评论得分来看，北京市的得分总体低于上海，高于其他城市。其中人气最高的是北京龙湾国际露营公园，得分 4.4 分；而北京港中旅密云南山房车小镇得分仅为 3.6 分。阅读具体评论可知，旅游者对于营地设施老化、卫生条件不足、服务态度差等存在较多不满。

（三）营地经营模式单一，尚未形成网络化经营

近几年，尽管北京露营旅游发展较为红火，但是业内观点普遍认为营地经营盈利能力弱。大部分营地的收入主要依赖门票、营位出租及烧烤等附加服务产品收入。《2016 中国露营地行业报告》显示，我国营地收入构成中，营位出租收入超过 60%；而国外露营业发达国家如美国、法国等，其营位出租收入占比低，更多的收入来自团队、赛事、相关娱乐体验活动、会员费、加盟费等。与此同时，北京目前的营地运营多为单打独斗，尚未形成连锁化、网络化经营局面，这在较大程度上影响了北京露营行业整体实力和水平的提升。此外，北京还存在一些营地歪曲经营模式，变相做房地产的问题，如银湖房车俱乐部、锐来客汽车俱乐部等项目目前已经被强制拆除。

（四）相关政策制约影响行业整体发展

近年来，以《关于促进自驾车旅居车旅游发展的若干意见》为代表的系列政策极大地促进了露营旅游的发展。但是不可否认，仍存在一些政策制约。首当其冲的仍是营地的用地政策。相关政策已对营地用地问题做出了规定，但是建设用地和旅馆用地的用地性质无形中大大增加了营地投资的成本，容易打击营地投资的热情。业内人士建议应进一步细化营地用地类型，区分商业性和公益性，对于满足要求的建议按旅游类公共服务设施建设管理。此外，露营旅游的重要人群——房车自驾旅游者，在北京会受到汽车购买指标摇号政策的限制，在一定程度上会影响北京房车保有量的增加。一些北京户口车主无奈只能选择将房车落户在外地亲戚朋友名下。

（五）气候条件所致的淡旺季问题突出

北京地处华北，冬季漫长寒冷，户外低温加上景观单调，不适宜开展露营活动。所以北京一些营地在每年的 11 月至次年 4 月之间往往是闭营停业，形成了半年闲的经营状态。而到了暑期和节假日期间，营地往往又形成人满为患的景象。相比长三角、珠三角地区，淡旺季问题降低了北京地区营地经营的优势。

三　北京市露营旅游发展对策建议

由中国旅游车船协会自驾游与露营房车协会和同程旅游共同发布的《2016 中国房车露营在线研究报告》指出 2016 年是中国露营地发展的爆发年，露营地数量、房车销量、房车生产厂家均以 2 倍以上速度增长。预计未来几年内包括北京在内的全国露营旅游行业将迎来快速发展阶段。北京应进一步从消费理念培育、运营管理指导、区域战略合作等角度加快露营旅游发展。

（一）发挥露营人口潜力大优势，加强露营消费观念引导与培育

北京市统计局数据显示，2016 年北京市民在京游人数 1.1 亿人次，比上年增长 3.7%。有理由相信，持续增长的庞大的在京游人数里也包含了大量日益增长的露营人口。一些相关数据也侧面反映了北京市露营人口的潜在优势。《2012 年上半年淘宝旅行消费报告》的数据显示，仅 2012 年上半年就有将近 25 万北京人购买了帐篷、登山包、睡袋等户外野营的旅行用品，购买人数稳居全国第一，显示了北京人在户外旅行方面的热情。另外，由美国 KOA 露营公司赞助，凯尔恩咨询集团进行的针对北美地区大众关于露营的调研报告数据显示，2015 年全美露营人数占人口总数比例达到 28%。参考这个比例，按照 10% 的比例估算北京市的露营人口，至少可以达到 200 万人以上。如果再按业内比较认可的露营人均消费 500 元计算，北京每年的露营旅游至少可以达到 10 亿元以上的消费额。因此，建议应充分发挥露营人口潜在优势，加强露营文化的普及和露营消费观念的培养。

在露营人群方面，根据《2016 中国露营地行业报告》的数据显示，露营地客群大多是 20～50 岁城市中等收入人群，驴友团体占比达到 50%，家庭占比仅为 20%；而 2015 年美国、法国的露营地客群中，家庭出游的比例分别达到 46%、30%[4]。由此可见，我国当前露营人群中，家庭群体还有很大的上升空间。研究表明，露营旅游有助于改善家庭亲子关系，对于当前家庭教育中“父亲缺位”等问题的解决非常有效，可以成为未来家庭露营旅游的营销关注点。此外，对于青少年的露营教育也是当前国际露营旅游发展的一个重要方向。2016 年教育部等 11 部门《关于推进中小学生研学旅行的意见》提出了要打造一批研学旅游基地，建议依托现有的露营地针对青少年特点进行基地的打造，以营地教育推动研学旅游发展。

（二）加强营地建设运营引导，促进营销渠道多样化

为避免未来营地无序开发建设问题，建议北京市尽快出台市级及各区县的露营地建设规划。同时为了保障营地品质，应积极引入国内外露营地品牌

企业。鼓励营地建设朝复合型方向发展，在提供住宿的基本功能之上，积极开发特色休闲体验项目，如户外拓展、定向越野、徒步穿越、亲子娱乐、康体养生、生存训练等；此外还应鼓励积极开发营地节庆活动，如烧烤节、音乐节、采摘节、啤酒节、露天集市等，据悉德国格森维勒露营地全年有接近300场活动，平均每1.2天就有一场活动，受到了露营旅游者的欢迎。露营天下创始人孙建东曾判断说：倘若你的营地可以在娱乐、户外等配套项目的营收超过住宿和餐饮的项目，你的营地一定是成功的。营地等级评定也应尽快实施，目前营地等级评定标准较多，有国际标准、国家标准和地方标准，无论采用什么标准，都应在相关协会组织的引领下，尽快推进评定工作。等级评定对于露营旅游者的消费选择具有重要的指导意义。

鼓励营地进行多渠道营销，推动线上线下融合发展。《2016中国房车露营在线消费研究报告》指出，OTA（在线旅游运营平台）是房车露营在线用户最主要的购买渠道，占比65%，而旅行社、露营前台、拓展机构等渠道所占比例较小。但是，实践中更多的营地仍是采用以俱乐部、驴友会、车友会等为主的线下渠道营销，通过网络搜索，目前北京的营地在携程网上仅上线5家左右，而在同程网上仅上线1家。未来，随着露营旅游向大众化方向发展，在线旅游平台应成为主要营销渠道。与此同时，也应鼓励借助微博、微信、攻略、游记、团购等多平台、多手段方式开展营销活动。

（三）依托京津冀战略优势，加快形成区域性网络化的露营旅游服务体系

首先，应加强京津冀区域合作，延伸露营旅游产业链，构建完善的露营旅游产业体系。露营旅游是一个系统的产业，涉及规划、设备制造、营地建设、营地运营、房车租赁、房车维修、节事会展等环节，既涉及硬件制造，也涉及管理服务。鉴于北京的城市定位，应重点朝露营旅游服务方向发展，如鼓励创办营地规划设计公司、营地建设公司、营地连锁运营管理公司、房车租赁公司、露营节事会展公司、营地教育机构等。而天津、河北应依托其制造业优势发展房车生产、房车零配件加工、户外用品加工等制造业。目

前，天津的中天房车公司自2001年投产以来，已连续多年获得房车生产行业的多项殊荣。而河北白沟等地也已形成了一定规模的户外用品生产、销售基地。

其次，应进一步加强京津冀区域的营地运营联盟。京津冀地区旅游资源丰富，涵括山地、滨海、湖泊、森林等类型，有助于形成多样化的营地类型，提升区域露营旅游品质。目前，区域间的露营旅游合作已经开始起步，例如2016成立的京津冀晋房车俱乐部联盟等。但是总体上合作程度有限。而纵观长三角地区，早在2012年苏浙沪皖三省一市旅游局就已联合出台了《长三角房车旅游发展大纲》；2015年又依据长三角区域旅游标准《房车旅游服务区基本要求》，评出首批“长三角房车旅游标准化示范营地”，对促进长三角地区房车旅游发展水平的提升具有积极意义。建议京津冀地区也应尽早携手布局区域露营旅游发展格局，构建具有华北特色的露营地网络，形成体现京津冀水平的露营旅游服务联盟。

最后，应该加强区域间露营旅游人才培养等保障性工作。与国际著名机构合作，引进、学习、培训相关标准；在相关院校开展露营旅游专业教育，培养露营旅游专业人才；鼓励开展露营旅游相关研究等。此外政府相关部门还应进一步加强露营旅游安全保障、营地标识系统建设等方面工作。

参考文献

露营天下，《SMART. 2016 中国露营行业报告》，http：//www. 360doc. com/content/17/0114/00/37036230_ 622325120. shtml。

耿志伟：《北京市汽车露营组织活动现状研究》，北京体育大学，2008。

靳晓峰：《1600 亿的大生意　露营地投资运营该用啥逻辑?》，http：//www. 51luying. com/index. php/mediadetails/index/11602. html。

靳晓峰：《房车营地属于旅游服务公共设施用地》，http：//www. 51luying. com/index. php/mediadetails/index/11158. html。

王海亮、王岐丰：《房车俱乐部见房不见车》，《北京晨报》2016年12月2日（A04）。

《中国房车露营在线消费研究报告》，http：//www. 360doc. com/content/17/0201/22/40047702_ 625889051. shtml。

淘宝数据：《2012 年上半年淘宝旅行消费报告》，http：//www. 199it. com/archives/62708. html。

《2016 年北美露营报告》，http：//sports. sohu. com/20161128/n474331992. shtml。

靳晓峰：《露营地投资运营该用啥逻辑》，http：//www. rv360. cn/index. php/Article/Articleshow/id/8073. html。

《真正挣钱的露营地，会这样做》，http：//www. campave. com/show - 13 - 2280 - 1. html。

G.22

共享经济视角下北京房车旅游商业模式创新研究

王学峰　李超喜*

摘　要：　房车旅游是“景点旅游”走向“全域旅游”的重要举措，作为一种全新的旅游业态，受到各地政府的大力支持和国家各部门的政策鼓励。本文首先对北京市发展房车旅游的现状进行了分析，指出了目前存在的发展问题及面临困境，引入共享经济理念，通过商业模式的创新增加盈利点，引入分时租赁理念改善运营模式；通过理念创新、模式创新、标准规范、服务完善等措施进一步推动北京房车旅游的发展。

关键词：　房车旅游　商业模式　共享经济

一　引言

随着大众旅游时代的到来以及全域旅游战略的兴起，旅游消费的个性化和特色化逐渐成为发展趋势，房车旅游正是顺应这种趋势，作为一种新业态，契合了旅游者的个性需求而逐渐走入大众视野。在国家一系列推进旅游新业态发展的政策鼓励下，近两年来房车旅游发展进入快车道。

---

* 王学峰，北京交通大学经济管理学院旅游系，副教授，研究方向为区域旅游规划与开发；李超喜，北京交通大学经济管理学院旅游系，硕士研究生，研究方向为旅游管理。

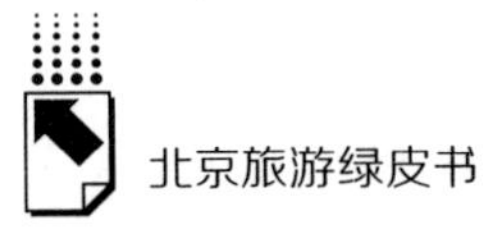

早在2009年，国务院41号文件《关于加快发展旅游业的意见》中就对房车旅游的发展做出了重要指示，一方面把旅游房车纳入国家鼓励类产业目录，另一方面积极支持房车旅游项目用地开发。

2014年国务院31号文件《国务院关于促进旅游业改革发展的若干意见》首次提出建立旅居车营地的建设标准，为加快房车旅游发展提供了政策依据。

2016年国务院62号文件《关于进一步促进旅游投资和消费的若干意见》中提出加快自驾车房车营地建设，制定了全国自驾车房车营地建设规划和自驾车房车营地建设标准，进一步释放了加快房车旅游发展的信号。

2016年11月，国家旅游局11部委联合印发《关于促进自驾车旅居车旅游发展的若干意见》，提出我国要积极推进自驾车旅居车产业的发展，形成网络化的营地服务体系和完整的自驾车旅居车旅游产业链条，初步构建起自驾车旅居车旅游产业体系。

随着一系列政策措施的落地，我国房车旅游将会迈入健康发展的轨道。数据显示，2016年国内旅游44.4亿人次中，自驾游客约占60.8%，达到26.99亿人次。房车旅游发展近两年也进入快车道，每年以85%左右的速度增长，已成为旅游新业态和经济新亮点，房车旅游的发展前景十分广阔，这将对我国旅游市场产生深远影响。

二　北京房车旅游发展的现状与存在问题

（一）北京房车旅游发展现状

北京是我国旅游发展非常发达的城市，也是国内较早开展房车旅游的城市，作为房车服务经营商集聚的城市之一，北京发展房车旅游的条件可谓是得天独厚，汽车普及率的提高与高速公路网的建设为房车旅游发展提供了相当便利的条件，庞大的客源群体以及丰富的旅游资源为发展房车旅游提供了坚实的基础条件。2000 年，北京市部分郊区已经开始建设一些规模较大的房车营地，这是北京发展房车旅游的萌芽。鉴于当时的发展理念滞后，营地的建设并没有与休闲度假、房车租赁、活动体验等统筹考虑，发展较为缓慢。

2012 年 11 月，北京市旅游委颁布了《关于促进北京汽车露营地建设的指导意见》，提出了汽车营地的概念，从营地建设的规范、规划、扶持三方面提出了建议。2014 年 3 月，北京市完成了全市汽车露营地综合服务体系的研究规划，从基础建设、产品打造和产品宣传三个方面对北京汽车露营地的基本情况做了细致的梳理，2014 年 5 月，第 80 届世界露营大会在延庆龙湾汽车露营公园召开，2014 年 6 月北京市旅游委又印发了《北京市露营地的规范》。

目前，北京作为全国房车露营产业发展最快的城市之一，从建成和规划营地的数量上看均排在国内前列。2015 年《北京汽车房车露营地调查报告》的数据显示，北京有房车露营地 122 家，其中 78 家在规划中，其余的 44 家中，也只有 23 家建成，另外 21 家处于建设状态。

但是北京房车旅游的发展却也面临着“发展前景光明、现实困境苦恼”的尴尬境地，由于目前市场需求还没有完全激发出来，部分房车营地出现房车车位大量闲置的现象，尽管遭遇“成长烦恼”，北京房车旅游仍被各方看好，北京房车旅游产业将在未来 3 ~ 5 年步入快速增长阶段，甚至可能出现井喷行情，北京快速发展的露营地建设将满足未来极大的房车旅游对营地的需求。

（二）北京房车旅游发展中存在的问题

尽管房车旅游这种集旅游、体育、休闲、时尚于一体的生活方式吸引了越来越多的人的关注，但是作为一种新生事物，受制于各类制约因素，目前仍未成为旅游市场的主流，仅限于一些类似于户外探险、商务接待和影视拍摄等特殊领域。而且由于政策出台力度虽然很大，落实尚有一些时间，因此，面临的问题依然不少。

1. 建设标准缺失，一定程度阻碍了房车旅游的发展

房车旅游的发展离不开露营地的建设，尽管目前营地建设热情不减，但是建设的标准、规范和要求尚未统一，严重制约着汽车露营旅游的发展。2013 年北京市旅委发布了《房车旅游服务区基本要求》，对房车旅游服务区提出了一些基本要求。2014 年出台了《汽车旅游营地建设与服务规范》，规定了汽车营地的基本建设要求。2015 年，为推动北京市汽车旅游营地建设、运营、管理和服务的规范化和专业化，北京市质量技术监督局发布了《汽车旅游营地等级划分与评定》。2016 年国务院 62 号文件也专门制定了全国自驾车房车营地建设规划和自驾车房车营地建设标准。

此外，一些房车俱乐部和民间组织如中天行俱乐部、中国汽车运动联合会露营分会、全国汽车自驾游管理办公室等也出台了一些相关标准，虽然这些标准的出台对促进房车的规范发展起了一些作用，但是各类标准之间在很多细节方面无法达成一致，诸多标准的起草和发布，客观上造成了多头管理的困境。因此，由于缺乏标准引导，企业对在哪里应该建设营地，建设什么类型、什么规模的营地感到困惑，一方面导致有的营地建设先天不足，后期无法经营下去；另一方面导致营地重复建设、盲目建设问题严重。以上种种缺陷在一定程度上阻碍了房车旅游的发展。

2. 房车营地配套设施不够完善，盈利能力不足

目前，北京的房车营地建设正处在起步阶段，正式挂牌的营地数量还不能满足房车旅游发展的需要，且现有的房车营地大多建设在郊区，配套设施还停留在最基本的生活基础设施上，距离国外真正意义上的营地在设施、服务各方面还有较大差距，服务质量有待进一步提高。

究其原因，在营地用地建设方面，在我国土地利用类型中，没有专门的营地用地，作为一种为旅游者服务的旅游设施，在取得用地时需要按照旅馆用地管理（《关于支持旅游业发展用地政策的意见》），这就意味着拿地的成本较高，获取建设用地时存在不少困难，前期投资较大，回收期较长，使得企业需要投入相对较大的资金量才能完成营地的建设，资金不足使得营地的配套设施不够健全，建设内容单一，营地本身大量被闲置，多数营地经营企业效益较差。

3. 营地经营项目较少，运营模式单一

通过对北京诸多房车营地的实际调研，结果显示，目前北京的房车营地多以房车俱乐部形式为游客提供一些基本的服务项目，如房车租赁、营地车位、水电供给、餐饮娱乐等，其盈利点主要依赖于“营地房车租赁服务”。由于市场目前还不够成熟，行业利润率较低，行业的规范和标准未能完整建立，导致营地的业态形式单一，游客可参与的活动项目较少，缺乏新的盈利点，整个产业链条延伸不够，缺乏附加收益，运营模式单一。

由于国内房车保有量很低，国人对房车租赁热情还处于预热阶段的现状，所以难以在租赁的数量上给予盈利支持，营地必须开发附加的盈利项目来支持整个房车租赁项目的完善。这一点发达国家的一些做法值得借鉴，如新西兰房车租赁企业，除了经营其主营业务的房车租赁以外，还涉及廉价酒店、连锁餐厅等，并且这些业务逐渐成一种上升的趋势，当主营业务利润下降的时候，其他业态可以给予支持，或者参与转型。

4. 相关配套支持不足，法律法规亟待完善

首先，交通、保险等相关配套政策法规尚不完善。尽管北京市已经明文规定拖挂式房车允许上高速，但是在保险、费用收取、准驾制度等方面还需要一些政策上的突破。其次，应急救援和设施安全保障问题也进一步制约了房车旅游的发展。营地的建设对选址有较高的要求，特别是对于应急措施和安全防范的考虑尤为重要，急救救援设施欠缺，缺乏安全保障。另外，北京很多地方在路标的指示、加油站的布局与汽车维修服务等方面，还存在着许多有待改善的地方。最后，管理有待规范。目前北京一些自驾车房车营地背离露营旅游发展理念，借营地之名，通过房产信息网站等渠道对外出售出租营位、房车，让本应承担休闲度假旅游功能的自驾车房车营地逐渐演变成“住宅小区”，严重损害了北京房车旅游形象。

三　北京房车旅游发展的建议与对策

（一）加强引导，消费需求升级

近年来，中国自驾游人数持续增加，集生活与旅游于一体的房车旅游为广大的自驾游爱好者提供了新的消费选择。消费者对于旅游的需求层次不断提高，房车、游艇、油轮等新兴旅游业受到广大消费者的青睐。移动互联的快速发展不仅为房车旅游者提供了极大的便利性，房车旅游的消费理念也通过互联网渠道得到了有力的宣传、引导。因此，对于旅游者来说还需要加强对房车旅游这种新的消费观念进行引导，政府、企业、行业协会等可以联手打造房车旅游营销联盟，整合旅行社、房车企业生产商、房车租赁公司、行业俱乐部、房车营地等资源，共同打造房车旅游精品，提高旅游者对房车旅游的关注，通过对旅游消费观念的引导，使得潜在的消费者真正成为房车旅游爱好者。有了大众化的需求和配套设施完善的营地，房车分时租赁模式进而顺利进行，房车租赁费用才可得以降低，从而形成良性循环，房车旅游步入快速发展的轨道。

（二）理念提升，实现模式创新

房车旅游已经成为欧美发达国家最为普遍的旅游方式之一，这与其较高的国民经济发展水平、大规模的房车保有量以及完善的露营地建设是分不开的，而中国民众的房车旅游消费意识正处于培育阶段。因此引入“共享经济”理念，借助第三方平台，通过提高存量资产的使用效率为需求方创造价值，将供给方闲置资源使用权暂时性转移，实现生产要素的社会化，从而促进社会经济的可持续发展。

当前共享经济借助互联网得到了企业的重视，并且催生了许多成功的商业模式，如 OFO 共享单车、滴滴出行、京东众筹等。房车租赁企业可以通过互联网手段创建 P2P（Peer to Peer）平台为供需双方对房车旅游产品或服务的短期交易提供中介。引入分时租赁（car sharing）的做法，整合房车俱乐部、营地、旅行社以及行业协会的资源，实现规模经济，既降低了租赁公司的投资成本，又在一定程度上大幅提升了营地房车位的利用率，也能够更好地满足客户点到点的出行需求。租赁者只需通过该分时租赁平台的 APP 就能完成所有的操作，分时租赁平台不仅增强了房车租赁企业的盈利能力，由于使用成本的降低也大大刺激了旅游者的需求。

（三）丰富业态，规范运营管理

与欧美国家营地以收停车服务费为主的盈利模式有所不同，北京的房车营地的运营管理基本围绕在出租营地营位、出租空闲场地、开发旅游地产、车辆的出租及出售等方面，因此，在今后的发展中需要多元化经营，通过丰富集中的休闲娱乐设施，参与性娱乐活动及丰富的配套服务，实现更好的收益。

可以针对不同的细分市场进行高中低档次的梯度开发，面对高端房车休闲市场或较成熟旅游市场，可以选择尚未开发但环境优美、交通便利、区位优良又有足够项目用地的地点进行营地建设，突出营地的清幽、独特、求新、求静、自主探索的特点，强调私密性。而面对普通游客消费者市场，则依托现有成熟景区或城镇进行联动发展，与景区、城镇进行合理分工，从而共享客源优势，互为补充。北京龙湾国际露营公园则与乡村旅游发展实现了有机的联动，营地配套了各式特色住宿设施并配备了餐饮、商业和体育运动等功能，定期举办草地音乐会、户外烧烤节、户外电影欣赏等趣味活动，尽可能地满足细分市场的不同需求。因此，从未来发展趋势看，许多营地建设的终极目标是打造成为全域旅游目的地建设中的公共驿站。

（四）完善政策，亟待制度创新

北京房车旅游的发展也需要相关立法部门和政府部门配合出台相关的政策法规予以支持，继续完善相关政策法规、保险服务和行业标准。特别是关系到营地建设的立项审批、工商注册、土地性质界定等以及相关的支持政策如何落地，专业人才的培养，相关部门之间的协调控制机制的建立，等等。因此，笔者建议由市政府牵头成立联席会制度，旅游委、规划、发改委、土地等相关部门参与，协商解决发展中遇到的各类问题。保险公司也可以借鉴国外成熟的做法，针对房车旅游市场的特点相应设计保险产品，设计相应的保险条款，以适应房车旅游发展的需要。

四　结论与展望

房车旅游正成为我国旅游业发展的新兴业态和拉动旅游业投资消费的新热点。北京是全国房车露营产业发展最快的城市之一，目前房车旅游的发展主要是受营地建设、市场需求、房车租赁三个因素的制约，市场需求取决于交通管理规范和行之有效的商业运作模式，营地配套设施不健全使普通消费者的租赁需求受到抑制。因此，北京发展房车旅游的首要任务就是要落实相关政策，完善营地建设，刺激潜在市场，进而对房车租赁商业模式进行创新，将小众的“高消费”专项市场成为满足旅游者个性化需求的一个新业态。笔者坚信，随着产业和资本市场的成功对接融合，无论遇到什么样的坎、道路多么曲折，依然挡不住房车旅游前进的步伐。

参考文献

婕果：《津彩旅博会，看中国露营地行业公开课如何“破局”》，《中国旅游报》2016 年 8 月 30 日。

刘毅成：《地平线公司房车租赁商业模式研究》，华东师范大学 2014 年硕士论文。

鲁岩平：《中国房车行业分析及对策研究》，湖南大学 2014 年硕士论文。

郑志来：《共享经济的成因、内涵与商业模式研究》，《现代经济探讨》2016 年第 3 期。

向富华：《中国房车旅游发展存在的问题及对策探讨》，《三峡大学学报》（人文社会科学版）2014 年第 36 期。

李丽：《论中国房车旅游状况与发展》，《产业经济》2012 年第 3 期。

于秋阳、杨斯涵：《房车旅游发展条件评估分析与对策研究》，《旅游论坛》2012 年第 5 期。

G.23
北京旅行社新业态研究

李　宏*

摘　要：　旅行社作为旅游分销链条的主要环节，在旅游业中发挥着重要的作用，随着市场需求的变化，旅行社在业态上不断有所创新。具体来看，北京旅行社的新业态主要包括基于旅游供应链分工的专业化运营旅行社、基于三大旅游市场分化的专业化运营旅行社、旅游供应链条细化催生的新型旅行社、旅游供应链其他环节渗透产生的新型旅行社和提供专项旅游服务的新型旅行社等几种形式。这些新业态已经形成一定的规模，运营模式比较成熟。

关键词：　旅行社　行业分工　旅游供应链

新业态是一个相对的概念，在一定时间范围内，相对于传统的、成熟的旅游服务供给形态，针对旅游者新兴的、成规模的需求所提供的新型服务，都可以称之为旅游新业态。我国的旅游业起步于20世纪80年代初期，面向入境旅游团队提供接待服务是旅游业的主要任务。其中，旅行社具有对外招徕的职能，旅游团队由旅行社进行组织，各地的景点、酒店和租车公司由旅行社串联起来形成整体的旅游服务供应链。因此，在此后将近20年的时间里，旅行社都被称为旅游业的三大支柱产业之一，功能相对固化。然而，在

---

* 李宏，女，北京第二外国语学院旅游管理学院教授，管理学博士，研究领域为旅游分销管理（旅行社、旅游电商）和旅游目的地营销。

之后近 20 年的时间里，国内旅游市场和出境旅游市场得到长足发展，旅行社的分工不断细化，旅行社的存在形式和主要功能也在发生改变。北京是我国入境游客的首选目的地，也是国内游的主要目的地，同时北京作为客源地所组织的国内游客和出境游客数量在国内也位于前列。基于庞大而多样化的市场群体，北京的旅行社不断创新，新业态的发展在全国范围内具有一定的代表性。

一　基于旅游供应链分工的专业化运营旅行社

所谓旅游供应链是指由旅游服务提供商和旅游分销商共同构成的产业链条，其中通过链条各环节的合作，可以向旅游者提供合适的旅游服务。图 1 是旅游供应链的示意图。其中，旅游供应商是指景区、住宿、交通和娱乐等旅游服务提供商，旅游运营商是指位于旅游目的地的负责团队或散客接待的旅行社，旅游批发商是指位于客源地组织具体线路的旅行社，旅游零售商是指为旅游批发商或者旅游运营商提供客源地旅行社。

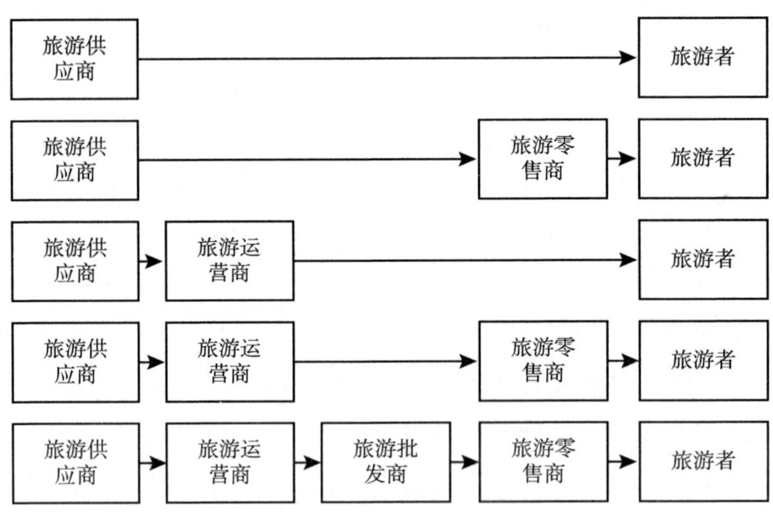

图 1　旅游供应链示意

从传统上看，我国的旅行社从入境旅游接待起家，因此对旅行社的认知与规范普遍停留在团队接待的层面，但是旅游市场的变化促进了旅行社行业分工的细化，在北京，旅游运营商、旅游批发商和旅游零售商的分化已经十分成熟。即使相应的法规并没有对旅行社分工进行规范，但行业内部对分工的认知已经十分清晰。规模较大的旅行社一般同时扮演运营商、批发商和零售商的角色，规模较小的旅行社一般只开展零售业务，服务于所在商圈的旅游需求。介于两者之间的旅行社，往往进行两个方向的分化，即将北京视为目的地的运营商和将北京视为客源地的批发商。旅行社基于行业分工的专业化运营可以视为新业态的一条成长路径。

二　基于三大旅游市场分化的专业化运营旅行社

入境旅游市场、国内旅游市场和出境旅游市场并称为三大旅游市场，各个市场对于旅行社的意义和要求差别显著。在国家旅游局对旅行社行业进行的统计中，涉及入境旅游市场的，用到了“外联”和“接待”两个术语，涉及国内旅游市场的，用到了“组织”和“接待”两个术语，涉及出境旅游市场的，只用到了“组织”这个术语。表 1 为三大旅游市场和旅游供应链的列联表，可以用来理解不同类型的旅行社在三大市场中所发挥的作用。

表 1　旅行社的功能分化

	入境旅游市场	国内旅游市场	出境旅游市场
旅游运营商	接待	接待	—
旅游批发商	外联	组织	组织
旅游零售商	—	组织	组织

从表 1 中可以看出，经营入境旅游业务的旅行社不需要面对最终的消费者，客源国的零售商和批发商是我方旅行社的下游企业。在北京，传统上入境旅游业务主要由大社运营，但近年来由于相关法规放松了对入境旅游业务经营资格的要求，很多新成立的小旅行社热衷于深耕某个客源国市场，专门

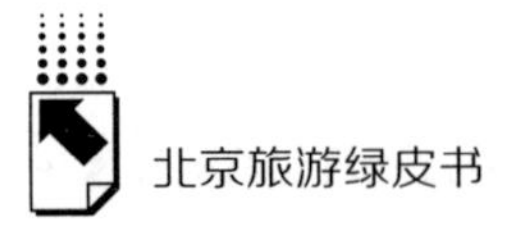

做某个市场的接待业务。例如针对印度市场，各个小旅行社规模很小，经理人员亲自赴印度寻找批发商寻求合作，每团的接待单独策划，但不可否认的是，这种经营模式最终导致入境游的“零负团费”盛行，不是值得推崇的发展方向。

在出境旅游市场上，从最开始就存在“批发商”的概念，众信、凯撒等旅行社都是从专营欧洲旅游批发业务发展起来的代表旅行社。在北京的出境旅游市场上，旅游批发商的分化已经十分细致，有专门开展东南亚业务的批发商，有专门开展日韩业务的批发商，有专门开展美洲业务的批发商，以及专门开展澳洲业务的批发商。这些批发商不断向供应链上游渗透力量，例如开展长途包机业务，在目的国买断酒店客房等，努力通过规模运营将服务的单位成本降下来，以增加在市场上的竞争力和吸引力。

在国内旅游市场上，旅游零售商的发展是新业态的主要体现。当前，在北京分布着众多的旅游门市，通过走访调查发现，这些旅游门市大多归属于某大型旅行社，但独立运作者居多，主要业务形式是向周边民众提供旅游团队的报名服务，具体的接待则由上游的批发商或运营商具体完成。“承包挂靠”的定义与合法性处于模糊地带，旅游零售功能的独立促成了新业态的产生。

三　旅游供应链条细化催生的新型旅行社

提高效率是分工得以不断细化的动力，在旅行社行业，有两个趋势值得重视。第一个趋势是旅游零售环节的独立。旅游百事通是当前采用品牌连锁经营模式比较成功的旅行社。这家旅行社从成立之初就专营旅游零售业务，自称为旅游超市，采用的品牌连锁经营模式在旅行社业是业态创新。在旅游百事通之前，也有通过连锁经营模式开展旅游零售业务的旅行社，但由于运营模式等方面的原因，品牌的影响已经减弱。旅游百事通的模式相对成熟，运作相对规范，零售门店的数量增加很快，在 2016 年由携程旅游网注资，作为携程旅游网 O2O（线上到线下）的线下出口。旅游百事通目前在北京尚未设立网点，但在其发展规划中，北京已经被其列入考虑范围。一旦这种专业的旅游零售业态进入北京，将会对北京的旅行社形成示范效应，届时旅行社品牌连锁经营的法律规范问题也将提上日程。

第二个趋势是基于供应链的 B2B 平台型旅行社的分化。B2B 是电子商务的术语，指企业与企业之间的交易关系。在旅游电子商务领域，B2B 平台是近年来比较热门的商务模式，由于处于发展初期，各种问题不断呈现，还没有成熟的模式可供借鉴。但这里所谈到的 B2B 是基于传统旅行社分化出来的旅行社新业态，与旅游电商的 B2B 不是一种概念。北京的易游天下国际旅行社是 B2B 平台型旅行社的代表。易游天下国际旅行社的前身是传统旅行社，主要经营团队业务，在战略调整后，主体业务变成了为旅游运营商、旅游批发商和旅游零售商进行业务合作提供便利的网络平台。其平台为旅行社自主研发，不对公众开放，服务对象为处于旅游供应链各环节的旅游供应商和旅游分销商。这个平台的存在，打通了旅游供应链的各个环节，为处于各个环节的旅行社之间的合作降低了交易费用，提高了合作效率。目前，易游天下国际旅行社的平台已经有一大批稳定的上下游客户，它的竞争对手是来自旅游电商领域的 B2B 企业，但是二者又有不同。易游天下国际旅行社是传统旅行社的转型，具备传统旅行社的地域性特点，它的客户基本以北京为目标市场，在出境游领域和国内游领域目标比较统一。电商领域的 B2B 企业则没有地域的限制，上下游之间的合作反而因为能力不能集中，因而没有找到合适的运营模式。

四　旅游供应链其他环节渗透产生的新型旅行社

旅行社在旅游供应链中处于中间商的位置，上游企业的一体化扩张，能够为旅行社业态创新提供路径。例如，北京广顺国际旅行社原本是主营赴韩国包机的机票代理商，其下游的客户为专营赴韩旅游团队的旅行社，在合作的过程中，原包机商看到了向下游拓展业务的可能性，于是在合适的时机成立了主营赴韩国旅游业务的旅行社，其所带来的上下游的协同效应，为其旅

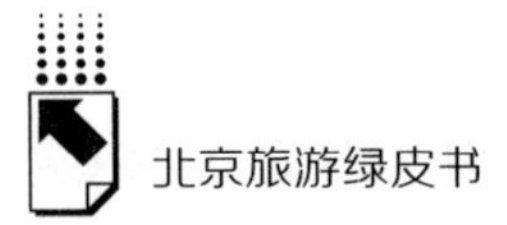

行社业务的发展带来了效率方面和成本方面的优势。由于这家旅行社原本的业务是机票销售，其店面服务的能力较强，这种优势带到了旅行社的门店服务中来，其门店的规范化经营成为旅行社的竞争优势。

北京商之旅商务旅行社为旅行社新业态提供了另一个典型事例。一般认为，主营国内市场的旅行社应该设置门店，前台和后台有所区分，办公场所应该分区明确，功能区别明显。但是北京商之旅商务旅行社位于一幢写字楼的中间一层，整间大的办公室隔成了若干位置，每个位置上都配备了电脑，环境并不适合客户洽谈业务，与对传统旅行社的认识完全不同。事实上，北京商之旅商务旅行社原本是一家纯粹的旅游电商企业，以专营网上订房起家，主要服务于商业大客户，考虑到旅游市场的热度，才注册了旅行社，逐渐进行业务延伸，将业务从线上预订向线下接待拓展。这种发展思路，认同了旅游电商是旅游中间商的观点，将旅游电商和传统旅行社整合起来，是旅游中间商 O2O（线上到线下）整合运作的萌芽状态，值得深入研究。

五　提供专项旅游服务的新型旅行社

在旅行社的众多新业态中，还有一种是基于产品专营发展起来的新型旅行社。所谓的“新”体现在两个方面，一是产品有创新，二是运作模式的创新。

修学旅游产品近年来在国内市场和出境市场异常火爆，当旅游已经成为大众产品的时候，为学生增广见闻的专项修学产品应运而生，专门深耕修学市场的旅行社也分化出来。经过一段时间的发展，修学旅游产品已经从最初的“带学生看学校”分化出了很多细分的产品，例如针对中小学生的文化体验产品，针对有留学倾向学生的语言学习产品，有针对各种兴趣班的专业类提高产品。

高端定制旅游产品近年来人气居高不下。高端定制与传统的团队旅游刚好是两个极端，高端定制产品策划时间长、成本高、定制性强、价格昂贵、个人服务要求高，但是由于其利润空间大，而且市场已经达到一定的规模，因此专营高端定制的旅游公司增长的速度很快，表现为不同的企业经营能力参差不齐，整个行业正处在企业数量爆发和逐步整合阶段。

商务会奖旅游产品在旅行社业务中所占比例越来越高，专门经营商务会奖产品的旅行社在数量上已经初具规模。旅行社对商务会奖的理解从最初的票务服务已经进化到商旅、奖励、拓展、大会和展览等专业领域，是旅行社走专业化运营的备选路径。

六　总结

旅游市场的欣欣向荣促进了旅行社新业态的蓬勃发展。新业态的产生主要基于旅游供应链的细化，基于旅行社行业分工的细化。在我国，旅行社的法律法规相对完善，这是好的一面，同时，新业态的不断出现对旅行社相关法规的进一步完善提出了新的要求。首先，关于行业分工的法律规范需要尽快出台，当前新业态的运作模式与法律规章的矛盾十分突出，需要从根本上加以解决。其次，关于其他类型的旅游中间商如何纳入规范范围需要考虑，例如旅游电商与旅行社处在旅游供应链的相同位置，如何相辅相成，需要深入研究。另外，值得一提的是，上述内容中提到的经营修学类旅游项目的企业不一定注册了旅行社，有可能是以项目策划公司或者文化创意公司等形式存在，同时，经营高端定制旅游产品的企业也很少注册旅行社。但是，在旅游者的眼中它们都属于旅行社范畴。新的市场促进了新的业态发展，新的规范性文件应该打开思路，将众多新的情况考虑进来，以促进旅行社行业更好地发展，满足旅游者越来越成熟、越来越差异化的旅游需求。

G.24

全域旅游视阈下的旅游新业态创新机制研究

——以北京主题民宿业态为例

王慧娴*

摘　要：　旅游业态创新对调整旅游产业机构、促进旅游经济增长、实现旅游业健康发展发挥了重要作用，研究旅游新业态的创新机制有利于进一步提升旅游新业态发展水平、增强旅游新业态竞争力。当前学界对旅游新业态的研究尚属起步阶段，本研究梳理了旅游新业态的定义、类型等基本理论，以北京地区的主题民宿业态为典型案例，基于全域旅游视阈构建以共享经济为背景、互联网技术为手段、可持续发展为目标的旅游新业态创新机制，以期揭示创新对旅游新业态的作用机理，为旅游新业态创新发展提供理论参考。

关键词：　旅游新业态　创新机制　民宿

中国旅游业经过近40年的发展，实现了从“旅游资源大国”向“旅游大国”的跨越，巨大的旅游市场需求正在加速释放，呈现出消费大众化、需求品质化、发展全域化、产业现代化、竞争国际化等特点。然而，低水平、同质化、粗放式的旅游产品大量存在，高品质、个性化、精细化的产品

* 王慧娴，山西财经大学，博士，讲师；研究方向为旅游经济宏观理论、旅游政策。

供给严重不足，伴随而来的是供给与需求不匹配、结构性短缺与结构性过剩并存，旅游业发展肩负着保增长、调结构、促转型的重要任务。旅游业态创新是旅游企业对日益增长的多样性旅游消费需求的积极反应，也是旅游企业对不断增强的多变性旅游市场竞争的有效应对。因此，研究旅游新业态的创新机制，对于进一步推动我国旅游产业结构调整和升级具有重大意义。

一 旅游新业态发展历程

“业态”这一概念来自于零售业，主要是指零售企业的经营形态。随着旅游产业发展的深化和细化，有学者将“业态”一词引入旅游业。然而，零售企业出售的是有形的产品，生产和流通过程完全分离，需要重点解决“怎么卖”产品的问题；旅游企业出售的则是有形的产品加无形的服务，生产和消费具有同时性，在这种情况下不仅要关心“怎么卖”，还需要解决“卖什么”，是一个同时包含了“产品组织形式及产品经营方式”的综合性概念。

目前关于旅游新业态并没有权威统一的界定，但在旅游业的发展实践中，旅游新业态的存在是一个不争的事实。国外关于旅游新业态的研究主要集中在阐述某种新兴旅游业态的形式及其影响，深入探索了旅游业的转型升级和创新问题。国内对旅游新业态的研究从 2000 年起步，到了 2008 年以后才真正发展起来，尚未形成完整的体系。我国旅游产业面临着向服务性产业功能深化、向内部分化和外部融合产业特征发展、向多元复合产业结构转化、向供给推动和需求拉动双力驱动机制并举、向多元合作产业发展模式迈进的深刻变革，旅游新业态的产生和发展成为旅游目的地全局性和导向性发展的战略问题。

学术界对旅游新业态的定义主要有以下观点：从产业发展过程分析，杨玲玲、魏小安认为旅游新业态是指相对于旅游主体产业，形成一定规模、发展态势较稳定的业态模式，它超越了传统的观光旅游发展背景下的业态模式，具有可持续的成长性。从消费需求角度分析，许豫宏认为旅游新业态是根据游客需求创造出满足游客心理、情感、审美享受的新产品。从定义范围进行界定，张文建认为狭义的旅游新业态专指旅游企业经营形态的创新，而广义的旅游新业态还包括旅游产业结构类型和组织形态的创新。从发展目标角度分析，汪燕、李东和认为旅游新业态是指为满足消费者的新需求，通过旅游业和其他产业的融合，不断创造出具有特色的旅游产品。从业态创新内容角度分析，张瑞真等认为旅游新业态是指依据旅游消费者的多元需求，旅游行业及其相关产业部门在组织管理方式、产品形态、经营形态等方面实现突破和创新，是对旅游产业业种、业状和业势的综合性描述；郭为等认为旅游新业态是融合了产品生命周期理论、产品创新理论和产业组织理论，传统旅游业态在产品类型、经营形式或组织形式上至少有一个方面的创新。结合熊彼特创新理论分析，杨懿等认为旅游新业态是旅游业态在产品形态、经营方式、组织形式及发展趋势等方面演变的结果和走向。表 1 给出了旅游新业态的分类及示例。

表 1　旅游新业态分类

学者	分类	类型举例
杨玲玲、魏小安(2009)	市场型旅游新业态 产品型旅游新业态 经营型旅游新业态	商务旅游、奖励旅游等 自驾车旅游、工业旅游、体育旅游等 会展旅游、旅游房地产等
李太光、于曰美、江珊(2009)	衍生型旅游新业态 交叉型旅游新业态 渗透型旅游新业态	分数度假、旅游营地、旅游集散中心、购物旅游等 商务旅游、会展旅游、修学旅游、医疗旅游等 乡村旅游、森林旅游、滨海旅游等
张文建(2010)	集聚型旅游新业态 专业型旅游新业态 整合型旅游新业态 在线型旅游新业态	度假 mall、项目集聚推广中心、“旅行社 + 航空”等 导游服务公司、租车服务公司、旅游专业服务公司等 旅游集散中心、工业旅游促进中心等 携程、艺龙、去哪儿等
汪燕、李东(2011)	全新型旅游新业态 改进型旅游新业态 换代型旅游新业态 仿制型旅游新业态	科技旅游、油轮旅游、数字旅游等 旅游咨询中心、旅游信息网络、旅游电子商务等 经济型酒店、主题酒店等 主题公园、农家乐等

续表

学者	分类	类型举例
张文建(2011)	集聚型旅游新业态 专业型旅游新业态 在线型旅游新业态 复合型旅游新业态 衍生型旅游新业态 准公共型旅游新业态	主题公园、旅游度假区、旅游创意产业区等 租车服务公司、旅游咨询公司、会展公司等 携程、艺龙、去哪儿、淘宝网等 旅游房地产、旅游影视基地、旅游演艺等 品牌经济型酒店、精品酒店、酒店式公寓等 旅游集散中心、工业旅游促进中心等
郭为、许珂(2013)	已有产业间融合 开发新的旅游产品	工业旅游、在线商务旅游、主题公园、旅游集散中心等 漂流、高山旅游、太空旅游、海岛旅游等

本研究认为：旅游新业态即新的旅游业发展状态，包括旅行中介组织商业模式、房车旅游商业模式、主题民宿业态、乡村旅游业态、休闲及户外业态等模式。随着大众旅游时代的到来，居民出游率提高，出游意愿呈现常态化、出游动机呈现多元化、出游主体呈现散客化、出游距离呈现近程化、资讯获取呈现技术化，面向小众市场的住宿业便以创新的姿态回到市场上，彰显旅游消费差异和社会心理区隔，因此，本研究拟选择传统旅游六要素之一"住"之新业态——民宿业态作为研究对象，探索旅游新业态的创新机制。

二　北京主题民宿业态分析

民宿业态是一种既古老又崭新的旅游业态。旅游消费者，特别是日益形成规模的中产阶层已不拘囿于传统形式的旅游，开始自觉追求精致的旅行方式。住宿不再是满足旅途中睡觉基本生理需求的场所，而成为一个可以提供个性化旅游体验的地方。除了"诗意地栖居在世界各地"这一关于住宿的内在价值观外，它没有固定的产业模式和类型，这对于传统酒店住宿业的发展理念、产业格局、资金渠道、管理方式、运营模式及相关衍生业态都会产生深远的影响。笔者通过去哪儿网站"客栈·民宿"专题，在线搜索国内各热点旅游目的地的民宿数量，绘制了排名前20位的热点旅游目的地民宿数量柱状图（图 1）。从图 1 中可以看出，北京的民宿业不仅数量上遥遥领先，与其他热点旅游目的地的民宿业也具有较大的态势差，已形成较为成熟的发展规模，具有重要的研究价值，因此，本研究以北京地区的主题民宿业态作为典型案例进行分析。

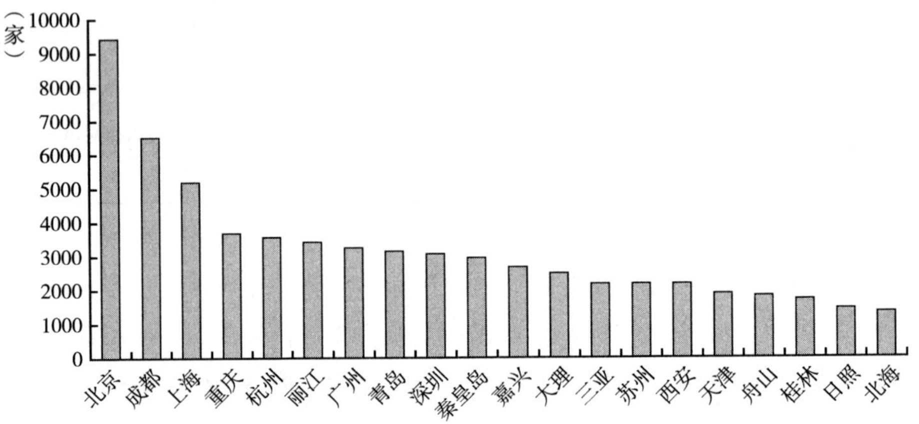

图 1　我国热点旅游目的地民宿数量排名

资料来源：去哪儿网站。

民宿成为渴望释放压力、追求品质生活的中产阶级触摸北京的一种重要方式，需求旺盛、价格攀升、入住率较高、各路资本注入，社会财富及资源的转移助推了民宿品质向高端化发展，空置住房的剩余价值随着共享经济时代的到来而升值。北京主题民宿业态同时面临着增量创新的市场机遇和存量调整的产业压力。

（一）井喷式发展

北京作为我国的政治和文化中心，深厚的文化底蕴及丰富的产品形态吸引着全国乃至全世界的游客，民宿业也因城镇化进程的加快、交通体系的完善、乡村旅游的蓬勃发展等因素推动，呈现出井喷式发展态势。从各大预订平台的单日价格数据看，北京地区的民宿价格从几十元到数千元不等，占领旅游住宿业高、中、低端的各个市场席位，以较强的盈利水平吸引了各种社会资本的积极投资，投资的方向既有民宿实体，也有民宿预订平台，还有民宿加盟平台，成为各路资本的宠儿。另外，众筹这一新兴融资手段也活跃在民宿领域。

（二）监管困难

目前北京地区的民宿经营状态较为混乱。如果按照民宿申请营业执照获得经营资质，会提高申报审批的效率、降低成本。从特种行业管理的角度出发，公安部门要求民宿旅游从业者必须遵守《北京市宾馆业治安管理规定》，其中空间布局、经营规模、技术标准等方面的规定，制约了一些特色住宿单位的申报注册，造成当前民宿数量统计和监管工作的困难。很多京郊民宿利用自家的平房院落开展经营，这些小规模的民宿通常很难符合工商、公安、消防、卫生计生、食品药品监管、环境保护等部门针对社会旅馆的管理标准，该类民宿业屡遭诟病。

（三）经营前景未知

主题民宿在空间布局、装修风格、文化氛围营造等方面以精致化、特色化见长，为紧跟市场热点、维护稳定的客户群、在竞争中保持独特的吸引力，民宿需要每五年进行一次整修提升，因此需要持续注入资金，不断优化软硬件设施。而民居所有权和经营权的分离所引发的房租日益高涨、收益空间的压缩、房东单方面撕毁合同等事件频发，民宿经营者权益得不到保障，当前走红的民宿业态经营前景不可预见。

（四）出台政策规范

针对市场上出现的民宿新业态，国家和地方积极出台各项政策，以保障其健康规范发展。2016 年 11 月，国务院颁布《关于加快发展生活性服务业促进消费结构升级的指导意见》，提出了“积极发展客栈民宿、短租公寓、长租公寓等细分业态”，并将其定性为生活性服务业，给予多维度的政策支持。2017 年全国两会期间上，代表提出了推动特色休闲民宿业发展、推行民宿综合评定国家标准等提案。2017 年 3 月，国家发改委、中宣部、科技部等十部门联合出台《关于促进绿色消费的指导意见》，意见提出持续发展共享经济，鼓励个人闲置资源的有效利用，有序发展民宿出租等内容。

三　全域旅游背景下旅游新业态创新机制构建

进入大众化旅游时代，度假旅游、休闲旅游兴起，仅靠脱胎于观光旅游形态的旅游景区无法满足游客多元个性需求，需要各种旅游度假区、旅游主题民宿、旅游露营地、旅游功能小镇等业态满足游客的度假旅游需求，需要各类休闲街区、旅游综合体、旅游风景道等业态满足游客的休闲旅游需求。发展全域旅游，是要达到通过全域旅游发展实践提升旅游相关产业附加值、通过全域旅游发展实践推动地区经济发展的目的。全域旅游视阈下的旅游业态发展其本质在于创新，只有进行不断创新才能获得更大的生存发展空间，然而创新的内容和形式不断变化，改革开放以后发展起来的旅游业，其业态的创新可以通过开发新型旅游产品、制定新的营销和服务方式、挖掘潜在旅游市场等方式实现。因此，笔者构建了包括背景、手段、目标三个层次的旅游新业态创新机制（图 2）。

（一）共享经济是背景

共享经济是指能让商品、服务、资源以及人的才能等通过共享的渠道实现重新配置的社会经济体系。随着社会财富日益丰富、个人生活资料拥有量不断增加，如何将分散在各个社会成员手中的大量过剩闲置资源进行共享、再分配及再利用，通过盘活存量资源增加社会的交换价值和社会总财富，成为推动社会经济发展的核心问题。民宿业态使得原有的酒店以及社区居民闲置住房价值达到最大化，实现资源配置效率最大化、存量利用效率最大化的目标。通过共享旅游目的地居民闲置的房产资源，有效解决旺季接待能力不足的问题。同时，入住主题民宿增加了与房主之间交流的机会，分享不同文

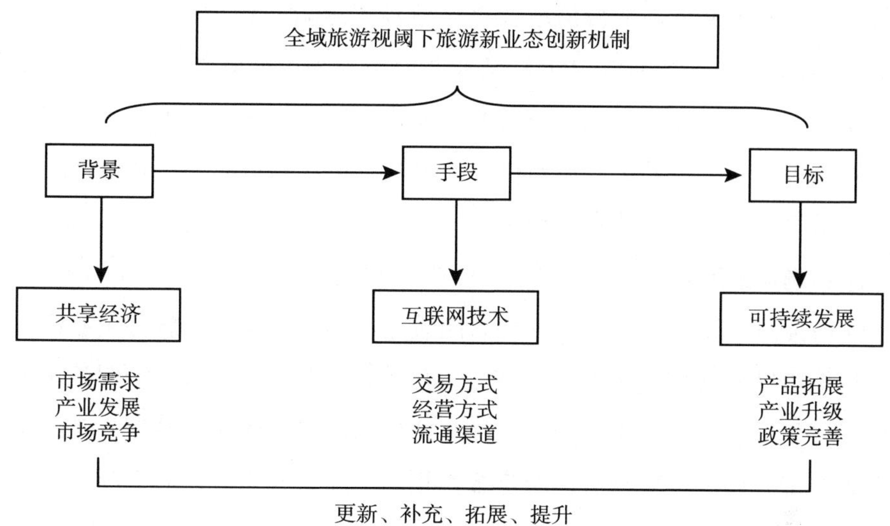

图2 旅游新业态创新机制示意

化的生活方式。

1. 市场需求催生

随着人民生活水平的不断提高、假日制度的不断完善，人们出游热情不断高涨，旅游业已成为人们生活的重要组成部分。2016 年我国国内居民出游总计达 44.4 亿人次，出游率为 331.5%，来华的入境旅游人数达 1.38 亿人次，我国继续保持世界上最大的国内旅游市场和全球第四大入境旅游接待国地位。人们的休闲度假旅游需求快速升温，对住宿等基础设施的需求明显增加，不同阶层的出游人群必然产生多种多样的需求，共享住所、共享交通工具、共享生活方式催生了旅游新业态的产生，从而开辟产品细分市场，提升游客求新、求异的体验品质。同时，旅游新业态进入市场又进一步刺激旅游需求的产生，旅游新业态与旅游需求呈现良性互动循环。

2. 产业发展促进

随着旅游产业不断发展，特别是产业融合的进一步深化，推动了旅游新业态的产生。经过融合、创新、再造的旅游新业态，成为旅游业发展的新生力量，也是旅游经济新的价值增长点。随着“旅游 + 住宿”“旅游 + 交通”“旅游 + 互联网”应运而生的旅游新业态，不仅为旅游者的出游和旅游体验提供了更多便利，由此产生的新的商业模式引进现代化运作理念，引领旅游服务业发展潮流。另外，旅游新业态通过共享信息和资源，有效地解决了旅游发展散客化形势下的信息不对称问题。

3. 市场竞争推动

旅游业进入壁垒较低，容易陷入同质化低层次竞争中，旅游企业锐意创新，以期借助旅游新业态提升竞争力，开创旅游发展的蓝海，特别是对于参与国际竞争具有重要意义。随着经济全球化和经济一体化的发展，我国旅游业需紧跟国际旅游发展趋势，满足多样化的国际旅游需求，借鉴国外新业态发展的先进经验促进我国同类旅游新业态的发展，实现与国外旅游业的接轨，提升我国旅游产业的整体素质和实力。

（二）互联网技术是手段

在信息经济时代，信息技术和互联网的发展，是推动传统产业与新兴产业融合发展的引擎，是驱动传统旅游业变革的主要因素。旅游业的信息密集性和信息依托性，与信息技术形成了天然耦合。信息不但是旅游业发展的新要素、新资源，而且催生了诸如新型旅游中间商、大型旅游集成商、数字虚拟旅游、分时度假业、在线预定业务等新的企业组织形态和新的旅游产品生产方式，即各种旅游新业态的产生。因此，技术创新是旅游业态创新的重要手段。

1. 交易方式转变

借力于互联网技术，旅游交易方式发生了颠覆式改变，传统的柜台交易模式开始向网络平台交易转变，机票预订系统、饭店预订系统、全球分销系统等新型交易平台大量涌现。“平台经济”本身并不生产商品，通过提供收费性实体或网络交易平台撮合交易、提供旅游增值服务。依托“平台经济”产生的各种旅游新业态转变旅游经济增长方式，推动了旅游产业融合。

2. 经营方式创新

信息技术引起旅游经营方式的变化，从而产生了各种旅游新业态。首先，旅游企业的虚拟化经营成为可能。另一方面，行业分工的逐步细化致使服务外包的产生和快速发展，由此催生了各种旅游专业服务公司。旅游服务与管理模式借助科技进行管理后，出现了诸如旅游行业数据库、旅游信息服务系统、电子售票等的新业态。另外，传统的旅游商业模式是以线路资源配置为重心，很少涉及对旅游城市以及旅游目的地的资源整合，“分时度假”“分权度假”等新型旅游商业模式以旅游城市以及旅游目的地为重心进行资源整合。

3. 流通渠道变革

根据业态基本理论，新业态的产生主要发生在流通领域。然而旅游产品、服务生产和消费具有同时性，流通环节被大大缩减，因此，旅游业态产生的领域从流通领域向生产和供应领域转移便产生了新的旅游业态，例如在线旅游服务代理商、中央预订系统提供商等。

（三）可持续发展是目标

旅游新业态在产品开发、产业融合、要素组合等方面的创新，都是为实现旅游业的可持续发展。当前无论是旅游目的地发展，还是旅游产品的诞生都强调“工匠精神”和“IP 化”，力求游客旅行过程中走过的每一条街巷、看到的每一栋房子、吃到的每一份餐食、听到的每一个故事都能够给客人带来精神愉悦，成为游客体验的内容和再次选择及主动传播的理由。可持续生产的内容和差异化的魅力以信用作为背书，具有人格化的特点，加持旅游企业走得更加坚定、稳健。

1. 产品创新

新型专项旅游产品推动了旅游产品创新，缩减旅游产品迭代周期，加速旅游产品升级，是旅游新业态的重要内容。通过调整、整合旅游业内部各要素，或创造新的旅游要素，而形成的旅游新业态又改变了旅游产品对自然或人文资源的依赖，扩展产品类型和深化产品内涵，提高了社会资源的利用率，有助于实现旅游业可持续发展。

2. 产业升级

向关联产业积极延伸也是旅游新业态产生的一种方式，旅游者青睐的个性化产品体系很难由任何一个企业独立完成。旅游企业作为产业链的核心，以更加开放积极的态度进行横向融合和纵向延伸，从而升级为互联互通的旅游产业网。旅游新业态推动形成的多元化旅游产业结构，有助于旅游目的地旅游企业集团、跨区域旅游合作的实现，从而有利于旅游业的可持续发展。

3. 政策完善

旅游新业态为旅游业的发展注入活力，有助于构建大旅游业体系，提升旅游业在我国经济社会发展中的地位。制度创新不能直接产生旅游新业态，但它保障和推动着旅游业态的创新。新的旅游业态需要出台相关的行业标准、优惠政策等相关政策以规范新业态企业的市场准入、经营机制、投融资机制、监管机制等问题，而相关政策的建设应从市场的角度去定义，来源于旅游新业态发展实践，又助力旅游业的可持续发展。

参考文献

刘锋：《供给侧改革下的新型旅游规划智库建设思考》，《旅游学刊》2016 年第 2 期。

孙明贵：《业态管理学原理》，北京大学出版社，2004，第 15 ~ 20 页。

Gerum E, Sjurts I, Stieglitz N. *Industry Convergence and the Transformation of the Mobile Communications System of Innovation* [R]. Phillips University Marburg, Department of Business in Administration and Economics, 2004.

Hawkins, Donald E. *A Protected Areas Ecotourism Competitive Cluster Approach to Catalyse Biodiversity Conservation and Economic Growth in Bulgaria* [J]. Sustainable Tourism, 2004.

杜江：《论中国旅游产业功能与产业政策的转变》，《北京第二外国语学院学报》2005 年第 5 期。

马波：《旅游业的转型与区域旅游合作——兼论中、日、韩旅游合作的推进》，《旅游学刊》2007 年第 5 期。

李太光、张文建：《旅游产业转型升级中的业态创新（上）》，《中国旅游报》2008 年 6 月 18 日。

张文建：《市场变化格局下的旅游业态转型与创新》，《社会科学》2011 年第 10 期。

杨玲玲、魏小安：《旅游新业态的“新”意探析》，《问题研究》2009 年第 6 期。

许豫宏：《旅游新业态的行业创新思考（上）》，《中国旅游报》2009 年 2 月 27 日。

张文建：《当代旅游业态理论及创新问题探析》，《商业经济与管理》2010 年第 4 期。

汪燕、李东和：《旅游新业态的类型及其形成机制研究》，《科技和产业》2011 年第 6 期。

张瑞真、马晓冬：《我国旅游新业态研究进展及展望》，《旅游论坛》2013 年第 4 期。

郭为、许珂：《旅游产业融合与新业态形成》，《旅游论坛》2013 年第 6 期。

杨懿、田里、王桀：《旅游业态演变综合模型研究》，《商业论坛》2014 年第 10 期。

李太光、于曰美、江珊：《国内外新型旅游业态的发展动态》，《中国旅游报》2009 年 2 月 13 日。

王伟红：《新休假制度对我国居民出游行为的影响及旅游业应对策略》，《旅游科学》2009 年第 3 期。

戴斌、张魏：《在小众的角落里自发生长》，《饭店现代化》2006 年第 6 期。

肖玮：《京郊民宿游升级课题待破》，http：//www.bbtnews.com.cn/2016/1108/167844.shtml，2016－11－08/2017－04－26。

张辉、岳燕祥：《全域旅游的理性思考》，《旅游学刊》2016 年第 9 期。

周三多：《管理学——原理与方法》，复旦大学出版社，2004。

施紫姣：《试论我国旅游业态的创新与发展》，《旅游研究》2011 年第 1 期。

张辉：《分享经济遇到互联网，将是一场旅游商业模式的革命》，http：//www.dotour.cn/article/18273.html，2015－11－13/2017－04－26。

张辉、黄雪莹：《旅游产业融合的几个基本论断》，《旅游学刊》2011 年第 4 期。

杨彦锋：《互联网技术成为旅游产业融合与新业态的主要驱动因素》，《旅游学刊》2012 年第 9 期。

杨懿：《旅游业态及其演变机理研究》，云南大学，2010。

张文建：《旅游产业转型：业态创新机理与拓展领域》，《上海管理科学》2011 年第 1 期。

张辉、岳燕祥：《旅游业转型升级的“互联网＋”思维》，《中国旅游报》2015 年 5 月 13 日。

李雪丽、陶婷芳、张振国：《新业态：旅游业可持续发展的战略选择》，《江苏商论》2011 年第 12 期。

G.25
中国露营旅游：新业态、新发展

邹积艺　吴　晶*

摘　要：　文章介绍了露营旅游在美国、欧洲、澳大利亚全球主要市场的发展概况，结合我国露营旅游发展现状和存在的主要问题，提出将驿站型营地纳入旅游基础设施范围，加大目的地型营地产品和业态创新，进一步加大政策支持，完善营地标准体系，提出加大生态露营旅游消费习惯培养的对策与建议。

关键词：　露营　营地　房车　旅游开发

露营旅游在欧美发达国家已成为经久不衰的时尚，是大众旅游度假的重要组成部分，在国内刚刚兴起，还属于新兴业态，发展潜力巨大。在旅游供给侧改革、发展全域旅游的政策背景下，如何突破制约露营旅游发展的瓶颈，找到发展新业态的新办法，本文就此提出一些对策，抛砖引玉。

一　露营旅游发展现状

露营（camping）是指离开常驻居所，在营地的帐篷、房车、木屋等临时设施中停留过夜的活动。

---

* 邹积艺，中航工业中航爱游客汽车营地有限公司运营管理部部长，项目管理师（PMP），研究方向为旅游规划与旅游开发、项目管理；吴晶，中航爱游客汽车营地有限公司运营管理部高级业务经理，一级注册建造师，研究方向为工程勘察、工程管理。

（一）国外现状

露营旅游在欧美国家已经发展得较成熟。营地[①]是美国、澳大利亚等国家旅游供给体系的重要组成部分。露营旅游已经深入大众，是重要的户外休闲度假方式，甚至成为一种回归自然的生活方式。随着近年来高级木屋（upscale cabins）体验、豪华房车（luxury RVs）旅行、奢华露营（glamping）等露营形式的快速发展，露营作为一种“廉价旅游”的时代已经过去[②]。

1. 美国

美国有组织的露营旅游萌芽于20世纪二三十年代[③]，是全球最大的露营旅游市场。2015年，全美营地数超过2万家[④]，露营年产值超过500亿美元[⑤]。2016年，美国房车保有量突破1000万辆[⑥]，露营量达到7486万夜[⑦]。美国的国有营地和私有营地几乎各占一半[⑧]，国有营地大部分定位于国家、州立公园和公路沿途的基础设施、公共性产品，一般提供基础的服务和休闲设施；私有营地的规模、风格各异，产品多元化，很大一部分中小型营地为家庭经营。部分营地也常常发展成为产品多元化的综合性营地，甚至发展成1000个以上营位、具有综合设施配套的大型房车特色小镇（Campground

① 营地的范畴包括campground、campsite、trailer park、RV park、RV resort、caravan park；房车的范畴包括recreation vehicle、trailer、caravan、leisure vehicle；木屋的范畴包括cabin、cottage、hut、yurt、tipi。

② Brooker E，Joppe M，“A critical review of camping research and direction for future studies”，*Journal of Vacation Marketing*，2014.

③ Bultena G，Taves MJ：“Tenting on a park campground”，*Conservation Volunteer 23*，1960.

④ 谭玉梅：《美国汽车露营发展研究》，四川大学出版社，2015。

⑤ 数据源自美国房车工业协会网站，http：//www. rvia. org/？ESID = indicators，最后访问时间：2017年4月18日。

⑥ 数据源自美国房车工业协会网站，http：//www. rvia. org/rvia. cfm？ESID = histglance，最后访问时间：2017年4月18日。

⑦ “North American Camping Report 2017”，http：//www. koapressroom. com，最后访问时间：2017年4月18日。

⑧ Hogue M，“A short history of the campsite”，2011，https：//placesjournal. org/article/a-short-history-of-the-campsite/，最后访问时间：2017年4月18日。

Towns)①，成为旅游目的地。美国虽然已经有了美国露营地公司（KOA）、千路公司（Thousand Trail）等露营旅游连锁企业，但营地产业聚集度仍然不够高，2012 年美国前 50 家最大的私营露营企业，仅贡献了产业 25% 的收入②。

2. 欧洲

由于欧盟国家之间公民来往互免签证，车辆免办通关，欧洲发展成为继美国后的第二大露营旅游市场。2015 年，欧洲房车保有量超过 554 万辆③。在欧洲，1/6 的旅游过夜是在营地中发生的④。欧洲营地的一大特点是营地与健康产业的高度融合发展。根据欧洲 Alan Rogers 旅游营销公司 2011 年发布的《101 家欧洲最好的水疗（SPA）& 康体营地》⑤，其中 40% 的营地都提供桑拿、按摩、泳池、美容、健身、按摩缸浴（jacuzzi）等产品，并综合伴有各种洗浴、足部保养、音乐理疗等健康产品。

3. 澳大利亚

澳大利亚的露营旅游也发源于 20 世纪二三十年代⑥。2010 年，澳大利亚营地数量已经达到 2167 个⑦。2012 年，露营年产值规模超过 12 亿美元⑧。2013 年，营地贡献了 50% 的国内旅游过夜床位⑨。2016 年，澳大利亚房车

---

① Janiskee R，"Resort Camping in America"，*Annals of Tourism Research*，17，1990.

② Business Wire，"Research and markets：2012 report on the ＄2 billion US recreational vehicle parks market"，2012，www. businesswire. com/news/home/20120629005565/en/Research-Markets-2012-Report- 2-Billion-Recreational，最后访问时间：2017 年 4 月 18 日。

③ 数据源自欧洲房车协会网站，http：//www. e-c-f. com/index. php？ id = 26，最后访问时间：2017 年 4 月 18 日。

④ Eurostat，"Tourism statistics at regional level"，2012，http：//epp. eurostat. ec. europa. eu/statistics_explained/index. php/Tourism_ statistics_ at_ regional_ level#Camping，最后访问时间：2017 年 4 月 18 日。

⑤ Alan Rogers，"The best campsites in Europe"，*Goldhurst*：*Allan Rogers Guides*，2011.

⑥ Huth A，"The Business of Caravan Parks French's Forest"，*Australia*：*Pearson*，2006.

⑦ Australian Bureau of Statistics（ABS），"Tourist accommodation"，*Australia*（*No. 8635. 0*）. *Canberra*，*Australia*：*Author*，2010.

⑧ Peck R，Australian Tourist Park Industry，Adelaide，Australia：BDO，2012.

⑨ Caldicott RW，Scherrer P，"The life cycle of caravan parks in Australia：the case of northern New South Wales"，*Australian Geographer*，2013.

保有量突破61万辆[①]。澳大利亚露营旅游产品主要针对家庭度假（包括周末、圣诞节、复活节等节假日）、往返式工作人员（temporary itinerant workers）、季节性迁徙露营（seasonal dwelling）三大市场。

（二）国内现状

我国露营旅游发展还处于起步期。房车露营旅游于20世纪90年代，通过电影《不见不散》为大众知晓[②]。近年来露营旅游是在旅游业深入发展、自驾游普及的背景下兴起的。2015年国内旅游人数已突破40亿人次[③]，2017年国内汽车保有量已突破2亿辆，私家车突破1.5亿辆[④]，自驾车成为旅游出行的主要交通选择[⑤]。自驾游客更倾向去远离污染和喧嚣、自然环境优良、产品和服务有特色、不那么拥挤的度假地，和家人朋友自由地旅游、舒适地旅游、回归自然地旅游。在这些需求与动机的驱动下，露营旅游快速增长。市场对满足露营旅游中途休息、休闲、补给、娱乐需求的呼声越来越强烈，部分临近景区和大城市的营地已经成为节假日露营度假的目的地。但是，全国经营中的营地较少，房车保有量也远远低于全球主要露营旅游市场，露营旅游配套基础设施和度假产品供给严重不足，与我国旅游业发展的要求严重不匹配。

国家政策方面，从2009年国务院印发《关于加快发展旅游业的意见》开始，涉及露营旅游的次数越来越多。《国民旅游休闲纲要（2013~2020）》

① 数据源自澳大利亚房车协会《澳大利亚2016年房车产业报告》，http：//www.caravanstats.com.au/_ r767/media/system/attrib/file/57/2016% 20Caravan% 20and% 20Campervan% 20Data%20Report.pdf，最后访问时间：2017年4月18日。

② 刘思敏、刘民英：《我国房车旅游发展现状与未来展望》，《中国旅游报》2011年9月23日。

③ 数据源自《2015年中国旅游业统计公报》，http：//www.cnta.gov.cn/zwgk/lysj/201610/t20161018_ 786774.shtml，最后访问时间：2017年4月18日。

④ 数据源自公安部网站，http：//www.mps.gov.cn/n2254098/n4904352/c5682353/content.html，最后访问时间：2017年4月18日。

⑤ 数据源自中国旅游研究院《2016~2017中国旅游消费市场发展报告》，http：//www.ctaweb.org/html/2017-1/2017-1-10-11-15-58731.html，最后访问时间：2017年4月18日。

《国务院关于促进旅游业改革发展的若干意见》《关于进一步促进旅游投资和消费的若干意见》等重要文件对发展露营旅游新业态提出了要求，特别是2016年国家旅游局等六部委联合印发的《关于促进自驾车旅居车旅游发展的若干意见》和国务院印发的《“十三五”旅游业发展规划》提出了“加快发展自驾车旅居车旅游”的具体要求。

二 我国露营旅游开发存在的问题

（一）发展瓶颈有待进一步突破

由于土地价格过高，露营旅游企业都愿意卖房车、卖装备、做工程——哪怕市场很小也愿意——不愿意开发营地，因为土地贵，开发营地难以盈利；反过来，营地太少，房车上牌上路难，又制约了房车和户外装备保有量。以上几个方面形成一个循环，似乎是一个“悖论”，成为发展露营旅游的瓶颈，也是露营旅游商业模式培养的主要障碍。

（二）营地产品开发较为粗放

部分地方将营地仅仅开发成以“营地式房车”为概念的住宿设施，这给自驾旅游者造成一种印象，即营地仅仅是一个单纯的住宿设施而已，产品单一，吸引力不足，配套不完善，如此，反过来又影响了营地吸引游客消费。个别企业还把营地作为变相的“小产权房”和“长租房”开发①，这样无疑会把露营旅游带入歧途。

（三）消费习惯有待进一步培养和引导

露营旅游在我国刚刚兴起，房车还没有成为大众旅游出行交通方式，亲

① 《房车营地严禁变小产权房》，http：//news. ifeng. com/a/20161229/50495371_ 0. shtml，《法制晚报》2016年11月25日，最后访问时间：2017年4月18日。

密接触自然的营地休闲度假生活方式在我国还没有形成，消费习惯和生态文化有待进一步培养和引导。

三　促进露营旅游新业态发展的思路

营地产品是公共产品还是营利性产品？将营地开发成为旅游目的地还是作为配套基础设施？营地与现有景区及全域的功能如何衔接？露营旅游与度假村、农家乐、民宿、特色小镇等产品特色如何区别？在新的时代，需要在对这些核心问题进行思考的基础上提出新的思路。

（一）将驿站型营地纳入旅游基础设施

位于旅游目的地入口区、旅游景区内部核心节点、旅游线路沿途的营地环境友好、开发强度小、季节性强，一般规模不大，具有一定的公共性，其功能上是为游客提供基础服务，不图功能全面，也难以单独营利①，但这类营地具有正外部性。结合欧美营地开发的经验，建议将这类驿站型营地定位为旅游基础设施，充分发挥其正外部性，实现营地功能突破。

1. 定位为目的地入口服务区或内部服务节点

以往旅游景区和目的地核心开发区大规模开发传统的宾馆酒店等项目，不但影响景观和环境，而且“旺季吃不下，淡季闲置多”，造成资源的浪费，重投资下的旅游项目经营压力也大。后来很多旅游景区投入大量资金把酒店和很多旅游项目放到景区外，又带来了景区“空心化”，由于设施和产品的空间安排，造成了旅游者停留时间短，当天来了就走，景区留不住游客，以及空间上游客量冷热不均等问题。将营地定位为景区入口服务区或景区内部的服务节点，不但有利于优化“时间－空间－产品”规划与开发，延长游客在旅游目的地的停留时间，丰富景点和区域旅游内涵，还可以缓解

① Hultsman，John 等总结出一条规律，“200 个营位以下的小规模营地难以单独实现盈利”，参考 Hultsman，John，Planning Parks for People，1998。

现有旅游设施由于季节性、空间安排等原因造成的服务压力，让营地成为景区和全域空间容量优化的天然调节器。

2. 定位为旅游公路服务区或沿途景观节点

在重点高速公路、旅游公路沿线、风景道，将营地定位于自驾车、房车旅游公共服务体系的重要一环，提供旅行休息休闲，车辆维修保养、租赁共享，信息化支持等补给服务，把营地打造成为环境友好、景观优良、投资较少的旅游服务平台和景观节点。

（二）加大目的地型营地产品和业态创新

对于大城市周边、旅游景区或度假区群附近的中、大型营地，具备成为旅游目的地的条件，其业态和产品开发则成为项目经营成败的关键。营地与一般观光景区相比，应更强调生态度假、户外运动等功能；与一般农家乐或民宿产品相比，应更强调野趣和与自然融合的特点；与一般度假酒店、度假村相比，应更强调自助性、参与性体验；与一般旅游古镇、城市公园相比，应更强调在原生态的环境中车随人行的自由与便捷。具有这样的特性，也使得营地除了遵循一般旅游项目开发的规律和要求之外，还可以开发独具特色的旅游产品，更好地满足游客逃离日常、回归自然、恢复身心、家庭交流、社会交际、户外健康、栖息过冬、猎奇探险等需求，成为满足游客中短期休闲度假或长期居住的目的地。具体产品项目除结合具体项目的综合条件取舍之外，营地开发体验式住宿、慢悠化交通、全感官餐饮、户外运动、健康养生、亲子活动、乡土创意、航空元素融入、体育赛事活动都是建议考虑的方向。

关于业态发展，从国内旅游者行为规律来看，单一的旅游产品往往难以满足综合的旅游消费需求，建议鼓励营地产品与现有旅游业态融合发展，以实现商业上的成功和持续开发。除营地和一般景区融合之外，营地和其他业态融合，形成如“营地 + 特色小镇”“营地 + 城市/郊野公园”“营地 + 农家乐/民宿”“营地 + 主题公园”“营地 + 通用航空”等混合业态模式。

（三）进一步加大政策支持

充分利用我国政府在推动旅游业发展上的优势，完善相关政策。在驿站型营地土地供应方面，应充分考虑其季节性和临时性特征，放宽供地条件，只要不固化地面，应充分利用林地和草地等农用地、未利用地开发营地，除利用旅游景区存量土地外，考虑划拨、集体土地流转等多样化的供地方式；各地行政主管部门在营地项目开发管理政策方面，应按驿站型营地和目的地型营地的不同定位，充分利用政府和社会资本合作（PPP）等机制，制定项目化的供地、立项、报建、办理营业证照政策标准，确保营地开发政策落地顺畅；在信贷方面，对于营地的支持基金和投资引导资金应更有针对性，审批发放更便捷；在税费方面，应充分考虑营地的公共产品特征，予以税收减免或补贴；另外，房车驾驶证制度、拖挂房车挂牌、房车上路政策等，应该加大力度推动其落地。

（四）完善营地标准体系

充分发挥国家标准、行业标准的引导作用，相关标准不应仅仅立足于综合性的目的地型的营地，应同时考虑作为基础设施的驿站型营地标准；逐步建立与营地产品和业态属性相吻合、与我国国情相适应的分级分类管理标准体系；对于影响当前营地建设和运营的消防等具体标准应尽快明确，建议按临时住宿点、草场、林地等类别分区明确消防验收标准和细则，其中自驾车、房车、帐篷露营区等区域作为临时性住宿区域且近室外，便于疏散，有别于普通的固定建筑或旅馆建筑，不宜笼统地将其归结为《建筑设计防火规范》（GB 50016）中的“民用建筑”，应充分考虑经济原则，按照满员人流和占地面积等维度，主要采用户外距离控制、分区隔离的办法，合理利用自来水管网、灌溉系统和河湖水系等自然条件，明确营地的消防验收细则。

（五）加大生态露营旅游习惯的培养

学习国外类似“童子军”（Boy Scouts）的组织，促进青少年个人发展及心理健康，教育青少年做合格的公民，担负社会责任；借鉴美国很多小学把露营与野外生存训练纳入教育课程，平时亲近自然，战时保存生命；借鉴德国很多幼儿园把孩子大部分的时间放在了户外和田园，而不是一味安排在室内教室。笔者认为，我们也应该从娃娃抓起，把露营旅游纳入青少年教育体系、研学旅游体系，营造浓厚的生态旅游文化。

作为国家重点支持发展的新业态，露营旅游面临新发展机遇，制约其发展的政策因素正在打通，笔者认为，国家《“十三五”旅游业发展规划》确定的特色旅游功能区、旅游风景道、特色旅游目的地、“一带一路”沿线的露营旅游开发将提速，新的赢利模式也将随着土地财政的松绑而逐渐形成，围绕房车、露营度假的产业链将逐步培育，有潜力形成产值百亿级的规模。在营地功能定位、产业链打造、业态与产品创新、配套支持政策、标准体系方面实现突破的地方和企业，将引领中国露营旅游发展。

参考文献

邹积艺：《促进露营旅游快速健康发展的策略》，《中国旅游报》2016 年 7 月 12 日。

Brooker E，Joppe M，“Trends in Camping and Outdoor Hospitality-An International Review”，*Journal of Outdoor Recreation and Tourism*，2013（3－4）。

Green F B，“Recreation Vehicles：A Perspective”，*Annals of Tourism Research*，1978（10－12）。

〔美〕特莱尔・A・冈恩、〔土〕特格特・瓦尔《旅游规划：理论与案例（第四版）》，吴必虎、吴冬青、党宁译，东北财经大学出版社，2005。

杨振之：《论度假旅游资源的分类与评价》，《旅游学刊》2005 年第 11 期。

G.26

京沪体育休闲旅游业态比较及北京发展对策研究*

邹光勇　邱　敏　李嘉琪**

摘　要： 文章在《体育旅游休闲基地服务质量要求及等级划分》等标准与研究基础上，从空间尺度和时间尺度上调查京沪两地体育休闲旅游业态的构成状况；并对体育休闲旅游业态进行相关比较以及对发展模式进行归纳；再次，探讨体育旅游网络产业链知识整合特征与规律；最后，提出北京体育休闲旅游业发展的政策建议。论文主要的贡献在于提出了体育休闲旅游业态的分类与未来发展趋向，并以此为基础提出了相关政策建议。

关键词： 体育休闲旅游业态　产业链整合　上海　北京　空间布局

近些年来，国家对体育旅游的支持程度在不断扩大，全国各省市也都在开展体育休闲旅游基地/度假区的建设和评选工作。我国体育休闲旅游业在现实经营管理中存在管理体制不健全，跨界治理难度大等问题。就现有文献来看，国内学者对体育休闲旅游业态的相关研究还比较粗放，主要聚焦在体

---

* 本研究为上海商学院旅游管理重点学科建设以及全国教育科学"十二五"规划 2015 年度教育部重点课题（DDA150209）的部分成果。

** 邹光勇，上海商学院副教授，博士研究生，2015 年国家旅游局研究型英才计划获得者，目前负责国家旅游局规划面上项目"新时期旅行社业发展的线上线下融合发展研究"（课题编号：17TAB009），研究方向为旅游经济与企业战略；邱敏、李嘉琪，上海商学院 2014 级酒店管理、2013 级旅游管理本科生。

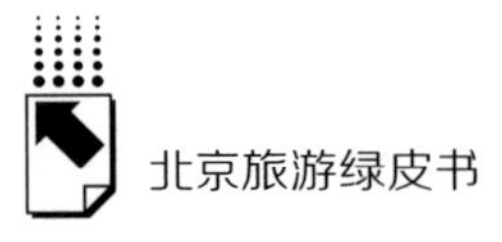

育旅游资源评价、体育旅游产业开发、体育旅游可持续发展、体育旅游经济圈、体育旅游竞争力分析等方面，此外体育旅游产业集聚、空间整合研究也是未来体育旅游研究的重点之一。

本文在上海市旅游局、体育局与质量技术监督局三部门于 2013 年联合制定的《体育旅游休闲基地服务质量要求及等级划分》等标准与研究基础上，采用典型调查、相关旅游网站搜索以及回溯分析方法，首先在分类基础上对京沪体育休闲旅游业态发展现状进行梳理。其次，对其集聚特征进行归纳。再次，探讨其发展所面临的挑战。最后，提出北京体育休闲旅游产业发展的政策建议，为推动北京等地旅游业可持续发展、提升竞争力，提供理论指导和可行性建议。

一　京沪体育休闲旅游业态分类及基本情况

（一）背景与基本情况

2009 年 12 月，国务院出台《关于加快发展旅游业的意见》（国发〔2009〕41 号），明确了促进休闲发展的方针和政策，后来休闲被纳入到新修订的《全国旅游业标准体系表》中。体育休闲旅游业态情况可以从全民健身设施、赛事举办和经营管理状况以及体育旅游相关节庆 3 方面进行归纳。

从全民健身设施建设来看，北京起步早，发展进程更快，在 2003 年人均场地面积就已达到 $2.2m^2$；上海的体育场馆建设也发展迅速，仅在 1997 年到 2011 年期间就从原来的 $0.1m^2$ 增至 $1.75m^2$；最近 5 年来，北京与上海都有专项经费计划，引导体育旅游休闲业建设。从赛事举办和经营管理状况来看，随着 2008 年奥运会成功举办以及 2022 年冬奥会的筹备等，北京对国际重大赛事的承办与国际先进水平体育场馆的建造及场馆管理经验使得其体育旅游产业链渐趋成熟（北京体育休闲旅游业空间分布，见图 1）；上海则在体育“十一五”规划中就提出要把上海市建成“国际体育知名城市”的设想，六大国际赛事①等也相继落户上海，目前已形成“一区一品”格局。从体育旅游相关节庆来看，北京与上海都举办了不少具有良好口碑的旅游节庆，推动了体育旅游集群与产业链的形成。

（二）体育休闲旅游业态的区域空间、功能性质与资源依托

1. 区域空间布局

从数量来看，北京更为丰富，主要集聚在海淀区和朝阳区。上海的分布则相对较为均衡。从布局特点来看，符合国际赛事标准、具有多功能的大型标志性体育建筑一般位于产业结构较为完备，人文、社会资源较有禀赋，产业特色明显或自然环境优美等区域，如北京万事达中心、奥运中心体育场，上海的上海体育馆、国际赛车场等。旅游度假区、森林公园等旅游休闲场所则较多地位于城郊区域，如北京怀柔和延庆、上海奉贤和青浦等。

2. 功能性质分类

体育休闲旅游业态根据功能性质可以分为综合体育场馆、专业体育场馆、体育娱乐场所、体育健身公园、体育休闲公园以及其他六大类别。体育娱乐场所在数量上占据相对多数，包括水上及沙滩运动、高尔夫、自驾、滑雪、滑板、风筝等娱乐体育项目。专业体育场馆在数量上位居第二，承载着球类、游泳、骑马、赛车、射击等运动，多数属于市级优秀体育设施。总体上看，北京体育旅游在量上占据一定优势，规模化、专业化产业链已基本形成，并逐渐向网络化方向发展。

3. 资源依托情况

体育休闲旅游业根据资源依托类型可以分为景区依托型、商业依托型和属地特色型3类。景区依托型分布位于著名景区周边，大多位于城市非中心区域；属地特色型依托的是自身资源特色，如特殊时代背景所建造或扩建，

① 上海国际田径黄金大奖赛、世界斯诺克锦标赛、汇丰高尔夫冠军赛、上海国际马拉松赛、F1中国大奖赛、ATP1000网球大师系列赛。

其同样大多位于城市非中心地区，区位相对偏远；商业依托型则位于市区地带，附近大都有重要交通枢纽经过。在京沪两个城市，景区依托型数量最多，占比约为半数。

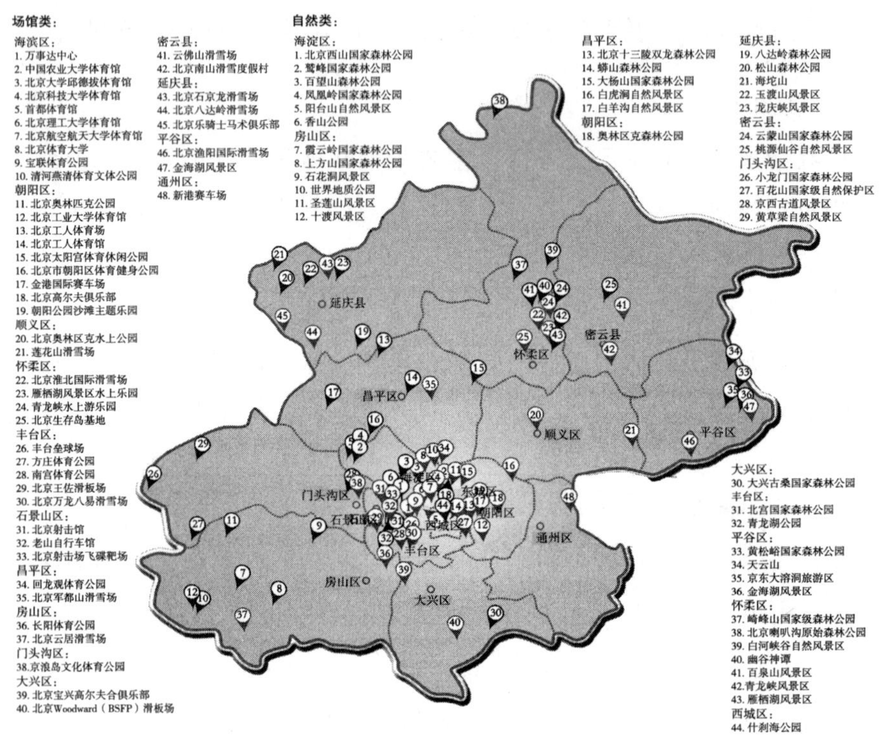

图1　北京市体育休闲旅游业空间布局

二　基于分类基础上的京沪体育休闲旅游业态集聚特征

首先是空间分布集聚。北京体育休闲旅游业主要分布于朝阳、海淀、丰台、怀柔等地，怀柔又在雁栖湖、青龙峡一带形成集聚；朝阳、海淀两地人文资源和社会资源单体间集聚效应更为明显；上海则主要分布在浦东、杨浦、奉贤、青浦等地，而青浦等地的体育休闲旅游业则集聚在淀山湖一带。

另外，上海体育场馆的人文资源和社会资源单体间集聚现象普遍，主要集中在徐汇、杨浦、浦东等地。其次是功能性质较为集聚，如北京体育休闲旅游业以体育娱乐和专业体育场等为主。最后是资源依托类型较为集聚，如北京主要以景区依托型等为主；上海旅游度假村则主要集中在崇明岛上，依托于崇明岛的天然旅游资源。

空间分布集聚、功能性质集聚、资源依托类型集聚的优点在于充分的信息沟通和成熟的专业化协作，使一系列具有横向与纵向关系的体育休闲旅游业形成模块化，互相依存、有机分工。这种集聚提供了相关体育休闲旅游产品和服务的共享，并形成多层面的网状交错连接的可能，例如，不同体育设施线路知识的共享，不同旅游度假村服务标准共享等。这种方法提高了市场反应的灵活性和满足旅游者个性化需求的能力。

三　京沪体育休闲旅游业态发展所面临的挑战

（一）布局仍分散、业态规模有待扩张

体育产业规模小，与文化产业、旅游产业相比，经营单位分散且规模小，还没有形成较大市场份额，尤其缺少有国际竞争力的大型企业集团，上海还没有一家上市公司，北京虽然有，但也凤毛麟角。经营单位管理方式也有待提高，其对市场反应能力和产品自主开发能力不强，难以应对国际、国内激烈的市场竞争。

（二）管理体制调整难、体制有待完善

体育产业的行业管理体制还不成熟，这是目前全国普遍存在的问题。京沪两市体育产业多为行政性管理模式，政府管理部门之间缺乏协调，导致市场发展缓慢。同时，我国体育产业的服务标准化建设比较滞后，如体育彩票的使用和市场运行缺乏政策法规约束和有效监管等。

（三）产品与功能布局不丰富、业态调整能力有待加强

“两头强，中间弱”局面短期内难以克服。北京与上海设备先进、配套齐全的大型体育场馆和露天社区健身苑点、健身步道建设都处于全国前列，而中档水平且配备一定专业化现代设施的社区市民健身场馆较为匮乏，供求之间存在较大差距，与香港、纽约等国际性大都市相差甚远。体育旅游产品与相关服务体系也有待进一步丰富。其中北京的篮球、足球、排球类场馆数目较多，而网球、拳击等场馆还具有较大市场空间，群众性体育赛事如马拉松、户外运动等还有待进一步规范化和合理化。而上海的登山旅游、攀岩旅游、洞穴探险旅游、低空旅游以及配套野外宿营等难以展开，涉水渡河、潜水、摩托艇等项目也都还缺乏。

（四）人才供求关系有脱节现象、人才培养体系待优化

目前高校培育体育专业人才最多的是体育教育人才、运动训练人才和社会体育人才，这与市场需求脱节。现有的体育从业人员的年龄、知识结构、管理水平等也与休闲体育产业的快速发展和激烈的竞争难相适应。如目前在京沪两市以体育竞赛表演为主导的休闲体育产业中，体育赛事运作人才尤其缺乏，包括国际体育赛事的策划和宣传人才、国际体育组织谈判与沟通的专业人才、相关法律人才、职业体育经纪人等。

（五）产权结构不平衡，缺乏市场活力

就产权结构而言，京沪两地体育休闲旅游业态的产权结构主要包含全民所有制和有限责任制两种性质，其中北京体育旅游业中全民所有制占六成左右，主要是大型体育场馆类，这是在特有的历史政治背景下形成的，如奥运场馆。全民所有制企业拥有先进的技术和国家资金政策支持，承载大型赛事的能力强，但也存在一些弊端，如建设维护成本高、成本难以快速回收、盈利少等。

四　北京体育旅游休闲产业未来发展对策建议

（一）明确发展方向和产业特色

上海较有特色的基地有环淀山湖休闲旅游区，这是典型的点状核心式的产业模式。此外，从我国目前建立的其他国家级体育产业基地来看，其中深圳与成都全国最早，均为2006年成立。它们的核心优势都是依托于鲜明的体育主题特色，这有利于产业集聚和品牌效应的形成。深圳凭借IT业，重点引进大型企业与相关实验室，打造自主创新能力。成都利用休闲氛围和经济金融资源，打造西部区位优势。北京较为突出的是龙潭湖体育产业园区，已形成体育行政总部中心、体育研发中心、体育人才中心、体育训练中心。

北京自奥运会举办以来，体育旅游资源相对丰富，但规模效应并不明显，需要通过成功的基地辐射周边区域，将各地体育旅游资源串联起来，由点到轴再到网络化。如在昌平十三陵地区重点开发户外体育休闲旅游业，在顺义的潮白河重点发展水上休闲运动产业，在五棵松展开球类健身综合运动服务，在石景山区打造中国电子竞技运动中心等，以此引进专业人才、深化产品组合，打造北京市体育休闲旅游功能集聚区，并带动京津冀地区协同发展。这种点状核心式的发展模式有助于形成规模递增效益，并以此节约成本、提升效率，大大提升体育休闲旅游者价值增值空间和品牌知名度。

（二）制定较高起点的业态发展规划

北京与上海体育休闲旅游业态的发展模式正在从集群模块化往相对成熟的网络产业化产业空间结构方向过渡。北京体育休闲旅游需要提升都市体育整体实力和在国内、国际体坛的竞争力，真正以产业化为导向，推动体制、规模、产品和服务体系以及人才培养等方面的改革。

（三）政府提供体制和空间上的保障

北京在体育产业基地建设中应通过相应的政策手段和服务职能，重点开展如下几项工作：一是资源分配方向的引导，促进相关区域内资源向最能发挥作用和最能释放潜能的方向集聚与集中；二是加强规划，积极培育支柱产业和特色产业，以此引导生产力合理布局，不断衍生或吸引更多相关企业聚集；三是推动法律服务、技术咨询、会计事务、产权交易等中介机构的建立，使其在建设体育旅游休闲基地中发挥应有的作用；四是推动开放式产业体系的建立及体育休闲旅游国有企业改革，鼓励民营企业的发展，吸收社会资本，增加市场活力，并鼓励相关企事业单位与国际体育产业建立强有力的接口，鼓励引进消化国外的先进技术和管理经验，促进产业集群的跨越式发展。

（四）适时完成规模和布局的优化

体育休闲旅游业的形成是体育旅游产业发展中带有趋势性的一种高效率的产业空间组织形式，具有较强的竞争优势，能够推动体育和旅游等要素的快速集聚、资源优化配置、产业梯度转移。上海较为成功的例子有徐汇区的上海体育馆、上海体育场和上海游泳馆。它们拥有丰富的人文资源和社会资源，借助集聚的空间位置和自身的特色优势形成集群模块化现象，促进相互之间的信息沟通和分工协作，从而提高了产品和服务的质量。北京体育休闲旅游业态及规模和布局的优化能形成较大规模和较低成本的协调能力，促使先进技术与经验迅速外溢和传播。另外，伴随着体育休闲旅游模块化产业链的不断扩大，这也带动周围的交通设施完善和发展，以及增加周边休闲旅游景点对游客的吸引力。

（五）构建各企事业单位间的共享平台

北京体育休闲旅游业应主要依靠集群自身技术、产品、服务创新能力的提高来做强做大，但在目前条件下，一些集群内的中小企事业单位还缺乏自我升级的能力，甚至有的集群还停留在同一体育产业简单地聚集在一起，处于较低的层次。政府要大力引导和支持它们搭建共享平台，而各大体育休闲旅游企事业之间也要注重知识共享、资源互用，以产业集群为依托，由单个产业带动系列产业、单个市场带动成片市场，进而形成产业集群和市场集群的集群共生、互动效应，从而迈进网络化产业发展的高级阶段。

（六）整合资源，促进体育旅游产业融合发展

体育休闲旅游业作为体育与休闲旅游融合的产物，既能带动体育产业发展，又能进一步推进旅游产业的发展，因而必将推动产业融合三者协同发展。那么，首先，北京当以体育休闲旅游产业基地为引力，由体育局和旅游局联合打造体育休闲旅游管理平台，整合体育休闲旅游资源、完善行业管理机制，为体育、旅游与体育休闲旅游三者融合发展提供资源条件。其次，北京应当充分应用旅游产业服务要素平台作为市场条件，如旅行社、OTA 等可以作为体育休闲旅游业的宣传平台和销售渠道，从而实现更好地发展。

参考文献

刘英：《国内体育旅游研究 20 年回顾与展望——基于 CNKI 相关论文的统计分析》，《经济地理》2012 年第 5 期。

林章林：《以标准化建设推进上海体育旅游休闲基地发展》，《质量与标准》2013 年第 11 期。

邹光勇：《产业链整合下的我国区域旅游合作发展战略》，中国人事出版社，2012。

王东杰：《我国体育旅游业发展现状与对策研究》，《产业经济》2007 年第 6 期。

陶宇平：《体育旅游学概论》，《人民体育出版社》，2012。

刘沙沙、宁廷峰：《五大国家级体育产业基地劣势分析》，《内江科技》2012 年第 2 期。

周良君、陈小英：《体育产业，深圳未来城市规划新亮点》，《城市观察》2010 年第

6 期。

郭修金：《休闲城市建设中休闲体育时空的调控设计与规划整合——以上海、杭州、成都为例》，《上海体育学院学报》2013 年第 2 期。

冯建强、陈元香：《基于产业集群理论的国家体育产业基地发展研究》，《生产力研究》，2016。

G.27
后　记

“北京旅游绿皮书”系列的第六本——《北京旅游发展报告（2017）》如期和大家见面了，感谢持续关注北京旅游绿皮书的每一位读者，期望北京旅游绿皮书能为旅游学者的研究提供帮助，给旅游业界从业者以思维启迪。

2017 年的“北京旅游绿皮书”沿续2016 年的“约稿 + 征稿”的组稿思路，一方面由版块主编确定与版块主题相关的重点和热点问题，向业内专家定向约稿；另一方面通过北京旅游学会网站向旅游学界、政界及业界专家征稿，择优录用。2017 年的撰稿作者仍以北京旅游学者为主体，但作者在地域范围上分布较去年又有所扩展。其中，来自上海、浙江、山西和广西的专家学者积极撰稿，这也表明“北京旅游绿皮书”在全国范围的影响力日益扩大。在此，我们向持续为“北京旅游绿皮书”撰稿的老作者以及来自全国各地的新作者致以诚挚的谢意，正是有你们丰富的研究成果以及对旅游发展及旅游热点问题的深入思考，才能使“北京旅游绿皮书”有丰富的内容呈现给读者，使其发展为具有全国性影响力的地方旅游绿皮书。

我们还要感谢北京市旅游发展委员会对此书编辑、出版的支持。在北京市旅游发展委员会领导的关心与支持下，北京旅游学会联结旅游学界、业界及政界力量，以年度报告的形式对北京旅游发展进行理论总结，对一些旅游理论问题的探讨已不限于北京经验，对全国旅游发展都具有普适性意义。

感谢本书的编委会同仁，尤其要感谢 4 位版块主编在承担本单位的学术、科研及教学工作之外，拨出专门的时间来完成《北京旅游发展报告（2017）》各篇组稿、审稿以及后期的文稿编辑、校对工作，不计回报地投入“北京旅游绿皮书”编纂工作中。

2016 年是“十三五”的开局之年，主报告《以推进供给侧结构性改革

为主线　努力提升首都旅游的美誉度和满意度》在回顾 2016 年北京旅游业发展的基础上，深入分析旅游发展全域化、旅游公共服务体系化等北京旅游业发展新特征。主报告的另外两篇文章着眼于全域旅游与京津冀旅游协同发展这两个重要的旅游战略问题，指出全域旅游规划应着力便利化体系、空间形态、社会管理体系等方面的构建，论述了雄安新区在京津冀旅游协同发展中的战略地位。

“主报告”后的 23 篇专题报告依次分为“旅游新观念”篇、“旅游新模式”篇、“旅游新乡村”篇以及“旅游新业态”篇，着眼于当前旅游发展重要理论问题及热点问题，体现京津冀协同发展、全域旅游等国家战略及旅游战略，关注共享经济环境下的北京旅游发展，分析民宿、房车露营等新的旅游业态，构成今年北京旅游绿皮书的“四新”篇章。

最后，再次感谢《北京旅游发展报告》的新老读者，期盼有更多的读者爱上《北京旅游发展报告》。大家的厚爱是北京旅游学会以及本书编辑团队持续前行的动力！

安金明　张　辉

2017 年 5 月

✤ 皮书起源 ✤

“皮书”起源于十七、十八世纪的英国，主要指官方或社会组织正式发表的重要文件或报告，多以“白皮书”命名。在中国，“皮书”这一概念被社会广泛接受，并被成功运作、发展成为一种全新的出版形态，则源于中国社会科学院社会科学文献出版社。

✤ 皮书定义 ✤

皮书是对中国与世界发展状况和热点问题进行年度监测，以专业的角度、专家的视野和实证研究方法，针对某一领域或区域现状与发展态势展开分析和预测，具备原创性、实证性、专业性、连续性、前沿性、时效性等特点的公开出版物，由一系列权威研究报告组成。

✤ 皮书作者 ✤

皮书系列的作者以中国社会科学院、著名高校、地方社会科学院的研究人员为主，多为国内一流研究机构的权威专家学者，他们的看法和观点代表了学界对中国与世界的现实和未来最高水平的解读与分析。

✤ 皮书荣誉 ✤

皮书系列已成为社会科学文献出版社的著名图书品牌和中国社会科学院的知名学术品牌。2016 年，皮书系列正式列入“十三五”国家重点出版规划项目；2012~2016 年，重点皮书列入中国社会科学院承担的国家哲学社会科学创新工程项目；2017 年，55 种院外皮书使用“中国社会科学院创新工程学术出版项目”标识。

S 子库介绍
Sub-Database Introduction

中国经济发展数据库

涵盖宏观经济、农业经济、工业经济、产业经济、财政金融、交通旅游、商业贸易、劳动经济、企业经济、房地产经济、城市经济、区域经济等领域，为用户实时了解经济运行态势、 把握经济发展规律、 洞察经济形势、 做出经济决策提供参考和依据。

中国社会发展数据库

全面整合国内外有关中国社会发展的统计数据、 深度分析报告、 专家解读和热点资讯构建而成的专业学术数据库。涉及宗教、社会、人口、政治、外交、法律、文化、教育、体育、文学艺术、医药卫生、资源环境等多个领域。

中国行业发展数据库

以中国国民经济行业分类为依据，跟踪分析国民经济各行业市场运行状况和政策导向，提供行业发展最前沿的资讯，为用户投资、从业及各种经济决策提供理论基础和实践指导。内容涵盖农业，能源与矿产业，交通运输业，制造业，金融业，房地产业，租赁和商务服务业，科学研究，环境和公共设施管理，居民服务业，教育，卫生和社会保障，文化、体育和娱乐业等 100 余个行业。

中国区域发展数据库

对特定区域内的经济、社会、文化、法治、资源环境等领域的现状与发展情况进行分析和预测。涵盖中部、西部、东北、西北等地区，长三角、珠三角、黄三角、京津冀、环渤海、合肥经济圈、长株潭城市群、关中—天水经济区、海峡经济区等区域经济体和城市圈，北京、上海、浙江、河南、陕西等 34 个省份及中国台湾地区 。

中国文化传媒数据库

包括文化事业、文化产业、宗教、群众文化、图书馆事业、博物馆事业、档案事业、语言文字、文学、历史地理、新闻传播、广播电视、出版事业、艺术、电影、娱乐等多个子库。

世界经济与国际关系数据库

以皮书系列中涉及世界经济与国际关系的研究成果为基础，全面整合国内外有关世界经济与国际关系的统计数据、深度分析报告、专家解读和热点资讯构建而成的专业学术数据库。包括世界经济、国际政治、世界文化与科技、全球性问题、国际组织与国际法、区域研究等多个子库。

法律声明

社长致辞

2017年正值皮书品牌专业化二十周年之际，世界每天都在发生着让人眼花缭乱的变化，而唯一不变的，是面向未来无数的可能性。作为个体，如何获取专业信息以备不时之需？作为行政主体或企事业主体，如何提高决策的科学性让这个世界变得更好而不是更糟？原创、实证、专业、前沿、及时、持续，这是1997年“皮书系列”品牌创立的初衷。

1997～2017，从最初一个出版社的学术产品名称到媒体和公众使用频率极高的热点词语，从专业术语到大众话语，从官方文件到独特的出版型态，作为重要的智库成果，“皮书”始终致力于成为海量信息时代的信息过滤器，成为经济社会发展的记录仪，成为政策制定、评估、调整的智力源，社会科学研究的资料集成库。“皮书”的概念不断延展，“皮书”的种类更加丰富，“皮书”的功能日渐完善。

1997～2017，皮书及皮书数据库已成为中国新型智库建设不可或缺的抓手与平台，成为政府、企业和各类社会组织决策的利器，成为人文社科研究最基本的资料库，成为世界系统完整及时认知当代中国的窗口和通道！“皮书”所具有的凝聚力正在形成一种无形的力量，吸引着社会各界关注中国的发展，参与中国的发展。

二十年的“皮书”正值青春，愿每一位皮书人付出的年华与智慧不辜负这个时代！

社会科学文献出版社社长
中国社会学会秘书长

2016年11月

社会科学文献出版社简介

社会科学文献出版社成立于1985年，是直属于中国社会科学院的人文社会科学学术出版机构。成立以来，社科文献出版社依托于中国社会科学院和国内外人文社会科学界丰厚的学术出版和专家学者资源，始终坚持“创社科经典，出传世文献”的出版理念、“权威、前沿、原创”的产品定位以及学术成果和智库成果出版的专业化、数字化、国际化、市场化的经营道路。

社科文献出版社是中国新闻出版业转型与文化体制改革的先行者。积极探索文化体制改革的先进方向和现代企业经营决策机制，社科文献出版社先后荣获“全国文化体制改革工作先进单位”、中国出版政府奖·先进出版单位奖，中国社会科学院先进集体、全国科普工作先进集体等荣誉称号。多人次荣获“第十届韬奋出版奖”“全国新闻出版行业领军人才”“数字出版先进人物”“北京市新闻出版广电行业领军人才”等称号。

社科文献出版社是中国人文社会科学学术出版的大社名社，也是以皮书为代表的智库成果出版的专业强社。年出版图书2000余种，其中皮书350余种，出版新书字数5.5亿字，承印与发行中国社科院院属期刊72种，先后创立了皮书系列、列国志、中国史话、社科文献学术译库、社科文献学术文库、甲骨文书系等一大批既有学术影响又有市场价值的品牌，确立了在社会学、近代史、苏东问题研究等专业学科及领域出版的领先地位。图书多次荣获中国出版政府奖、“三个一百”原创图书出版工程、“五个‘一’工程奖”、“大众喜爱的50种图书”等奖项，在中央国家机关“强素质·做表率”读书活动中，入选图书品种数位居各大出版社之首。

社科文献出版社是中国学术出版规范与标准的倡议者与制定者，代表全国50多家出版社发起实施学术著作出版规范的倡议，承担学术著作规范国家标准的起草工作，率先编撰完成《皮书手册》对皮书品牌进行规范化管理，并在此基础上推出中国版芝加哥手册——《SSAP学术出版手册》。

社科文献出版社是中国数字出版的引领者，拥有皮书数据库、列国志数据库、“一带一路”数据库、减贫数据库、集刊数据库等4大产品线11个数据库产品，机构用户达1300余家，海外用户百余家，荣获“数字出版转型示范单位”“ 新闻出版标准化先进单位”“专业数字内容资源知识服务模式试点企业标准化示范单位”等称号。

社科文献出版社是中国学术出版走出去的践行者。社科文献出版社海外图书出版与学术合作业务遍及全球40余个国家和地区并于2016年成立俄罗斯分社，累计输出图书500余种，涉及近20个语种，累计获得国家社科基金中华学术外译项目资助76种、“丝路书香工程”项目资助60种、中国图书对外推广计划项目资助71种以及经典中国国际出版工程资助28种，被商务部认定为“2015-2016年度国家文化出口重点企业”。

如今，社科文献出版社拥有固定资产3.6亿元，年收入近3亿元，设置了七大出版分社、六大专业部门，成立了皮书研究院和博士后科研工作站，培养了一支近400人的高素质与高效率的编辑、出版、营销和国际推广队伍，为未来成为学术出版的大社、名社、强社，成为文化体制改革与文化企业转型发展的排头兵奠定了坚实的基础。

经 济 类

经济类皮书涵盖宏观经济、城市经济、大区域经济，
提供权威、前沿的分析与预测

经济蓝皮书

2017 年中国经济形势分析与预测

李扬 / 主编　2017 年 1 月出版　定价：89.00 元

◆　本书为总理基金项目，由著名经济学家李扬领衔，联合中国社会科学院等数十家科研机构、国家部委和高等院校的专家共同撰写，系统分析了 2016 年的中国经济形势并预测 2017 年中国经济运行情况。

中国省域竞争力蓝皮书

中国省域经济综合竞争力发展报告（2015 ~ 2016）

李建平　李闽榕　高燕京 / 主编　2017 年 5 月出版　定价：198.00 元

◆　本书融多学科的理论为一体，深入追踪研究了省域经济发展与中国国家竞争力的内在关系，为提升中国省域经济综合竞争力提供有价值的决策依据。

城市蓝皮书

中国城市发展报告 No.10

潘家华　单菁菁 / 主编　2017 年 9 月出版　估价：89.00 元

◆　本书是由中国社会科学院城市发展与环境研究中心编著的，多角度、全方位地立体展示了中国城市的发展状况，并对中国城市的未来发展提出了许多建议。该书有强烈的时代感，对中国城市发展实践有重要的参考价值。

人口与劳动绿皮书

中国人口与劳动问题报告 No.18

蔡昉　张车伟 / 主编　2017 年 10 月出版　估价：89.00 元

◆　本书为中国社会科学院人口与劳动经济研究所主编的年度报告，对当前中国人口与劳动形势做了比较全面和系统的深入讨论，为研究中国人口与劳动问题提供了一个专业性的视角。

世界经济黄皮书

2017 年世界经济形势分析与预测

张宇燕 / 主编　2017 年 1 月出版　定价：89.00 元

◆　本书由中国社会科学院世界经济与政治研究所的研究团队撰写，2016 年世界经济增速进一步放缓，就业增长放慢。世界经济面临许多重大挑战同时，地缘政治风险、难民危机、大国政治周期、恐怖主义等问题也仍然在影响世界经济的稳定与发展。预计 2017 年按 PPP 计算的世界 GDP 增长率约为 3.0%。

国际城市蓝皮书

国际城市发展报告（2017）

屠启宇 / 主编　2017 年 2 月出版　定价：79.00 元

◆　本书作者以上海社会科学院从事国际城市研究的学者团队为核心，汇集同济大学、华东师范大学、复旦大学、上海交通大学、南京大学、浙江大学相关城市研究专业学者。立足动态跟踪介绍国际城市发展时间中，最新出现的重大战略、重大理念、重大项目、重大报告和最佳案例。

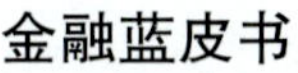

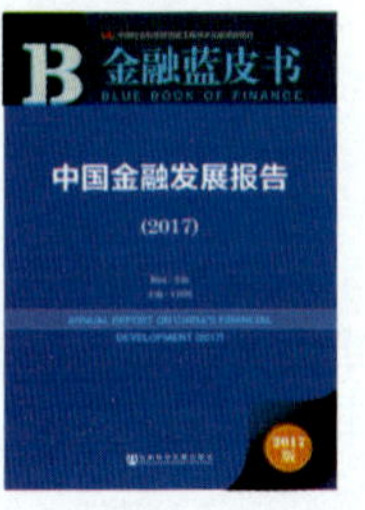

金融蓝皮书

中国金融发展报告（2017）

王国刚 / 主编　2017 年 2 月出版　定价：79.00 元

◆　本书由中国社会科学院金融研究所组织编写，概括和分析了 2016 年中国金融发展和运行中的各方面情况，研讨和评论了 2016 年发生的主要金融事件，有利于读者了解掌握 2016 年中国的金融状况，把握 2017 年中国金融的走势。

农村绿皮书

中国农村经济形势分析与预测（2016 ~ 2017）

魏后凯　杜志雄　黄秉信 / 主编　2017 年 4 月出版　估价：89.00 元

◆　本书描述了 2016 年中国农业农村经济发展的一些主要指标和变化，并对 2017 年中国农业农村经济形势的一些展望和预测，提出相应的政策建议。

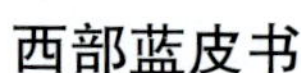

西部蓝皮书

中国西部发展报告（2017）

徐璋勇 / 主编　2017 年 7 月出版　估价：89.00 元

◆　本书由西北大学中国西部经济发展研究中心主编，汇集了源自西部本土以及国内研究西部问题的权威专家的第一手资料，对国家实施西部大开发战略进行年度动态跟踪，并对 2017 年西部经济、社会发展态势进行预测和展望。

经济蓝皮书・夏季号

中国经济增长报告（2016 ~ 2017）

李扬 / 主编　2017 年 9 月出版　估价：98.00 元

◆　中国经济增长报告主要探讨 2016~2017 年中国经济增长问题，以专业视角解读中国经济增长，力求将其打造成一个研究中国经济增长、服务宏微观各级决策的周期性、权威性读物。

就业蓝皮书

2017 年中国本科生就业报告

麦可思研究院 / 编著　2017 年 6 月出版　估价：98.00 元

◆　本书基于大量的数据和调研，内容翔实，调查独到，分析到位，用数据说话，对中国大学生就业及学校专业设置起到了很好的建言献策作用。

社会政法类

社会政法类皮书聚焦社会发展领域的热点、难点问题，
提供权威、原创的资讯与视点

社会蓝皮书

2017年中国社会形势分析与预测

李培林　陈光金　张翼 / 主编　2016年12月出版　定价：89.00元

◆　本书由中国社会科学院社会学研究所组织研究机构专家、高校学者和政府研究人员撰写，聚焦当下社会热点，对2016年中国社会发展的各个方面内容进行了权威解读，同时对2017年社会形势发展趋势进行了预测。

法治蓝皮书

中国法治发展报告 No.15（2017）

李林　田禾 / 主编　2017年3月出版　定价：118.00元

◆　本年度法治蓝皮书回顾总结了2016年度中国法治发展取得的成就和存在的不足，对中国政府、司法、检务透明度进行了跟踪调研，并对2017年中国法治发展形势进行了预测和展望。

社会体制蓝皮书

中国社会体制改革报告 No.5（2017）

龚维斌 / 主编　2017年3月出版　定价：89.00元

◆　本书由国家行政学院社会治理研究中心和北京师范大学中国社会管理研究院共同组织编写，主要对2016年社会体制改革情况进行回顾和总结，对2017年的改革走向进行分析，提出相关政策建议。

社会心态蓝皮书

中国社会心态研究报告（2017）

王俊秀　杨宜音 / 主编　2017 年 12 月出版　估价：89.00 元

◆　本书是中国社会科学院社会学研究所社会心理研究中心“社会心态蓝皮书课题组”的年度研究成果，运用社会心理学、社会学、经济学、传播学等多种学科的方法进行了调查和研究，对于目前中国社会心态状况有较广泛和深入的揭示。

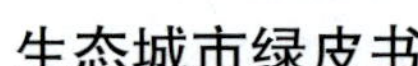

生态城市绿皮书

中国生态城市建设发展报告（2017）

刘举科　孙伟平　胡文臻 / 主编　2017 年 7 月出版　估价：118.00 元

◆　报告以绿色发展、循环经济、低碳生活、民生宜居为理念，以更新民众观念、提供决策咨询、指导工程实践、引领绿色发展为宗旨，试图探索一条具有中国特色的城市生态文明建设新路。

城市生活质量蓝皮书

中国城市生活质量报告（2017）

中国经济实验研究院 / 主编　2017 年 7 月出版　估价：89.00 元

◆　本书对全国 35 个城市居民的生活质量主观满意度进行了电话调查，同时对 35 个城市居民的客观生活质量指数进行了计算，为中国城市居民生活质量的提升，提出了针对性的政策建议。

公共服务蓝皮书

中国城市基本公共服务力评价（2017）

钟君　刘志昌　吴正杲 / 主编　2017 年 12 月出版　估价：89.00 元

◆　中国社会科学院经济与社会建设研究室与华图政信调查组成联合课题组，从 2010 年开始对基本公共服务力进行研究，研创了基本公共服务力评价指标体系，为政府考核公共服务与社会管理工作提供了理论工具。

行业报告类

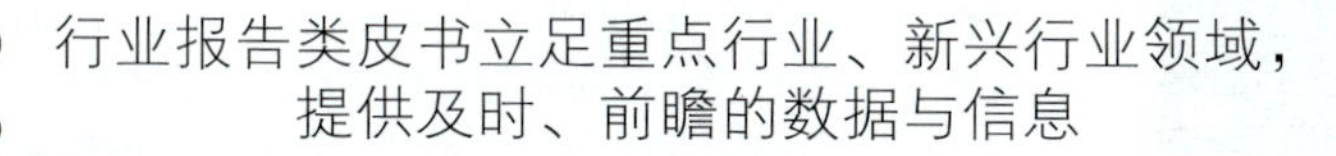
行业报告类皮书立足重点行业、新兴行业领域，
提供及时、前瞻的数据与信息

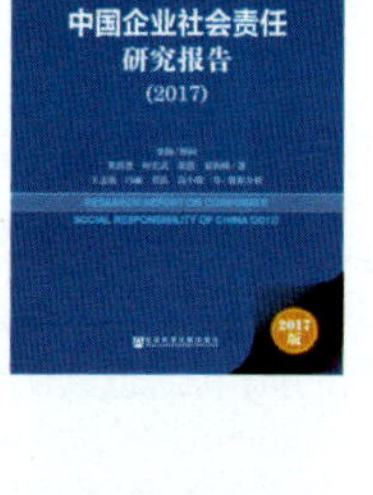

企业社会责任蓝皮书

中国企业社会责任研究报告（2017）

黄群慧　钟宏武　张蒽　翟利峰 / 著　2017 年 10 月出版　估价：89.00 元

◆　本书剖析了中国企业社会责任在 2016 ~ 2017 年度的最新发展特征，详细解读了省域国有企业在社会责任方面的阶段性特征，生动呈现了国内外优秀企业的社会责任实践。 对了解中国企业社会责任履行现状、未来发展，以及推动社会责任建设有重要的参考价值。

新能源汽车蓝皮书

中国新能源汽车产业发展报告（2017）

中国汽车技术研究中心　日产（中国）投资有限公司
东风汽车有限公司 / 编著　　2017 年 7 月出版　　估价：98.00 元

◆　本书对中国 2016 年新能源汽车产业发展进行了全面系统的分析，并介绍了国外的发展经验。有助于相关机构、行业和社会公众等了解中国新能源汽车产业发展的最新动态，为政府部门出台新能源汽车产业相关政策法规、企业制定相关战略规划，提供必要的借鉴和参考。

杜仲产业绿皮书

中国杜仲橡胶资源与产业发展报告（2016 ~ 2017）

杜红岩　胡文臻　俞锐 / 主编　　2017 年 4 月出版　估价：85.00 元

◆　本书对 2016 年杜仲产业的发展情况、研究团队在杜仲研究方面取得的重要成果、部分地区杜仲产业发展的具体情况、杜仲新标准的制定情况等进行了较为详细的分析与介绍，使广大关心杜仲产业发展的读者能够及时跟踪产业最新进展。

企业蓝皮书

中国企业绿色发展报告 No.2（2017）

李红玉　朱光辉 / 主编　　2017 年 8 月出版　　估价：89.00 元

◆　本书深入分析中国企业能源消费、资源利用、绿色金融、绿色产品、绿色管理、信息化、绿色发展政策及绿色文化方面的现状，并对目前存在的问题进行研究，剖析因果，谋划对策，为企业绿色发展提供借鉴，为中国生态文明建设提供支撑。

中国上市公司蓝皮书

中国上市公司发展报告（2017）

张平　王宏淼 / 主编　　2017 年 10 月出版　　估价：98.00 元

◆　本书由中国社会科学院上市公司研究中心组织编写的，着力于全面、真实、客观反映当前中国上市公司财务状况和价值评估的综合性年度报告。本书详尽分析了 2016 年中国上市公司情况，特别是现实中暴露出的制度性、基础性问题，并对资本市场改革进行了探讨。

资产管理蓝皮书

中国资产管理行业发展报告（2017）

智信资产管理研究院 / 编著　　2017 年 6 月出版　　估价：89.00 元

◆　中国资产管理行业刚刚兴起，未来将成为中国金融市场最有看点的行业。本书主要分析了 2016 年度资产管理行业的发展情况，同时对资产管理行业的未来发展做出科学的预测。

体育蓝皮书

中国体育产业发展报告（2017）

阮伟　钟秉枢 / 主编　　2017 年 12 月出版　　估价：89.00 元

◆　本书运用多种研究方法，在体育竞赛业、体育用品业、体育场馆业、体育传媒业等传统产业研究的基础上，并对 2016 年体育领域内的各种热点事件进行研究和梳理，进一步拓宽了研究的广度、提升了研究的高度、挖掘了研究的深度。

国际问题类

国际问题类皮书关注全球重点国家与地区，
提供全面、独特的解读与研究

美国蓝皮书

美国研究报告（2017）

郑秉文　黄平 / 主编　2017 年 6 月出版　估价：89.00 元

◆　本书是由中国社会科学院美国研究所主持完成的研究成果，它回顾了美国 2016 年的经济、政治形势与外交战略，对 2017 年以来美国内政外交发生的重大事件及重要政策进行了较为全面的回顾和梳理。

日本蓝皮书

日本研究报告（2017）

杨伯江 / 主编　2017 年 5 月出版　估价：89.00 元

◆　本书对 2016 年日本的政治、经济、社会、外交等方面的发展情况做了系统介绍，对日本的热点及焦点问题进行了总结和分析，并在此基础上对该国 2017 年的发展前景做出预测。

亚太蓝皮书

亚太地区发展报告（2017）

李向阳 / 主编　2017 年 4 月出版　估价：89.00 元

◆　本书是中国社会科学院亚太与全球战略研究院的集体研究成果。2017 年的“亚太蓝皮书”继续关注中国周边环境的变化。该书盘点了 2016 年亚太地区的焦点和热点问题，为深入了解 2016 年及未来中国与周边环境的复杂形势提供了重要参考。

德国蓝皮书

德国发展报告（2017）

郑春荣 / 主编　2017 年 6 月出版　估价：89.00 元

◆　本报告由同济大学德国研究所组织编撰，由该领域的专家学者对德国的政治、经济、社会文化、外交等方面的形势发展情况，进行全面的阐述与分析。

日本经济蓝皮书

日本经济与中日经贸关系研究报告（2017）

张季风 / 编著　2017 年 5 月出版　估价：89.00 元

◆　本书系统、详细地介绍了 2016 年日本经济以及中日经贸关系发展情况，在进行了大量数据分析的基础上，对 2017 年日本经济以及中日经贸关系的大致发展趋势进行了分析与预测。

俄罗斯黄皮书

俄罗斯发展报告（2017）

李永全 / 编著　2017 年 7 月出版　估价：89.00 元

◆　本书系统介绍了 2016 年俄罗斯经济政治情况，并对 2016 年该地区发生的焦点、热点问题进行了分析与回顾；在此基础上，对该地区 2017 年的发展前景进行了预测。

非洲黄皮书

非洲发展报告 No.19（2016 ~ 2017）

张宏明 / 主编　2017 年 8 月出版　估价：89.00 元

◆　本书是由中国社会科学院西亚非洲研究所组织编撰的非洲形势年度报告，比较全面、系统地分析了 2016 年非洲政治形势和热点问题，探讨了非洲经济形势和市场走向，剖析了大国对非洲关系的新动向；此外，还介绍了国内非洲研究的新成果。

地方发展类

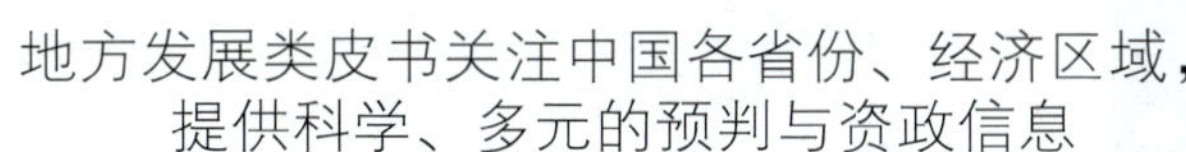
地方发展类皮书关注中国各省份、经济区域，
提供科学、多元的预判与资政信息

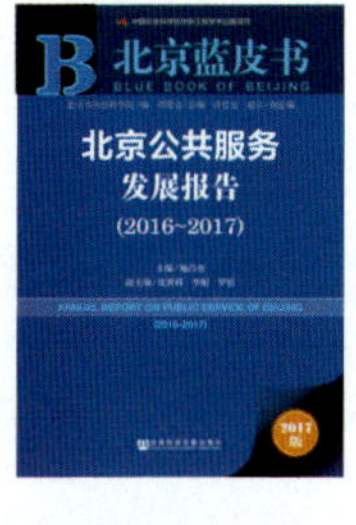

北京蓝皮书

北京公共服务发展报告（2016~2017）

施昌奎 / 主编　2017 年 3 月出版　定价：79.00 元

◆　本书是由北京市政府职能部门的领导、首都著名高校的教授、知名研究机构的专家共同完成的关于北京市公共服务发展与创新的研究成果。

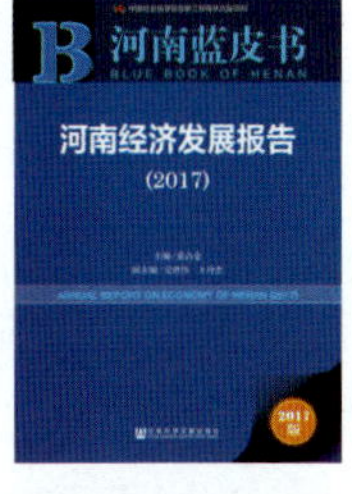

河南蓝皮书

河南经济发展报告（2017）

张占仓　完世伟 / 主编　2017 年 4 月出版　估价：89.00 元

◆　本书以国内外经济发展环境和走向为背景，主要分析当前河南经济形势，预测未来发展趋势，全面反映河南经济发展的最新动态、热点和问题，为地方经济发展和领导决策提供参考。

广州蓝皮书

2017 年中国广州经济形势分析与预测

庾建设　陈浩钿　谢博能 / 主编　2017 年 7 月出版　估价：85.00 元

◆　本书由广州大学与广州市委政策研究室、广州市统计局联合主编，汇集了广州科研团体、高等院校和政府部门诸多经济问题研究专家、学者和实际部门工作者的最新研究成果，是关于广州经济运行情况和相关专题分析、预测的重要参考资料。

文化传媒类

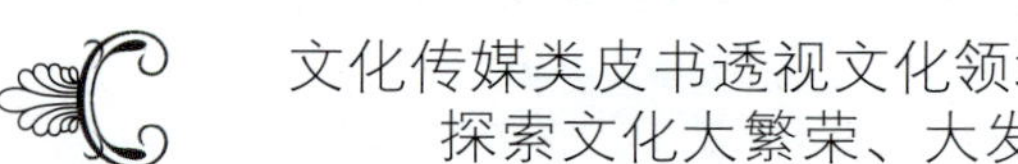

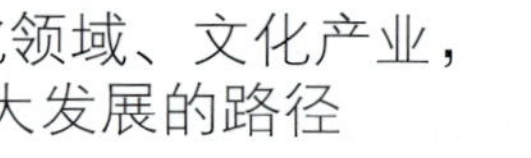

文化传媒类皮书透视文化领域、文化产业，
探索文化大繁荣、大发展的路径

新媒体蓝皮书

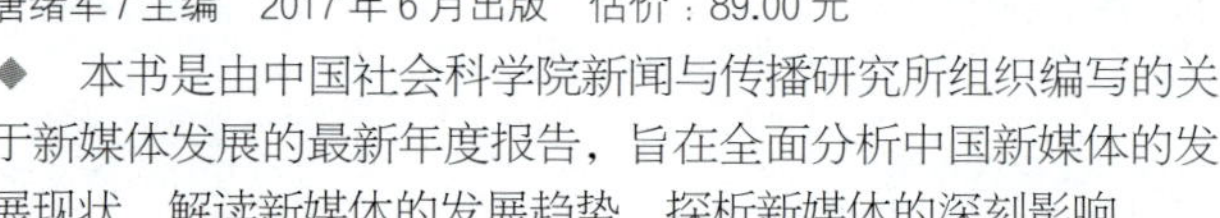

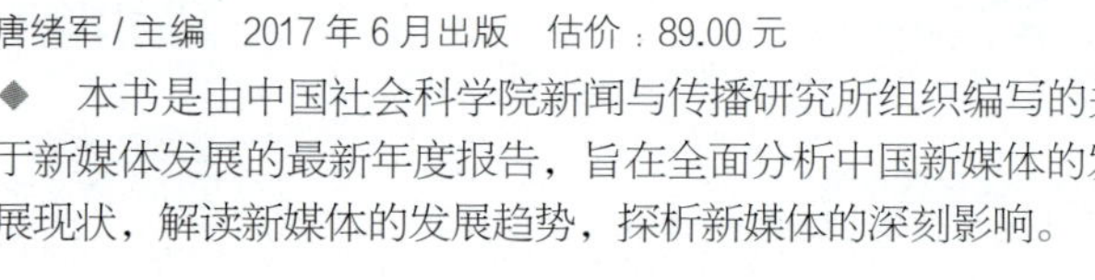

中国新媒体发展报告 No.8（2017）

唐绪军 / 主编　2017 年 6 月出版　估价：89.00 元

◆　本书是由中国社会科学院新闻与传播研究所组织编写的关于新媒体发展的最新年度报告，旨在全面分析中国新媒体的发展现状，解读新媒体的发展趋势，探析新媒体的深刻影响。

移动互联网蓝皮书

中国移动互联网发展报告（2017）

官建文 / 主编　2017 年 6 月出版　估价：89.00 元

◆　本书着眼于对 2016 年度中国移动互联网的发展情况做深入解析，对未来发展趋势进行预测，力求从不同视角、不同层面全面剖析中国移动互联网发展的现状、年度突破及热点趋势等。

传媒蓝皮书

中国传媒产业发展报告（2017）

崔保国 / 主编　2017 年 5 月出版　估价：98.00 元

◆　“传媒蓝皮书”连续十多年跟踪观察和系统研究中国传媒产业发展。本报告在对传媒产业总体以及各细分行业发展状况与趋势进行深入分析基础上，对年度发展热点进行跟踪，剖析新技术引领下的商业模式，对传媒各领域发展趋势、内体经营、传媒投资进行解析，为中国传媒产业正在发生的变革提供前瞻行参考。

经济类

“三农”互联网金融蓝皮书
中国“三农”互联网金融发展报告（2017）
著(编)者：李勇坚 王弢　2017年8月出版 / 估价：98.00元
PSN B-2016-561-1/1

G20国家创新竞争力黄皮书
二十国集团（G20）国家创新竞争力发展报告（2016~2017）
著(编)者：李建平 李闽榕 赵新力　周天勇
2017年8月出版 / 估价：158.00元
PSN Y-2011-229-1/1

产业蓝皮书
中国产业竞争力报告（2017）No.7
著(编)者：张其仔　2017年12月出版 / 估价：98.00元
PSN B-2010-175-1/1

城市创新蓝皮书
中国城市创新报告（2017）
著(编)者：周天勇 旷建伟　2017年11月出版 / 估价：89.00元
PSN B-2013-340-1/1

城市蓝皮书
中国城市发展报告 No.10
著(编)者：潘家华 单菁菁　2017年9月出版 / 估价：89.00元
PSN B-2007-091-1/1

城乡一体化蓝皮书
中国城乡一体化发展报告（2016～2017）
著(编)者：汝信 付崇兰　2017年7月出版 / 估价：85.00元
PSN B-2011-226-1/2

城镇化蓝皮书
中国新型城镇化健康发展报告（2017）
著(编)者：张占斌　2017年8月出版 / 估价：89.00元
PSN B-2014-396-1/1

创新蓝皮书
创新型国家建设报告（2016～2017）
著(编)者：詹正茂　2017年12月出版 / 估价：89.00元
PSN B-2009-140-1/1

创业蓝皮书
中国创业发展报告（2016～2017）
著(编)者：黄群慧 赵卫星 钟宏武等
2017年11月出版 / 估价：89.00元
PSN B-2016-578-1/1

低碳发展蓝皮书
中国低碳发展报告（2016~2017）
著(编)者：齐晔 张希良　2017年3月出版 / 估价：98.00元
PSN B-2011-223-1/1

低碳经济蓝皮书
中国低碳经济发展报告（2017）
著(编)者：薛进军 赵忠秀　2017年6月出版 / 估价：85.00元
PSN B-2011-194-1/1

东北蓝皮书
中国东北地区发展报告（2017）
著(编)者：姜晓秋　2017年 2 月出版 / 定价：79.00元
PSN B-2006-067-1/1

发展与改革蓝皮书
中国经济发展和体制改革报告No.8
著(编)者：邹东涛 王再文　2017年4月出版 / 估价：98.00元
PSN B-2008-122-1/1

工业化蓝皮书
中国工业化进程报告（2017）
著(编)者：黄群慧　2017年12月出版 / 估价：158.00元
PSN B-2007-095-1/1

管理蓝皮书
中国管理发展报告（2017）
著(编)者：张晓东　2017年10月出版 / 估价：98.00元
PSN B-2014-416-1/1

国际城市蓝皮书
国际城市发展报告（2017）
著(编)者：屠启宇　2017年2月出版 / 定价：79.00元
PSN B-2012-260-1/1

国家创新蓝皮书
中国创新发展报告（2017）
著(编)者：陈劲　2017年12月出版 / 估价：89.00元
PSN B-2014-370-1/1

金融蓝皮书
中国金融发展报告（2017）
著(编)者：王国刚　2017年2月出版 / 定价：79.00元
PSN B-2004-031-1/6

京津冀金融蓝皮书
京津冀金融发展报告（2017）
著(编)者：王爱俭 李向前
2017年 4 月出版 / 估价：89.00元
PSN B-2016-528-1/1

京津冀蓝皮书
京津冀发展报告（2017）
著(编)者：文魁 祝尔娟　2017年4月出版 / 估价：89.00元
PSN B-2012-262-1/1

经济蓝皮书
2017年中国经济形势分析与预测
著(编)者：李扬　2017年1月出版 / 定价：89.00元
PSN B-1996-001-1/1

经济蓝皮书・春季号
2017年中国经济前景分析
著(编)者：李扬　2017年6月出版 / 估价：89.00元
PSN B-1999-008-1/1

经济蓝皮书・夏季号
中国经济增长报告（2016～2017）
著(编)者：李扬　2017年9月出版 / 估价：98.00元
PSN B-2010-176-1/1

经济信息绿皮书
中国与世界经济发展报告（2017）
著(编)者：杜平　2017年12月出版 / 定价：89.00元
PSN G-2003-023-1/1

就业蓝皮书
2017年中国本科生就业报告
著(编)者：麦可思研究院　2017年6月出版 / 估价：98.00元
PSN B-2009-146-1/2

就业蓝皮书
2017年中国高职高专生就业报告
著(编)者：麦可思研究院　2017年6月出版 / 估价：98.00元
PSN B-2015-472-2/2

科普能力蓝皮书
中国科普能力评价报告（2017）
著(编)者：李富 强李群　2017年8月出版 / 估价：89.00元
PSN B-2016-556-1/1

临空经济蓝皮书
中国临空经济发展报告（2017）
著(编)者：连玉明　2017年9月出版 / 估价：89.00元
PSN B-2014-421-1/1

农村绿皮书
中国农村经济形势分析与预测（2016～2017）
著(编)者：魏后凯 杜志雄 黄秉信
2017年4月出版 / 估价：89.00元
PSN G-1998-003-1/1

农业应对气候变化蓝皮书
气候变化对中国农业影响评估报告 No.3
著(编)者：矫梅燕　2017年8月出版 / 估价：98.00元
PSN B-2014-413-1/1

气候变化绿皮书
应对气候变化报告（2017）
著(编)者：王伟光 郑国光　2017年6月出版 / 估价：89.00元
PSN G-2009-144-1/1

区域蓝皮书
中国区域经济发展报告（2016～2017）
著(编)者：赵弘　2017年6月出版 / 估价：89.00元
PSN B-2004-034-1/1

全球环境竞争力绿皮书
全球环境竞争力报告（2017）
著(编)者：李建平 李闽榕 王金南
2017年12月出版 / 估价：198.00元
PSN G-2013-363-1/1

人口与劳动绿皮书
中国人口与劳动问题报告 No.18
著(编)者：蔡昉 张车伟　2017年11月出版 / 估价：89.00元
PSN G-2000-012-1/1

商务中心区蓝皮书
中国商务中心区发展报告 No.3（2016）
著(编)者：李国红 单菁菁　2017年4月出版 / 估价：89.00元
PSN B-2015-444-1/1

世界经济黄皮书
2017年世界经济形势分析与预测
著(编)者：张宇燕　2017年1月出版 / 定价：89.00元
PSN Y-1999-006-1/1

世界旅游城市绿皮书
世界旅游城市发展报告（2017）
著(编)者：宋宇　2017年4月出版 / 估价：128.00元
PSN G-2014-400-1/1

土地市场蓝皮书
中国农村土地市场发展报告（2016～2017）
著(编)者：李光荣　2017年4月出版 / 估价：89.00元
PSN B-2016-527-1/1

西北蓝皮书
中国西北发展报告（2017）
著(编)者：高建龙　2017年4月出版 / 估价：89.00元
PSN B-2012-261-1/1

西部蓝皮书
中国西部发展报告（2017）
著(编)者：徐璋勇　2017年7月出版 / 估价：89.00元
PSN B-2005-039-1/1

新型城镇化蓝皮书
新型城镇化发展报告（2017）
著(编)者：李伟 宋敏 沈体雁　2017年4月出版 / 估价：98.00元
PSN B-2014-431-1/1

新兴经济体蓝皮书
金砖国家发展报告（2017）
著(编)者：林跃勤 周文　2017年12月出版 / 估价：89.00元
PSN B-2011-195-1/1

长三角蓝皮书
2017年新常态下深化一体化的长三角
著(编)者：王庆五　2017年12月出版 / 估价：88.00元
PSN B-2005-038-1/1

中部竞争力蓝皮书
中国中部经济社会竞争力报告（2017）
著(编)者：教育部人文社会科学重点研究基地
南昌大学中国中部经济社会发展研究中心
2017年12月出版 / 估价：89.00元
PSN B-2012-276-1/1

中部蓝皮书
中国中部地区发展报告（2017）
著(编)者：宋亚平　2017年12月出版 / 估价：88.00元
PSN B-2007-089-1/1

中国省域竞争力蓝皮书
中国省域经济综合竞争力发展报告（2017）
著(编)者：李建平 李闽榕 高燕京
2017年2月出版 / 定价：198.00元
PSN B-2007-088-1/1

中三角蓝皮书
长江中游城市群发展报告（2017）
著(编)者：秦尊文　2017年9月出版 / 估价：89.00元
PSN B-2014-417-1/1

中小城市绿皮书
中国中小城市发展报告（2017）
著(编)者：中国城市经济学会中小城市经济发展委员会
中国城镇化促进会中小城市发展委员会
《中国中小城市发展报告》编纂委员会
中小城市发展战略研究院
2017年11月出版 / 估价：128.00元
PSN G-2010-161-1/1

中原蓝皮书
中原经济区发展报告（2017）
著(编)者：李英杰　2017年6月出版 / 估价：88.00元
PSN B-2011-192-1/1

自贸区蓝皮书
中国自贸区发展报告（2017）
著(编)者：王力　2017年7月出版 / 估价：89.00元
PSN B-2016-559-1/1

社会政法类

北京蓝皮书
中国社区发展报告（2017）
著(编)者：于燕燕　2017年 4 月出版 / 估价：89.00元
PSN B-2007-083-5/8

殡葬绿皮书
中国殡葬事业发展报告（2017）
著(编)者：李伯森　2017年4月出版 / 估价：158.00元
PSN G-2010-180-1/1

城市管理蓝皮书
中国城市管理报告（2016~2017）
著(编)者：刘林　刘承水　2017年5月出版 / 估价：158.00元
PSN B-2013-336-1/1

城市生活质量蓝皮书
中国城市生活质量报告（2017）
著(编)者：中国经济实验研究院
2018年7月出版 / 估价：89.00元
PSN B-2013-326-1/1

城市政府能力蓝皮书
中国城市政府公共服务能力评估报告（2017）
著(编)者：何艳玲　2017年4月出版 / 估价：89.00元
PSN B-2013-338-1/1

慈善蓝皮书
中国慈善发展报告（2017）
著(编)者：杨团　2017年6月出版 / 估价：89.00元
PSN B-2009-142-1/1

党建蓝皮书
党的建设研究报告 No.2（2017）
著(编)者：崔建民　陈东平　2017年4月出版 / 估价：89.00元
PSN B-2016-524-1/1

地方法治蓝皮书
中国地方法治发展报告 No.3（2017）
著(编)者：李林　田禾　2017年4出版 / 估价：108.00元
PSN B-2015-442-1/1

法治蓝皮书
中国法治发展报告 No.15（2017）
著(编)者：李林 田禾　2017年3月出版 / 定价：118.00元
PSN B-2004-027-1/1

法治政府蓝皮书
中国法治政府发展报告（2017）
著(编)者：中国政法大学法治政府研究院
2017年4月出版 / 估价：98.00元
PSN B-2015-502-1/2

法治政府蓝皮书
中国法治政府评估报告（2017）
著(编)者：中国政法大学法治政府研究院
2017年11月出版 / 估价：98.00元
PSN B-2016-577-2/2

法治蓝皮书
中国法院信息化发展报告 No.1（2017）
著(编)者：李林 田禾　2017年2月出版 / 定价：108.00元
PSN B-2017-604-3/3

反腐倡廉蓝皮书
中国反腐倡廉建设报告 No.7
著(编)者：张英伟　2017年12月出版 / 估价：89.00元
PSN B-2012-259-1/1

非传统安全蓝皮书
中国非传统安全研究报告（2016～2017）
著(编)者：余潇枫 魏志江　2017年6月出版 / 估价：89.00元
PSN B-2012-273-1/1

妇女发展蓝皮书
中国妇女发展报告 No.7
著(编)者：王金玲　2017年9月出版 / 估价：148.00元
PSN B-2006-069-1/1

妇女教育蓝皮书
中国妇女教育发展报告 No.4
著(编)者：张李玺　2017年10月出版 / 估价：78.00元
PSN B-2008-121-1/1

妇女绿皮书
中国性别平等与妇女发展报告（2017）
著(编)者：谭琳　2017年12月出版 / 估价：99.00元
PSN G-2006-073-1/1

公共服务蓝皮书
中国城市基本公共服务力评价（2017）
著(编)者：钟君 刘志昌 吴正杲　2017年12月出版 / 估价：89.00
PSN B-2011-214-1/1

公民科学素质蓝皮书
中国公民科学素质报告（2016～2017）
著(编)者：李群　陈雄　马宗文
2017年4月出版 / 估价：89.00元
PSN B-2014-379-1/1

公共关系蓝皮书
中国公共关系发展报告（2017）
著(编)者：柳斌杰　2017年11月出版 / 估价：89.00元
PSN B-2016-580-1/1

公益蓝皮书
中国公益慈善发展报告（2017）
著(编)者：朱健刚　2018年4月出版 / 估价：118.00元
PSN B-2012-283-1/1

国际人才蓝皮书
中国国际移民报告（2017）
著(编)者：王辉耀　2017年4月出版 / 估价：89.00元
PSN B-2012-304-3/4

国际人才蓝皮书
中国留学发展报告（2017）No.5
著(编)者：王辉耀 苗绿　2017年10月出版 / 估价：89.00元
PSN B-2012-244-2/4

海洋社会蓝皮书
中国海洋社会发展报告（2017）
著(编)者：崔凤 宋宁而　2017年7月出版 / 估价：89.00元
PSN B-2015-478-1/1

行政改革蓝皮书
中国行政体制改革报告（2017）No.6
著(编)者：魏礼群　2017年5月出版 / 估价：98.00元
PSN B-2011-231-1/1

华侨华人蓝皮书
华侨华人研究报告（2017）
著(编)者：贾益民　2017年12月出版 / 估价：128.00元
PSN B-2011-204-1/1

环境竞争力绿皮书
中国省域环境竞争力发展报告（2017）
著(编)者：李建平 李闽榕 王金南
2017年11月出版 / 估价：198.00元
PSN G-2010-165-1/1

环境绿皮书
中国环境发展报告（2017）
著(编)者：刘鉴强　2017年4月出版 / 估价：89.00元
PSN G-2006-048-1/1

基金会蓝皮书
中国基金会发展报告（2016~2017）
著(编)者：中国基金会发展报告课题组
2017年4月出版 / 估价：85.00元
PSN B-2013-368-1/1

基金会绿皮书
中国基金会发展独立研究报告（2017）
著(编)者：基金会中心网 中央民族大学基金会研究中心
2017年6月出版 / 估价：88.00元
PSN G-2011-213-1/1

基金会透明度蓝皮书
中国基金会透明度发展研究报告（2017）
著(编)者：基金会中心网 清华大学廉政与治理研究中心
2017年12月出版 / 估价：89.00元
PSN B-2015-509-1/1

家庭蓝皮书
中国“创建幸福家庭活动”评估报告（2017）
国务院发展研究中心“创建幸福家庭活动评估”课题组著
2017年8月出版 / 估价：89.00元
PSN B-2015-508-1/1

健康城市蓝皮书
中国健康城市建设研究报告（2017）
著(编)者：王鸿春 解树江 盛继洪
2017年9月出版 / 估价：89.00元
PSN B-2016-565-2/2

教师蓝皮书
中国中小学教师发展报告（2017）
著(编)者：曾晓东 鱼霞　2017年6月出版 / 估价：89.00元
PSN B-2012-289-1/1

教育蓝皮书
中国教育发展报告（2017）
著(编)者：杨东平　2017年4月出版 / 估价：89.00元
PSN B-2006-047-1/1

科普蓝皮书
中国基层科普发展报告（2016～2017）
著(编)者：赵立 新陈玲　2017年9月出版 / 估价：89.00元
PSN B-2016-569-3/3

科普蓝皮书
中国科普基础设施发展报告（2017）
著(编)者：任福君　2017年6月出版 / 估价：89.00元
PSN B-2010-174-1/3

科普蓝皮书
中国科普人才发展报告（2017）
著(编)者：郑念 任嵘嵘　2017年4月出版 / 估价：98.00元
PSN B-2015-512-2/3

科学教育蓝皮书
中国科学教育发展报告（2017）
著(编)者：罗晖 王康友　2017年10月出版 / 估价：89.00元
PSN B-2015-487-1/1

劳动保障蓝皮书
中国劳动保障发展报告（2017）
著(编)者：刘燕斌　2017年9月出版 / 估价：188.00元
PSN B-2014-415-1/1

老龄蓝皮书
中国老年宜居环境发展报告（2017）
著(编)者：党俊武 周燕珉　2017年4月出版 / 估价：89.00元
PSN B-2013-320-1/1

连片特困区蓝皮书
中国连片特困区发展报告（2017）
著(编)者：游俊 冷志明 丁建军
2017年4月出版 / 估价：98.00元
PSN B-2013-321-1/1

流动儿童蓝皮书
中国流动儿童教育发展报告（2016）
著(编)者：杨东平　2017年1月出版 / 定价：79.00元
PSN B-2017-600-1/1

民调蓝皮书
中国民生调查报告（2017）
著(编)者：谢耘耕　2017年12月出版 / 估价：98.00元
PSN B-2014-398-1/1

民族发展蓝皮书
中国民族发展报告（2017）
著(编)者：郝时远 王延中 王希恩
2017年4月出版 / 估价：98.00元
PSN B-2006-070-1/1

女性生活蓝皮书
中国女性生活状况报告 No.11（2017）
著(编)者：韩湘景　2017年10月出版 / 估价：98.00元
PSN B-2006-071-1/1

汽车社会蓝皮书
中国汽车社会发展报告（2017）
著(编)者：王俊秀　2017年12月出版 / 估价：89.00元
PSN B-2011-224-1/1

青年蓝皮书
中国青年发展报告（2017）No.3
著(编)者：廉思 等　2017年4月出版 / 估价：89.00元
PSN B-2013-333-1/1

青少年蓝皮书
中国未成年人互联网运用报告（2017）
著(编)者：李文革 沈洁 季为民
2017年11月出版 / 估价：89.00元
PSN B-2010-165-1/1

青少年体育蓝皮书
中国青少年体育发展报告（2017）
著(编)者：郭建军 杨桦　2017年9月出版 / 估价：89.00元
PSN B-2015-482-1/1

群众体育蓝皮书
中国群众体育发展报告（2017）
著(编)者：刘国永 杨桦　2017年12月出版 / 估价：89.00元
PSN B-2016-519-2/3

人权蓝皮书
中国人权事业发展报告 No.7（2017）
著(编)者：李君如　2017年9月出版 / 估价：98.00元
PSN B-2011-215-1/1

社会保障绿皮书
中国社会保障发展报告（2017）No.8
著(编)者：王延中　2017年1月出版 / 估价：98.00元
PSN G-2001-014-1/1

社会风险评估蓝皮书
风险评估与危机预警评估报告（2017）
著(编)者：唐钧　2017年8月出版 / 估价：85.00元
PSN B-2016-521-1/1

社会管理蓝皮书
中国社会管理创新报告 No.5
著(编)者：连玉明　2017年11月出版 / 估价：89.00元
PSN B-2012-300-1/1

社会蓝皮书
2017年中国社会形势分析与预测
著(编)者：李培林　陈光金　张翼
2016年12月出版 / 定价：89.00元
PSN B-1998-002-1/1

社会体制蓝皮书
中国社会体制改革报告No.5（2017）
著(编)者：龚维斌　2017年3月出版 / 定价：89.00元
PSN B-2013-330-1/1

社会心态蓝皮书
中国社会心态研究报告（2017）
著(编)者：王俊秀 杨宜音　2017年12月出版 / 估价：89.00元
PSN B-2011-199-1/1

社会组织蓝皮书
中国社会组织发展报告（2016~2017）
著(编)者：黄晓勇　2017年1月出版 / 定价：89.00元
PSN B-2008-118-1/2

社会组织蓝皮书
中国社会组织评估发展报告（2017）
著(编)者：徐家良 廖鸿　2017年12月出版 / 估价：89.00元
PSN B-2013-366-1/1

生态城市绿皮书
中国生态城市建设发展报告（2017）
著(编)者：刘举科 孙伟平 胡文臻
2017年9月出版 / 估价：118.00元
PSN G-2012-269-1/1

生态文明绿皮书
中国省域生态文明建设评价报告（ECI 2017）
著(编)者：严耕　2017年12月出版 / 估价：98.00元
PSN G-2010-170-1/1

土地整治蓝皮书
中国土地整治发展研究报告 No.4
著(编)者：国土资源部土地整治中心
2017年7月出版 / 估价：89.00元
PSN B-2014-401-1/1

土地政策蓝皮书
中国土地政策研究报告（2017）
著(编)者：高延利 李宪文
2017年12月出版 / 定价：89.00元
PSN B-2015-506-1/1

医改蓝皮书
中国医药卫生体制改革报告（2017）
著(编)者：文学国　房志武　2017年11月出版 / 估价：98.00元
PSN B-2014-432-1/1

医疗卫生绿皮书
中国医疗卫生发展报告 No.7（2017）
著(编)者：申宝忠 韩玉珍　2017年4月出版 / 估价：85.00元
PSN G-2004-033-1/1

应急管理蓝皮书
中国应急管理报告（2017）
著(编)者：宋英华　2017年9月出版 / 估价：98.00元
PSN B-2016-563-1/1

政治参与蓝皮书
中国政治参与报告（2017）
著(编)者：房宁　2017年9月出版 / 估价：118.00元
PSN B-2011-200-1/1

宗教蓝皮书
中国宗教报告（2016）
著(编)者：邱永辉　2017年4月出版 / 估价：89.00元
PSN B-2008-117-1/1

行业报告类

SUV蓝皮书
中国SUV市场发展报告（2016~2017）
著(编)者：靳军　2017年9月出版 / 估价：89.00元
PSN B-2016-572-1/1

保健蓝皮书
中国保健服务产业发展报告 No.2
著(编)者：中国保健协会 中共中央党校
2017年7月出版 / 估价：198.00元
PSN B-2012-272-3/3

保健蓝皮书
中国保健食品产业发展报告 No.2
著(编)者：中国保健协会
中国社会科学院食品药品产业发展与监管研究中心
2017年7月出版 / 估价：198.00元
PSN B-2012-271-2/3

保健蓝皮书
中国保健用品产业发展报告 No.2
著(编)者：中国保健协会
国务院国有资产监督管理委员会研究中心
2017年4月出版 / 估价：198.00元
PSN B-2012-270-1/3

保险蓝皮书
中国保险业竞争力报告（2017）
著(编)者：项俊波　2017年12月出版 / 估价：99.00元
PSN B-2013-311-1/1

冰雪蓝皮书
中国滑雪产业发展报告（2017）
著(编)者：孙承华 伍斌 魏庆华 张鸿俊
2017年8月出版 / 估价：89.00元
PSN B-2016-560-1/1

彩票蓝皮书
中国彩票发展报告（2017）
著(编)者：益彩基金　2017年4月出版 / 估价：98.00元
PSN B-2015-462-1/1

餐饮产业蓝皮书
中国餐饮产业发展报告（2017）
著(编)者：邢颖　2017年6月出版 / 估价：98.00元
PSN B-2009-151-1/1

测绘地理信息蓝皮书
新常态下的测绘地理信息研究报告（2017）
著(编)者：库热西・买合苏提
2017年12月出版 / 估价：118.00元
PSN B-2009-145-1/1

茶业蓝皮书
中国茶产业发展报告（2017）
著(编)者：杨江帆 李闽榕　2017年10月出版 / 估价：88.00元
PSN B-2010-164-1/1

产权市场蓝皮书
中国产权市场发展报告（2016～2017）
著(编)者：曹和平　2017年5月出版 / 估价：89.00元
PSN B-2009-147-1/1

产业安全蓝皮书
中国出版传媒产业安全报告（2016~2017）
著(编)者：北京印刷学院文化产业安全研究院
2017年4月出版 / 估价：89.00元
PSN B-2014-384-13/14

产业安全蓝皮书
中国文化产业安全报告（2017）
著(编)者：北京印刷学院文化产业安全研究院
2017年12月出版 / 估价：89.00元
PSN B-2014-378-12/14

产业安全蓝皮书
中国新媒体产业安全报告（2017）
著(编)者：北京印刷学院文化产业安全研究院
2017年12月出版 / 估价：89.00元
PSN B-2015-500-14/14

城投蓝皮书
中国城投行业发展报告（2017）
著(编)者：王晨艳　丁伯康　2017年11月出版 / 估价：300.00元
PSN B-2016-514-1/1

电子政务蓝皮书
中国电子政务发展报告（2016~2017）
著(编)者：李季 杜平　2017年7月出版 / 估价：89.00元
PSN B-2003-022-1/1

杜仲产业绿皮书
中国杜仲橡胶资源与产业发展报告（2016～2017）
著(编)者：杜红岩 胡文臻 俞锐
2017年4月出版 / 估价：85.00元
PSN G-2013-350-1/1

房地产蓝皮书
中国房地产发展报告 No.14（2017）
著(编)者：李春华 王业强　2017年5月出版 / 估价：89.00元
PSN B-2004-028-1/1

服务外包蓝皮书
中国服务外包产业发展报告（2017）
著(编)者：王晓红 刘德军
2017年6月出版 / 估价：89.00元
PSN B-2013-331-2/2

服务外包蓝皮书
中国服务外包竞争力报告（2017）
著(编)者：王力 刘春生 黄育华
2017年11月出版 / 估价：85.00元
PSN B-2011-216-1/2

工业和信息化蓝皮书
世界网络安全发展报告（2016~2017）
著(编)者：洪京一　2017年4月出版 / 估价：89.00元
PSN B-2015-452-5/5

工业和信息化蓝皮书
世界信息化发展报告（2016~2017）
著(编)者：洪京一　2017年4月出版 / 估价：89.00元
PSN B-2015-451-4/5

工业和信息化蓝皮书
世界信息技术产业发展报告（2016~2017）
著(编)者：洪京一　2017年4月出版 / 估价：89.00元
PSN B-2015-449-2/5

工业和信息化蓝皮书
移动互联网产业发展报告（2016~2017）
著(编)者：洪京一　2017年4月出版 / 估价：89.00元
PSN B-2015-448-1/5

工业和信息化蓝皮书
战略性新兴产业发展报告（2016~2017）
著(编)者：洪京一　2017年4月出版 / 估价：89.00元
PSN B-2015-450-3/5

工业设计蓝皮书
中国工业设计发展报告（2017）
著(编)者：王晓红 于炜 张立群
2017年9月出版 / 估价：138.00元
PSN B-2014-420-1/1

黄金市场蓝皮书
中国商业银行黄金业务发展报告（2016~2017）
著(编)者：平安银行　2017年4月出版 / 估价：98.00元
PSN B-2016-525-1/1

互联网金融蓝皮书
中国互联网金融发展报告（2017）
著(编)者：李东荣　2017年9月出版 / 估价：128.00元
PSN B-2014-374-1/1

互联网医疗蓝皮书
中国互联网医疗发展报告（2017）
著(编)者：宫晓东　2017年9月出版 / 估价：89.00元
PSN B-2016-568-1/1

会展蓝皮书
中外会展业动态评估年度报告（2017）
著(编)者：张敏　2017年4月出版 / 估价：88.00元
PSN B-2013-327-1/1

金融监管蓝皮书
中国金融监管报告（2017）
著(编)者：胡滨　2017年6月出版 / 估价：89.00元
PSN B-2012-281-1/1

金融蓝皮书
中国金融中心发展报告（2017）
著(编)者：王力 黄育华　2017年11月出版 / 估价：85.00元
PSN B-2011-186-6/6

建筑装饰蓝皮书
中国建筑装饰行业发展报告（2017）
著(编)者：刘晓一 葛道顺　2017年7月出版 / 估价：198.00元
PSN B-2016-554-1/1

客车蓝皮书
中国客车产业发展报告（2016~2017）
著(编)者：姚蔚　2017年10月出版 / 估价：85.00元
PSN B-2013-361-1/1

旅游安全蓝皮书
中国旅游安全报告（2017）
著(编)者：郑向敏 谢朝武　2017年5月出版 / 估价：128.00元
PSN B-2012-280-1/1

旅游绿皮书
2016～2017年中国旅游发展分析与预测
著(编)者：宋瑞　2017年2月出版 / 定价：89.00元
PSN G-2002-018-1/1

煤炭蓝皮书
中国煤炭工业发展报告（2017）
著(编)者：岳福斌　2017年12月出版 / 估价：85.00元
PSN B-2008-123-1/1

民营企业社会责任蓝皮书
中国民营企业社会责任报告（2017）
著(编)者：中华全国工商业联合会
2017年12月出版 / 估价：89.00元
PSN B-2015-510-1/1

民营医院蓝皮书
中国民营医院发展报告（2017）
著(编)者：庄一强　2017年10月出版 / 估价：85.00元
PSN B-2012-299-1/1

闽商蓝皮书
闽商发展报告（2017）
著(编)者：李闽榕 王日根 林琛
2017年12月出版 / 估价：89.00元
PSN B-2012-298-1/1

能源蓝皮书
中国能源发展报告（2017）
著(编)者：崔民选 王军生 陈义和
2017年10月出版 / 估价：98.00元
PSN B-2006-049-1/1

农产品流通蓝皮书
中国农产品流通产业发展报告（2017）
著(编)者：贾敬敦 张东科 张玉玺 张鹏毅 周伟
2017年4月出版 / 估价：89.00元
PSN B-2012-288-1/1

企业公益蓝皮书
中国企业公益研究报告（2017）
著(编)者：钟宏武 汪杰 顾一 黄晓娟 等
2017年12月出版 / 估价：89.00元
PSN B-2015-501-1/1

企业国际化蓝皮书
中国企业国际化报告（2017）
著(编)者：王辉耀　2017年11月出版 / 估价：98.00元
PSN B-2014-427-1/1

企业蓝皮书
中国企业绿色发展报告 No.2（2017）
著(编)者：李红玉 朱光辉　2017年8月出版 / 估价：89.00元
PSN B-2015-481-2/2

企业社会责任蓝皮书
中国企业社会责任研究报告（2017）
著(编)者：黄群慧 钟宏武 张蒽 翟利峰
2017年11月出版 / 估价：89.00元
PSN B-2009-149-1/1

企业社会责任蓝皮书
中资企业海外社会责任研究报告（2016~2017）
著(编)者：钟宏武 叶柳红 张蒽
2017年1月出版 / 定价：79.00元
PSN B-2017-603-2/2

汽车安全蓝皮书
中国汽车安全发展报告（2017）
著(编)者：中国汽车技术研究中心
2017年7月出版 / 估价：89.00元
PSN B-2014-385-1/1

汽车电子商务蓝皮书
中国汽车电子商务发展报告（2017）
著(编)者：中华全国工商业联合会汽车经销商商会
北京易观智库网络科技有限公司
2017年10月出版 / 估价：128.00元
PSN B-2015-485-1/1

汽车工业蓝皮书
中国汽车工业发展年度报告（2017）
著(编)者：中国汽车工业协会 中国汽车技术研究中心
丰田汽车（中国）投资有限公司
2017年4月出版 / 估价：128.00元
PSN B-2015-463-1/2

汽车工业蓝皮书
中国汽车零部件产业发展报告（2017）
著(编)者：中国汽车工业协会 中国汽车工程研究院
2017年10月出版 / 估价：98.00元
PSN B-2016-515-2/2

汽车蓝皮书
中国汽车产业发展报告（2017）
著(编)者：国务院发展研究中心产业经济研究部
中国汽车工程学会 大众汽车集团（中国）
2017年8月出版 / 估价：98.00元
PSN B-2008-124-1/1

人力资源蓝皮书
中国人力资源发展报告（2017）
著(编)者：余兴安　2017年11月出版 / 估价：89.00元
PSN B-2012-287-1/1

融资租赁蓝皮书
中国融资租赁业发展报告（2016～2017）
著(编)者：李光荣 王力　2017年8月出版 / 估价：89.00元
PSN B-2015-443-1/1

商会蓝皮书
中国商会发展报告No.5（2017）
著(编)者：王钦敏　2017年7月出版 / 估价：89.00元
PSN B-2008-125-1/1

输血服务蓝皮书
中国输血行业发展报告（2017）
著(编)者：朱永明 耿鸿武　2016年8月出版 / 估价：89.00元
PSN B-2016-583-1/1

社会责任管理蓝皮书
中国上市公司社会责任能力成熟度报告（2017）No.2
著(编)者：肖红军 王晓光 李伟阳
2017年12月出版 / 估价：98.00元
PSN B-2015-507-2/2

社会责任管理蓝皮书
中国企业公众透明度报告(2017)No.3
著(编)者：黄速建 熊梦 王晓光 肖红军
2017年4月出版 / 估价：98.00元
PSN B-2015-440-1/2

食品药品蓝皮书
食品药品安全与监管政策研究报告（2016～2017）
著(编)者：唐民皓　2017年6月出版 / 估价：89.00元
PSN B-2009-129-1/1

世界能源蓝皮书
世界能源发展报告（2017）
著(编)者：黄晓勇　2017年6月出版 / 估价：99.00元
PSN B-2013-349-1/1

水利风景区蓝皮书
中国水利风景区发展报告（2017）
著(编)者：谢婵才 兰思仁　2017年5月出版 / 估价：89.00元
PSN B-2015-480-1/1

碳市场蓝皮书
中国碳市场报告（2017）
著(编)者：定金彪　2017年11月出版 / 估价：89.00元
PSN B-2014-430-1/1

体育蓝皮书
中国体育产业发展报告（2017）
著(编)者：阮伟 钟秉枢　2017年12月出版 / 估价：89.00元
PSN B-2010-179-1/4

网络空间安全蓝皮书
中国网络空间安全发展报告（2017）
著(编)者：惠志斌 唐涛　2017年4月出版 / 估价：89.00元
PSN B-2015-466-1/1

西部金融蓝皮书
中国西部金融发展报告（2017）
著(编)者：李忠民　2017年8月出版 / 估价：85.00元
PSN B-2010-160-1/1

协会商会蓝皮书
中国行业协会商会发展报告（2017）
著(编)者：景朝阳 李勇　2017年4月出版 / 估价：99.00元
PSN B-2015-461-1/1

新能源汽车蓝皮书
中国新能源汽车产业发展报告（2017）
著(编)者：中国汽车技术研究中心
日产（中国）投资有限公司 东风汽车有限公司
2017年7月出版 / 估价：98.00元
PSN B-2013-347-1/1

新三板蓝皮书
中国新三板市场发展报告（2017）
著(编)者：王力　2017年6月出版 / 估价：89.00元
PSN B-2016-534-1/1

信托市场蓝皮书
中国信托业市场报告（2016～2017）
著(编)者：用益信托研究院
2017年1月出版 / 定价：198.00元
PSN B-2014-371-1/1

信息化蓝皮书
中国信息化形势分析与预测（2016~2017）
著(编)者：周宏仁　2017年8月出版 / 估价：98.00元
PSN B-2010-168-1/1

信用蓝皮书
中国信用发展报告（2017）
著(编)者：章政 田侃　2017年4月出版 / 估价：99.00元
PSN B-2013-328-1/1

休闲绿皮书
2017年中国休闲发展报告
著(编)者：宋瑞　2017年10月出版 / 估价：89.00元
PSN G-2010-158-1/1

休闲体育蓝皮书
中国休闲体育发展报告（2016～2017）
著(编)者：李相如 钟炳枢　2017年10月出版 / 估价：89.00元
PSN G-2016-516-1/1

养老金融蓝皮书
中国养老金融发展报告（2017）
著(编)者：董克用 姚余栋
2017年8月出版 / 估价：89.00元
PSN B-2016-584-1/1

药品流通蓝皮书
中国药品流通行业发展报告（2017）
著(编)者：佘鲁林 温再兴　2017年8月出版 / 估价：158.00元
PSN B-2014-429-1/1

医院蓝皮书
中国医院竞争力报告（2017）
著(编)者：庄一强 曾益新　2017年3月出版 / 定价：108.00元
PSN B-2016-529-1/1

邮轮绿皮书
中国邮轮产业发展报告（2017）
著(编)者：汪泓　2017年10月出版 / 估价：89.00元
PSN G-2014-419-1/1

智能养老蓝皮书
中国智能养老产业发展报告（2017）
著(编)者：朱勇　2017年10月出版 / 估价：89.00元
PSN B-2015-488-1/1

债券市场蓝皮书
中国债券市场发展报告（2016～2017）
著(编)者：杨农　2017年10月出版 / 估价：89.00元
PSN B-2016-573-1/1

中国节能汽车蓝皮书
中国节能汽车发展报告（2016~2017）
著(编)者：中国汽车工程研究院股份有限公司
2017年9月出版 / 估价：98.00元
PSN B-2016-566-1/1

中国上市公司蓝皮书
中国上市公司发展报告（2017）
著(编)者：张平 王宏淼
2017年10月出版 / 估价：98.00元
PSN B-2014-414-1/1

中国陶瓷产业蓝皮书
中国陶瓷产业发展报告（2017）
著(编)者：左和平 黄速建　2017年10月出版 / 估价：98.00元
PSN B-2016-574-1/1

中国总部经济蓝皮书
中国总部经济发展报告（2016～2017）
著(编)者：赵弘　2017年9月出版 / 估价：89.00元
PSN B-2005-036-1/1

中医文化蓝皮书
中国中医药文化传播发展报告（2017）
著(编)者：毛嘉陵　2017年7月出版 / 估价：89.00元
PSN B-2015-468-1/1

装备制造业蓝皮书
中国装备制造业发展报告（2017）
著(编)者：徐东华　2017年12月出版 / 估价：148.00元
PSN B-2015-505-1/1

资本市场蓝皮书
中国场外交易市场发展报告（2016～2017）
著(编)者：高峦　2017年4月出版 / 估价：89.00元
PSN B-2009-153-1/1

资产管理蓝皮书
中国资产管理行业发展报告（2017）
著(编)者：智信资产管理研究院
2017年6月出版 / 估价：89.00元
PSN B-2014-407-2/2

文化传媒类

传媒竞争力蓝皮书
中国传媒国际竞争力研究报告（2017）
著(编)者：李本乾 刘强
2017年11月出版 / 估价：148.00元
PSN B-2013-356-1/1

传媒蓝皮书
中国传媒产业发展报告（2017）
著(编)者：崔保国　2017年5月出版 / 估价：98.00元
PSN B-2005-035-1/1

传媒投资蓝皮书
中国传媒投资发展报告（2017）
著(编)者：张向东 谭云明
2017年6月出版 / 估价：128.00元
PSN B-2015-474-1/1

动漫蓝皮书
中国动漫产业发展报告（2017）
著(编)者：卢斌 郑玉明 牛兴侦
2017年9月出版 / 估价：89.00元
PSN B-2011-198-1/1

非物质文化遗产蓝皮书
中国非物质文化遗产发展报告（2017）
著(编)者：陈平　2017年5月出版 / 估价：98.00元
PSN B-2015-469-1/1

广电蓝皮书
中国广播电影电视发展报告（2017）
著(编)者：国家新闻出版广电总局发展研究中心
2017年7月出版 / 估价：98.00元
PSN B-2006-072-1/1

广告主蓝皮书
中国广告主营销传播趋势报告 No.9
著(编)者：黄升民 杜国清 邵华冬 等
2017年10月出版 / 估价：148.00元
PSN B-2005-041-1/1

国际传播蓝皮书
中国国际传播发展报告（2017）
著(编)者：胡正荣 李继东 姬德强
2017年11月出版 / 估价：89.00元
PSN B-2014-408-1/1

国家形象蓝皮书
中国国家形象传播报告（2016）
著(编)者：张昆　2017年3月出版 / 定价：98.00元
PSN B-2017-605-1/1

纪录片蓝皮书
中国纪录片发展报告（2017）
著(编)者：何苏六　2017年9月出版 / 估价：89.00元
PSN B-2011-222-1/1

科学传播蓝皮书
中国科学传播报告（2017）
著(编)者：詹正茂　2017年7月出版 / 估价：89.00元
PSN B-2008-120-1/1

两岸创意经济蓝皮书
两岸创意经济研究报告（2017）
著(编)者：罗昌智 林咏能
2017年10月出版 / 估价：98.00元
PSN B-2014-437-1/1

媒介与女性蓝皮书
中国媒介与女性发展报告(2016~2017)
著(编)者：刘利群　2017年9月出版 / 估价：118.00元
PSN B-2013-345-1/1

媒体融合蓝皮书
中国媒体融合发展报告（2017）
著(编)者：梅宁华 宋建武　2017年7月出版 / 估价：89.00元
PSN B-2015-479-1/1

全球传媒蓝皮书
全球传媒发展报告（2017）
著(编)者：胡正荣 李继东 唐晓芬
2017年11月出版 / 估价：89.00元
PSN B-2012-237-1/1

少数民族非遗蓝皮书
中国少数民族非物质文化遗产发展报告（2017）
著(编)者：肖远平（彝） 柴立（满）
2017年8月出版 / 估价：98.00元
PSN B-2015-467-1/1

视听新媒体蓝皮书
中国视听新媒体发展报告（2017）
著(编)者：国家新闻出版广电总局发展研究中心
2017年7月出版 / 估价：98.00元
PSN B-2011-184-1/1

文化创新蓝皮书
中国文化创新报告（2017）No.7
著(编)者：于平 傅才武　2017年7月出版 / 估价：98.00元
PSN B-2009-143-1/1

文化建设蓝皮书
中国文化发展报告（2016~2017）
著(编)者：江畅 孙伟平 戴茂堂
2017年6月出版 / 估价：116.00元
PSN B-2014-392-1/1

文化科技蓝皮书
文化科技创新发展报告（2017）
著(编)者：于平 李凤亮　2017年11月出版 / 估价：89.00元
PSN B-2013-342-1/1

文化蓝皮书
中国公共文化服务发展报告（2017）
著(编)者：刘新成 张永新 张旭
2017年12月出版 / 估价：98.00元
PSN B-2007-093-2/10

文化蓝皮书
中国公共文化投入增长测评报告（2017）
著(编)者：王亚南　2017年2月出版 / 定价：79.00元
PSN B-2014-435-10/10

文化蓝皮书
中国少数民族文化发展报告（2016~2017）
著(编)者：武翠英 张晓明 任乌晶
2017年9月出版 / 估价：89.00元
PSN B-2013-369-9/10

文化蓝皮书
中国文化产业发展报告（2016~2017）
著(编)者：张晓明 王家新 章建刚
2017年4月出版 / 估价：89.00元
PSN B-2002-019-1/10

文化蓝皮书
中国文化产业供需协调检测报告（2017）
著(编)者：王亚南　2017年2月出版 / 定价：79.00元
PSN B-2013-323-8/10

文化蓝皮书
中国文化消费需求景气评价报告（2017）
著(编)者：王亚南　2017年2月出版 / 定价：79.00元
PSN B-2011-236-4/10

文化品牌蓝皮书
中国文化品牌发展报告（2017）
著(编)者：欧阳友权　2017年5月出版 / 估价：98.00元
PSN B-2012-277-1/1

文化遗产蓝皮书
中国文化遗产事业发展报告（2017）
著(编)者：苏杨 张颖岚 王宇飞
2017年8月出版 / 估价：98.00元
PSN B-2008-119-1/1

文学蓝皮书
中国文情报告（2016~2017）
著(编)者：白烨　2017年5月出版 / 估价：49.00元
PSN B-2011-221-1/1

新媒体蓝皮书
中国新媒体发展报告No.8（2017）
著(编)者：唐绪军　2017年6月出版 / 估价：89.00元
PSN B-2010-169-1/1

新媒体社会责任蓝皮书
中国新媒体社会责任研究报告（2017）
著(编)者：钟瑛　2017年11月出版 / 估价：89.00元
PSN B-2014-423-1/1

移动互联网蓝皮书
中国移动互联网发展报告（2017）
著(编)者：官建文　2017年6月出版 / 估价：89.00元
PSN B-2012-282-1/1

舆情蓝皮书
中国社会舆情与危机管理报告（2017）
著(编)者：谢耘耕　2017年9月出版 / 估价：128.00元
PSN B-2011-235-1/1

影视蓝皮书
中国影视产业发展报告（2017）
著(编)者：司若　2017年4月出版 / 估价：138.00元
PSN B-2016-530-1/1

地方发展类

安徽经济蓝皮书
合芜蚌国家自主创新综合示范区研究报告（2016~2017）
著(编)者：黄家海 王开玉 蔡宪
2017年7月出版 / 估价：89.00元
PSN B-2014-383-1/1

安徽蓝皮书
安徽社会发展报告（2017）
著(编)者：程桦　2017年4月出版 / 估价：89.00元
PSN B-2013-325-1/1

澳门蓝皮书
澳门经济社会发展报告（2016~2017）
著(编)者：吴志良 郝雨凡　2017年6月出版 / 估价：98.00元
PSN B-2009-138-1/1

北京蓝皮书
北京公共服务发展报告（2016~2017）
著(编)者：施昌奎　2017年3月出版 / 定价：79.00元
PSN B-2008-103-7/8

北京蓝皮书
北京经济发展报告（2016~2017）
著(编)者：杨松　2017年6月出版 / 估价：89.00元
PSN B-2006-054-2/8

北京蓝皮书
北京社会发展报告（2016~2017）
著(编)者：李伟东　2017年6月出版 / 估价：89.00元
PSN B-2006-055-3/8

北京蓝皮书
北京社会治理发展报告（2016~2017）
著(编)者：殷星辰　2017年5月出版 / 估价：89.00元
PSN B-2014-391-8/8

北京蓝皮书
北京文化发展报告（2016~2017）
著(编)者：李建盛　2017年4月出版 / 估价：89.00元
PSN B-2007-082-4/8

北京律师绿皮书
北京律师发展报告No.3（2017）
著(编)者：王隽　2017年7月出版 / 估价：88.00元
PSN G-2012-301-1/1

北京旅游蓝皮书
北京旅游发展报告（2017）
著(编)者：北京旅游学会　2017年4月出版 / 估价：88.00元
PSN B-2011-217-1/1

北京人才蓝皮书
北京人才发展报告（2017）
著(编)者：于淼　2017年12月出版 / 估价：128.00元
PSN B-2011-201-1/1

北京社会心态蓝皮书
北京社会心态分析报告（2016～2017）
著(编)者：北京社会心理研究所
2017年8月出版 / 估价：89.00元
PSN B-2014-422-1/1

北京社会组织管理蓝皮书
北京社会组织发展与管理（2016～2017）
著(编)者：黄江松　2017年4月出版 / 估价：88.00元
PSN B-2015-446-1/1

北京体育蓝皮书
北京体育产业发展报告（2016～2017）
著(编)者：钟秉枢 陈杰 杨铁黎
2017年9月出版 / 估价：89.00元
PSN B-2015-475-1/1

北京养老产业蓝皮书
北京养老产业发展报告（2017）
著(编)者：周明明 冯喜良　2017年8月出版 / 估价：89.00元
PSN B-2015-465-1/1

滨海金融蓝皮书
滨海新区金融发展报告（2017）
著(编)者：王爱俭 张锐钢　2017年12月出版 / 估价：89.00元
PSN B-2014-424-1/1

城乡一体化蓝皮书
中国城乡一体化发展报告•北京卷（2016～2017）
著(编)者：张宝秀 黄序　2017年5月出版 / 估价：89.00元
PSN B-2012-258-2/2

创意城市蓝皮书
北京文化创意产业发展报告（2017）
著(编)者：张京成 王国华　2017年10月出版 / 估价：89.00元
PSN B-2012-263-1/7

创意城市蓝皮书
天津文化创意产业发展报告（2016～2017）
著(编)者：谢思全　2017年6月出版 / 估价：89.00元
PSN B-2016-537-7/7

创意城市蓝皮书
武汉文化创意产业发展报告（2017）
著(编)者：黄永林 陈汉桥　2017年9月出版 / 估价：99.00元
PSN B-2013-354-4/7

创意上海蓝皮书
上海文化创意产业发展报告（2016～2017）
著(编)者：王慧敏 王兴全　2017年8月出版 / 估价：89.00元
PSN B-2016-562-1/1

福建妇女发展蓝皮书
福建省妇女发展报告（2017）
著(编)者：刘群英　2017年11月出版 / 估价：88.00元
PSN B-2011-220-1/1

福建自贸区蓝皮书
中国（福建）自由贸易实验区发展报告（2016～2017）
著(编)者：黄茂兴　2017年4月出版 / 估价：108.00元
PSN B-2017-532-1/1

甘肃蓝皮书
甘肃经济发展分析与预测（2017）
著(编)者：安文华 罗哲　2017年1月出版 / 定价：79.00元
PSN B-2013-312-1/6

甘肃蓝皮书
甘肃社会发展分析与预测（2017）
著(编)者：安文华 包晓霞 谢增虎
2017年1月出版 / 定价：79.00元
PSN B-2013-313-2/6

甘肃蓝皮书
甘肃文化发展分析与预测（2017）
著(编)者：王俊莲　周小华　2017年1月出版 / 定价：79.00元
PSN B-2013-314-3/6

甘肃蓝皮书
甘肃县域和农村发展报告（2017）
著(编)者：朱智文 包东红 王建兵
2017年1月出版 / 定价：79.00元
PSN B-2013-316-5/6

甘肃蓝皮书
甘肃舆情分析与预测（2017）
著(编)者：陈双梅 张谦元　2017年1月出版 / 定价：79.00元
PSN B-2013-315-4/6

甘肃蓝皮书
甘肃商贸流通发展报告（2017）
著(编)者：张应华 王福生 王晓芳
2017年1月出版 / 定价：79.00元
PSN B-2016-523-6/6

广东蓝皮书
广东全面深化改革发展报告（2017）
著(编)者：周林生 涂成林　2017年12月出版 / 估价：89.00元
PSN B-2015-504-3/3

广东蓝皮书
广东社会工作发展报告（2017）
著(编)者：罗观翠　2017年6月出版 / 估价：89.00元
PSN B-2014-402-2/3

广东外经贸蓝皮书
广东对外经济贸易发展研究报告（2016~2017）
著(编)者：陈万灵　2017年8月出版 / 估价：98.00元
PSN B-2012-286-1/1

广西北部湾经济区蓝皮书
广西北部湾经济区开放开发报告（2017）
著(编)者：广西北部湾经济区规划建设管理委员会办公室
广西社会科学院广西北部湾发展研究院
2017年4月出版 / 估价：89.00元
PSN B-2010-181-1/1

巩义蓝皮书
巩义经济社会发展报告（2017）
著(编)者：丁同民 朱军　2017年4月出版 / 估价：58.00元
PSN B-2016-533-1/1

广州蓝皮书
2017年中国广州经济形势分析与预测
著(编)者：庾建设 陈浩钿 谢博能
2017年7月出版 / 估价：85.00元
PSN B-2011-185-9/14

广州蓝皮书
2017年中国广州社会形势分析与预测
著(编)者：张强 陈怡霓 杨秦　2017年6月出版 / 估价：85.00元
PSN B-2008-110-5/14

广州蓝皮书
广州城市国际化发展报告（2017）
著(编)者：朱名宏　2017年8月出版 / 估价：79.00元
PSN B-2012-246-11/14

广州蓝皮书
广州创新型城市发展报告（2017）
著(编)者：尹涛　2017年7月出版 / 估价：79.00元
PSN B-2012-247-12/14

广州蓝皮书
广州经济发展报告（2017）
著(编)者：朱名宏　2017年7月出版 / 估价：79.00元
PSN B-2005-040-1/14

广州蓝皮书
广州农村发展报告（2017）
著(编)者：朱名宏　2017年8月出版 / 估价：79.00元
PSN B-2010-167-8/14

广州蓝皮书
广州汽车产业发展报告（2017）
著(编)者：杨再高 冯兴亚　2017年7月出版 / 估价：79.00元
PSN B-2006-066-3/14

广州蓝皮书
广州青年发展报告（2016~2017）
著(编)者：徐柳 张强　2017年9月出版 / 估价：79.00元
PSN B-2013-352-13/14

广州蓝皮书
广州商贸业发展报告（2017）
著(编)者：李江涛 肖振宇 荀振英
2017年7月出版 / 估价：79.00元
PSN B-2012-245-10/14

广州蓝皮书
广州社会保障发展报告（2017）
著(编)者：蔡国萱　2017年8月出版 / 估价：79.00元
PSN B-2014-425-14/14

广州蓝皮书
广州文化创意产业发展报告（2017）
著(编)者：徐咏虹　2017年7月出版 / 估价：79.00元
PSN B-2008-111-6/14

广州蓝皮书
中国广州城市建设与管理发展报告（2017）
著(编)者：董皞 陈小钢 李江涛
2017年7月出版 / 估价：85.00元
PSN B-2007-087-4/14

广州蓝皮书
中国广州科技创新发展报告（2017）
著(编)者：邹采荣 马正勇 陈爽
2017年7月出版 / 估价：79.00元
PSN B-2006-065-2/14

广州蓝皮书
中国广州文化发展报告（2017）
著(编)者：徐俊忠 陆志强 顾涧清
2017年7月出版 / 估价：79.00元
PSN B-2009-134-7/14

贵阳蓝皮书
贵阳城市创新发展报告No.2（白云篇）
著(编)者：连玉明　2017年10月出版 / 估价：89.00元
PSN B-2015-491-3/10

贵阳蓝皮书
贵阳城市创新发展报告No.2（观山湖篇）
著(编)者：连玉明　2017年10月出版 / 估价：89.00元
PSN B-2011-235-1/1

贵阳蓝皮书
贵阳城市创新发展报告No.2（花溪篇）
著(编)者：连玉明　2017年10月出版 / 估价：89.00元
PSN B-2015-490-2/10

贵阳蓝皮书
贵阳城市创新发展报告No.2（开阳篇）
著(编)者：连玉明　2017年10月出版 / 估价：89.00元
PSN B-2015-492-4/10

贵阳蓝皮书
贵阳城市创新发展报告No.2（南明篇）
著(编)者：连玉明　2017年10月出版 / 估价：89.00元
PSN B-2015-496-8/10

贵阳蓝皮书
贵阳城市创新发展报告No.2（清镇篇）
著(编)者：连玉明　2017年10月出版 / 估价：89.00元
PSN B-2015-489-1/10

贵阳蓝皮书
贵阳城市创新发展报告No.2（乌当篇）
著(编)者：连玉明　2017年10月出版 / 估价：89.00元
PSN B-2015-495-7/10

贵阳蓝皮书
贵阳城市创新发展报告No.2（息烽篇）
著(编)者：连玉明　2017年10月出版 / 估价：89.00元
PSN B-2015-493-5/10

贵阳蓝皮书
贵阳城市创新发展报告No.2（修文篇）
著(编)者：连玉明　2017年10月出版 / 估价：89.00元
PSN B-2015-494-6/10

贵阳蓝皮书
贵阳城市创新发展报告No.2（云岩篇）
著(编)者：连玉明　2017年10月出版 / 估价：89.00元
PSN B-2015-498-10/10

贵州房地产蓝皮书
贵州房地产发展报告No.4（2017）
著(编)者：武廷方　2017年7月出版 / 估价：89.00元
PSN B-2014-426-1/1

贵州蓝皮书
贵州册亨经济社会发展报告(2017)
著(编)者：黄德林　2017年3月出版 / 估价：89.00元
PSN B-2016-526-8/9

贵州蓝皮书
贵安新区发展报告（2016~2017）
著(编)者：马长青 吴大华　2017年6月出版 / 估价：89.00元
PSN B-2015-459-4/9

贵州蓝皮书
贵州法治发展报告（2017）
著(编)者：吴大华　2017年5月出版 / 估价：89.00元
PSN B-2012-254-2/9

贵州蓝皮书
贵州国有企业社会责任发展报告（2016~2017）
著(编)者：郭丽 周航 万强
2017年12月出版 / 估价：89.00元
PSN B-2015-511-6/9

贵州蓝皮书
贵州民航业发展报告（2017）
著(编)者：申振东 吴大华　2017年10月出版 / 估价：89.00元
PSN B-2015-471-5/9

贵州蓝皮书
贵州民营经济发展报告（2017）
著(编)者：杨静 吴大华　2017年4月出版 / 估价：89.00元
PSN B-2016-531-9/9

贵州蓝皮书
贵州人才发展报告（2017）
著(编)者：于杰 吴大华　2017年9月出版 / 估价：89.00元
PSN B-2014-382-3/9

贵州蓝皮书
贵州社会发展报告（2017）
著(编)者：王兴骥　2017年6月出版 / 估价：89.00元
PSN B-2010-166-1/9

贵州蓝皮书
贵州国家级开放创新平台发展报告（2017）
著(编)者：申晓庆　吴大华　李泓
2017年6月出版 / 估价：89.00元
PSN B-2016-518-1/9

海淀蓝皮书
海淀区文化和科技融合发展报告（2017）
著(编)者：陈名杰 孟景伟　2017年5月出版 / 估价：85.00元
PSN B-2013-329-1/1

杭州都市圈蓝皮书
杭州都市圈发展报告（2017）
著(编)者：沈翔 戚建国　2017年5月出版 / 估价：128.00元
PSN B-2012-302-1/1

杭州蓝皮书
杭州妇女发展报告（2017）
著(编)者：魏颖　2017年6月出版 / 估价：89.00元
PSN B-2014-403-1/1

河北经济蓝皮书
河北省经济发展报告（2017）
著(编)者：马树强 金浩 张贵
2017年4月出版 / 估价：89.00元
PSN B-2014-380-1/1

河北蓝皮书
河北经济社会发展报告（2017）
著(编)者：郭金平　2017年1月出版 / 定价：79.00元
PSN B-2014-372-1/2

河北蓝皮书
京津冀协同发展报告（2017）
著(编)者：陈路　2017年1月出版 / 定价：79.00元
PSN B-2017-601-2/2

河北食品药品安全蓝皮书
河北食品药品安全研究报告（2017）
著(编)者：丁锦霞　2017年6月出版 / 估价：89.00元
PSN B-2015-473-1/1

河南经济蓝皮书
2017年河南经济形势分析与预测
著(编)者：王世炎　2017年3月出版 / 定价：79.00元
PSN B-2007-086-1/1

河南蓝皮书
2017年河南社会形势分析与预测
著(编)者：刘道兴 牛苏林　2017年4月出版 / 估价89.00元
PSN B-2005-043-1/8

河南蓝皮书
河南城市发展报告（2017）
著(编)者：张占仓 王建国　2017年5月出版 / 估价：89.00元
PSN B-2009-131-3/8

河南蓝皮书
河南法治发展报告（2017）
著(编)者：丁同民 张林海　2017年5月出版 / 估价：89.00元
PSN B-2014-376-6/8

河南蓝皮书
河南工业发展报告（2017）
著(编)者：张占仓 丁同民　2017年5月出版 / 估价：89.00元
PSN B-2013-317-5/8

河南蓝皮书
河南金融发展报告（2017）
著(编)者：河南省社会科学院
2017年6月出版 / 估价：89.00元
PSN B-2014-390-7/8

河南蓝皮书
河南经济发展报告（2017）
著(编)者：张占仓　完世伟　2017年4月出版 / 估价：89.00元
PSN B-2010-157-4/8

河南蓝皮书
河南农业农村发展报告（2017）
著(编)者：吴海峰　2017年4月出版 / 估价：89.00元
PSN B-2015-445-8/8

河南蓝皮书
河南文化发展报告（2017）
著(编)者：卫绍生　2017年4月出版 / 估价：88.00元
PSN B-2008-106-2/8

河南商务蓝皮书
河南商务发展报告（2017）
著(编)者：焦锦淼 穆荣国　2017年6月出版 / 估价：88.00元
PSN B-2014-399-1/1

黑龙江蓝皮书
黑龙江经济发展报告（2017）
著(编)者：朱宇　2017年1月出版 / 定价：79.00元
PSN B-2011-190-2/2

黑龙江蓝皮书
黑龙江社会发展报告（2017）
著(编)者：谢宝禄　2017年1月出版 / 定价：79.00元
PSN B-2011-189-1/2

湖北文化蓝皮书
湖北文化发展报告（2017）
著(编)者：吴成国　2017年10月出版 / 估价：95.00元
PSN B-2016-567-1/1

湖南城市蓝皮书
区域城市群整合
著(编)者：童中贤 韩未名
2017年12月出版 / 估价：89.00元
PSN B-2006-064-1/1

湖南蓝皮书
2017年湖南产业发展报告
著(编)者：梁志峰　2017年5月出版 / 估价：128.00元
PSN B-2011-207-2/8

湖南蓝皮书
2017年湖南电子政务发展报告
著(编)者：梁志峰　2017年5月出版 / 估价：128.00元
PSN B-2014-394-6/8

湖南蓝皮书
2017年湖南经济展望
著(编)者：梁志峰　2017年5月出版 / 估价：128.00元
PSN B-2011-206-1/8

湖南蓝皮书
2017年湖南两型社会与生态文明发展报告
著(编)者：梁志峰　2017年5月出版 / 估价：128.00元
PSN B-2011-208-3/8

湖南蓝皮书
2017年湖南社会发展报告
著(编)者：梁志峰　2017年5月出版 / 估价：128.00元
PSN B-2014-393-5/8

湖南蓝皮书
2017年湖南县域经济社会发展报告
著(编)者：梁志峰　2017年5月出版 / 估价：128.00元
PSN B-2014-395-7/8

湖南蓝皮书
湖南城乡一体化发展报告（2017）
著(编)者：陈文胜 王文强 陆福兴 邝奕轩
2017年6月出版 / 估价：89.00元
PSN B-2015-477-8/8

湖南县域绿皮书
湖南县域发展报告 No.3
著(编)者：袁准 周小毛 黎仁寅
2017年3月出版 / 定价：79.00元
PSN G-2012-274-1/1

沪港蓝皮书
沪港发展报告（2017）
著(编)者：尤安山　2017年9月出版 / 估价：89.00元
PSN B-2013-362-1/1

吉林蓝皮书
2017年吉林经济社会形势分析与预测
著(编)者：邵汉明　2016年12月出版 / 定价：79.00元
PSN B-2013-319-1/1

吉林省城市竞争力蓝皮书
吉林省城市竞争力报告（2016~2017）
著(编)者：崔岳春 张磊　2016年12月出版 / 定价：79.00元
PSN B-2015-513-1/1

济源蓝皮书
济源经济社会发展报告（2017）
著(编)者：喻新安　2017年4月出版 / 估价：89.00元
PSN B-2014-387-1/1

健康城市蓝皮书
北京健康城市建设研究报告（2017）
著(编)者：王鸿春　2017年8月出版 / 估价：89.00元
PSN B-2015-460-1/2

江苏法治蓝皮书
江苏法治发展报告 No.6（2017）
著(编)者：蔡道通 龚廷泰　2017年8月出版 / 估价：98.00元
PSN B-2012-290-1/1

江西蓝皮书
江西经济社会发展报告（2017）
著(编)者：张勇 姜玮 梁勇　2017年10月出版 / 估价：89.00元
PSN B-2015-484-1/2

江西蓝皮书
江西设区市发展报告（2017）
著(编)者：姜玮 梁勇　2017年10月出版 / 估价：79.00元
PSN B-2016-517-2/2

江西文化蓝皮书
江西文化产业发展报告（2017）
著(编)者：张圣才 汪春翔
2017年10月出版 / 估价：128.00元
PSN B-2015-499-1/1

街道蓝皮书
北京街道发展报告No.2（白纸坊篇）
著(编)者：连玉明　2017年8月出版 / 估价：98.00元
PSN B-2016-544-7/15

街道蓝皮书
北京街道发展报告No.2（椿树篇）
著(编)者：连玉明　2017年8月出版 / 估价：98.00元
PSN B-2016-548-11/15

街道蓝皮书
北京街道发展报告No.2（大栅栏篇）
著(编)者：连玉明　2017年8月出版 / 估价：98.00元
PSN B-2016-552-15/15

街道蓝皮书
北京街道发展报告No.2（德胜篇）
著(编)者：连玉明　2017年8月出版 / 估价：98.00元
PSN B-2016-551-14/15

街道蓝皮书
北京街道发展报告No.2（广安门内篇）
著(编)者：连玉明　2017年8月出版 / 估价：98.00元
PSN B-2016-540-3/15

街道蓝皮书
北京街道发展报告No.2（广安门外篇）
著(编)者：连玉明　2017年8月出版 / 估价：98.00元
PSN B-2016-547-10/15

街道蓝皮书
北京街道发展报告No.2（金融街篇）
著(编)者：连玉明　2017年8月出版 / 估价：98.00元
PSN B-2016-538-1/15

街道蓝皮书
北京街道发展报告No.2（牛街篇）
著(编)者：连玉明　2017年8月出版 / 估价：98.00元
PSN B-2016-545-8/15

街道蓝皮书
北京街道发展报告No.2（什刹海篇）
著(编)者：连玉明　2017年8月出版 / 估价：98.00元
PSN B-2016-546-9/15

街道蓝皮书
北京街道发展报告No.2（陶然亭篇）
著(编)者：连玉明　2017年8月出版 / 估价：98.00元
PSN B-2016-542-5/15

街道蓝皮书
北京街道发展报告No.2（天桥篇）
著(编)者：连玉明　2017年8月出版 / 估价：98.00元
PSN B-2016-549-12/15

街道蓝皮书
北京街道发展报告No.2（西长安街篇）
著(编)者：连玉明　2017年8月出版 / 估价：98.00元
PSN B-2016-543-6/15

街道蓝皮书
北京街道发展报告No.2（新街口篇）
著(编)者：连玉明　2017年8月出版 / 估价：98.00元
PSN B-2016-541-4/15

街道蓝皮书
北京街道发展报告No.2（月坛篇）
著(编)者：连玉明　2017年8月出版 / 估价：98.00元
PSN B-2016-539-2/15

街道蓝皮书
北京街道发展报告No.2（展览路篇）
著(编)者：连玉明　2017年8月出版 / 估价：98.00元
PSN B-2016-550-13/15

经济特区蓝皮书
中国经济特区发展报告（2017）
著(编)者：陶一桃　2017年12月出版 / 估价：98.00元
PSN B-2009-139-1/1

辽宁蓝皮书
2017年辽宁经济社会形势分析与预测
著(编)者：曹晓峰　梁启东
2017年4月出版 / 估价：79.00元
PSN B-2006-053-1/1

洛阳蓝皮书
洛阳文化发展报告（2017）
著(编)者：刘福兴 陈启明　2017年7月出版 / 估价：89.00元
PSN B-2015-476-1/1

南京蓝皮书
南京文化发展报告（2017）
著(编)者：徐宁　2017年10月出版 / 估价：89.00元
PSN B-2014-439-1/1

南宁蓝皮书
南宁法治发展报告（2017）
著(编)者：杨维超　2017年12月出版 / 估价：79.00元
PSN B-2015-509-1/3

南宁蓝皮书
南宁经济发展报告（2017）
著(编)者：胡建华　2017年9月出版 / 估价：79.00元
PSN B-2016-570-2/3

南宁蓝皮书
南宁社会发展报告（2017）
著(编)者：胡建华　2017年9月出版 / 估价：79.00元
PSN B-2016-571-3/3

内蒙古蓝皮书
内蒙古反腐倡廉建设报告 No.2
著(编)者：张志华 无极　2017年12月出版 / 估价：79.00元
PSN B-2013-365-1/1

浦东新区蓝皮书
上海浦东经济发展报告（2017）
著(编)者：沈开艳 周奇　2017年2月出版 / 定价：79.00元
PSN B-2011-225-1/1

青海蓝皮书
2017年青海经济社会形势分析与预测
著(编)者：陈玮　2016年12月出版 / 定价：79.00元
PSN B-2012-275-1/1

人口与健康蓝皮书
深圳人口与健康发展报告（2017）
著(编)者：陆杰华 罗乐宣 苏杨
2017年11月出版 / 估价：89.00元
PSN B-2011-228-1/1

山东蓝皮书
山东经济形势分析与预测（2017）
著(编)者：李广杰　2017年7月出版 / 估价：89.00元
PSN B-2014-404-1/4

山东蓝皮书
山东社会形势分析与预测（2017）
著(编)者：张华 唐洲雁　2017年6月出版 / 估价：89.00元
PSN B-2014-405-2/4

山东蓝皮书
山东文化发展报告（2017）
著(编)者：涂可国　2017年11月出版 / 估价：98.00元
PSN B-2014-406-3/4

山西蓝皮书
山西资源型经济转型发展报告（2017）
著(编)者：李志强　2017年7月出版 / 估价：89.00元
PSN B-2011-197-1/1

陕西蓝皮书
陕西经济发展报告（2017）
著(编)者：任宗哲 白宽犁 裴成荣
2017年1月出版 / 定价：69.00元
PSN B-2009-135-1/5

陕西蓝皮书
陕西社会发展报告（2017）
著(编)者：任宗哲 白宽犁 牛昉
2017年1月出版 / 定价：69.00元
PSN B-2009-136-2/5

陕西蓝皮书
陕西文化发展报告（2017）
著(编)者：任宗哲 白宽犁 王长寿
2017年1月出版 / 定价：69.00元
PSN B-2009-137-3/5

上海蓝皮书
上海传媒发展报告（2017）
著(编)者：强荧 焦雨虹　2017年2月出版 / 定价：79.00元
PSN B-2012-295-5/7

上海蓝皮书
上海法治发展报告（2017）
著(编)者：叶青　2017年6月出版 / 估价：89.00元
PSN B-2012-296-6/7

上海蓝皮书
上海经济发展报告（2017）
著(编)者：沈开艳　2017年2月出版 / 定价：79.00元
PSN B-2006-057-1/7

上海蓝皮书
上海社会发展报告（2017）
著(编)者：杨雄 周海旺　2017年2月出版 / 定价：79.00元
PSN B-2006-058-2/7

上海蓝皮书
上海文化发展报告（2017）
著(编)者：荣跃明　2017年2月出版 / 定价：79.00元
PSN B-2006-059-3/7

上海蓝皮书
上海文学发展报告（2017）
著(编)者：陈圣来　2017年6月出版 / 估价：89.00元
PSN B-2012-297-7/7

上海蓝皮书
上海资源环境发展报告（2017）
著(编)者：周冯琦 汤庆合
2017年2月出版 / 定价：79.00元
PSN B-2006-060-4/7

社会建设蓝皮书
2017年北京社会建设分析报告
著(编)者：宋贵伦 冯虹　2017年10月出版 / 估价：89.00元
PSN B-2010-173-1/1

深圳蓝皮书
深圳法治发展报告（2017）
著(编)者：张骁儒　2017年6月出版 / 估价：89.00元
PSN B-2015-470-6/7

深圳蓝皮书
深圳经济发展报告（2017）
著(编)者：张骁儒　2017年7月出版 / 估价：89.00元
PSN B-2008-112-3/7

深圳蓝皮书
深圳劳动关系发展报告（2017）
著(编)者：汤庭芬　2017年6月出版 / 估价：89.00元
PSN B-2007-097-2/7

深圳蓝皮书
深圳社会建设与发展报告（2017）
著(编)者：张骁儒 陈东平　2017年7月出版 / 估价：89.00元
PSN B-2008-113-4/7

深圳蓝皮书
深圳文化发展报告(2017)
著(编)者：张骁儒　2017年7月出版 / 估价：89.00元
PSN B-2016-555-7/7

丝绸之路蓝皮书
丝绸之路经济带发展报告（2017）
著(编)者：任宗哲 白宽犁 谷孟宾
2017年1月出版 / 定价：75.00元
PSN B-2014-410-1/1

法治蓝皮书
四川依法治省年度报告 No.3（2017）
著(编)者：李林 杨天宗 田禾
2017年3月出版 / 定价：118.00元
PSN B-2015-447-1/1

四川蓝皮书
2017年四川经济形势分析与预测
著(编)者：杨钢　2017年1月出版 / 定价：98.00元
PSN B-2007-098-2/7

四川蓝皮书
四川城镇化发展报告（2017）
著(编)者：侯水平 陈炜　2017年4月出版 / 估价：85.00元
PSN B-2015-456-7/7

四川蓝皮书
四川法治发展报告（2017）
著(编)者：郑泰安　2017年4月出版 / 估价：89.00元
PSN B-2015-441-5/7

四川蓝皮书
四川企业社会责任研究报告（2016～2017）
著(编)者：侯水平 盛毅 翟刚
2017年4月出版 / 估价：89.00元
PSN B-2014-386-4/7

四川蓝皮书
四川社会发展报告（2017）
著(编)者：李羚　2017年5月出版 / 估价：89.00元
PSN B-2008-127-3/7

四川蓝皮书
四川生态建设报告（2017）
著(编)者：李晟之　2017年4月出版 / 估价：85.00元
PSN B-2015-455-6/7

四川蓝皮书
四川文化产业发展报告（2017）
著(编)者：向宝云 张立伟
2017年4月出版 / 估价：89.00元
PSN B-2006-074-1/7

体育蓝皮书
上海体育产业发展报告（2016～2017）
著(编)者：张林 黄海燕
2017年10月出版 / 估价：89.00元
PSN B-2015-454-4/4

体育蓝皮书
长三角地区体育产业发展报告（2016～2017）
著(编)者：张林 2017年4月出版 / 估价：89.00元
PSN B-2015-453-3/4

天津金融蓝皮书
天津金融发展报告（2017）
著(编)者：王爱俭 孔德昌
2017年12月出版 / 估价：98.00元
PSN B-2014-418-1/1

图们江区域合作蓝皮书
图们江区域合作发展报告（2017）
著(编)者：李铁 2017年6月出版 / 估价：98.00元
PSN B-2015-464-1/1

温州蓝皮书
2017年温州经济社会形势分析与预测
著(编)者：潘忠强 王春光 金浩
2017年4月出版 / 估价：89.00元
PSN B-2008-105-1/1

西咸新区蓝皮书
西咸新区发展报告（2016~2017）
著(编)者：李扬 王军 2017年6月出版 / 估价：89.00元
PSN B-2016-535-1/1

扬州蓝皮书
扬州经济社会发展报告（2017）
著(编)者：丁纯 2017年12月出版 / 估价：98.00元
PSN B-2011-191-1/1

长株潭城市群蓝皮书
长株潭城市群发展报告（2017）
著(编)者：张萍 2017年12月出版 / 估价：89.00元
PSN B-2008-109-1/1

中医文化蓝皮书
北京中医文化传播发展报告（2017）
著(编)者：毛嘉陵 2017年5月出版 / 估价：79.00元
PSN B-2015-468-1/2

珠三角流通蓝皮书
珠三角商圈发展研究报告（2017）
著(编)者：王先庆 林至颖
2017年7月出版 / 估价：98.00元
PSN B-2012-292-1/1

遵义蓝皮书
遵义发展报告（2017）
著(编)者：曾征 龚永育 雍思强
2017年12月出版 / 估价：89.00元
PSN B-2014-433-1/1

国际问题类

“一带一路”跨境通道蓝皮书
“一带一路”跨境通道建设研究报告（2017）
著(编)者：郭业洲 2017年8月出版 / 估价：89.00元
PSN B-2016-558-1/1

“一带一路”蓝皮书
“一带一路”建设发展报告（2017）
著(编)者：孔丹 李永全 2017年7月出版 / 估价：89.00元
PSN B-2016-553-1/1

阿拉伯黄皮书
阿拉伯发展报告（2016～2017）
著(编)者：罗林 2017年11月出版 / 估价：89.00元
PSN Y-2014-381-1/1

北部湾蓝皮书
泛北部湾合作发展报告（2017）
著(编)者：吕余生 2017年12月出版 / 估价：85.00元
PSN B-2008-114-1/1

大湄公河次区域蓝皮书
大湄公河次区域合作发展报告（2017）
著(编)者：刘稚 2017年8月出版 / 估价：89.00元
PSN B-2011-196-1/1

大洋洲蓝皮书
大洋洲发展报告（2017）
著(编)者：喻常森 2017年10月出版 / 估价：89.00元
PSN B-2013-341-1/1

德国蓝皮书
德国发展报告（2017）
著(编)者：郑春荣　2017年6月出版 / 估价：89.00元
PSN B-2012-278-1/1

东盟黄皮书
东盟发展报告（2017）
著(编)者：杨晓强 庄国土
2017年4月出版 / 估价：89.00元
PSN Y-2012-303-1/1

东南亚蓝皮书
东南亚地区发展报告（2016～2017）
著(编)者：厦门大学东南亚研究中心　王勤
2017年12月出版 / 估价：89.00元
PSN B-2012-240-1/1

俄罗斯黄皮书
俄罗斯发展报告（2017）
著(编)者：李永全　2017年7月出版 / 估价：89.00元
PSN Y-2006-061-1/1

非洲黄皮书
非洲发展报告 No.19（2016～2017）
著(编)者：张宏明　2017年8月出版 / 估价：89.00元
PSN Y-2012-239-1/1

公共外交蓝皮书
中国公共外交发展报告（2017）
著(编)者：赵启正 雷蔚真
2017年4月出版 / 估价：89.00元
PSN B-2015-457-1/1

国际安全蓝皮书
中国国际安全研究报告(2017)
著(编)者：刘慧　2017年7月出版 / 估价：98.00元
PSN B-2016-522-1/1

国际形势黄皮书
全球政治与安全报告（2017）
著(编)者：张宇燕
2017年1月出版 / 定价：89.00元
PSN Y-2001-016-1/1

韩国蓝皮书
韩国发展报告（2017）
著(编)者：牛林杰 刘宝全
2017年11月出版 / 估价：89.00元
PSN B-2010-155-1/1

加拿大蓝皮书
加拿大发展报告（2017）
著(编)者：仲伟合　2017年9月出版 / 估价：89.00元
PSN B-2014-389-1/1

拉美黄皮书
拉丁美洲和加勒比发展报告（2016～2017）
著(编)者：吴白乙　2017年6月出版 / 估价：89.00元
PSN Y-1999-007-1/1

美国蓝皮书
美国研究报告（2017）
著(编)者：郑秉文 黄平　2017年6月出版 / 估价：89.00元
PSN B-2011-210-1/1

缅甸蓝皮书
缅甸国情报告（2017）
著(编)者：李晨阳　2017年12月出版 / 估价：86.00元
PSN B-2013-343-1/1

欧洲蓝皮书
欧洲发展报告（2016～2017）
著(编)者：黄平 周弘 江时学
2017年6月出版 / 估价：89.00元
PSN B-1999-009-1/1

葡语国家蓝皮书
葡语国家发展报告（2017）
著(编)者：王成安 张敏　2017年12月出版 / 估价：89.00元
PSN B-2015-503-1/2

葡语国家蓝皮书
中国与葡语国家关系发展报告·巴西（2017）
著(编)者：张曙光　2017年8月出版 / 估价：89.00元
PSN B-2016-564-2/2

日本经济蓝皮书
日本经济与中日经贸关系研究报告（2017）
著(编)者：张季风　2017年5月出版 / 估价：89.00元
PSN B-2008-102-1/1

日本蓝皮书
日本研究报告（2017）
著(编)者：杨伯江　2017年5月出版 / 估价：89.00元
PSN B-2002-020-1/1

上海合作组织黄皮书
上海合作组织发展报告（2017）
著(编)者：李进峰 吴宏伟 李少捷
2017年6月出版 / 估价：89.00元
PSN Y-2009-130-1/1

世界创新竞争力黄皮书
世界创新竞争力发展报告（2017）
著(编)者：李闽榕 李建平 赵新力
2017年4月出版 / 估价：148.00元
PSN Y-2013-318-1/1

泰国蓝皮书
泰国研究报告（2017）
著(编)者：庄国土 张禹东
2017年8月出版 / 估价：118.00元
PSN B-2016-557-1/1

土耳其蓝皮书
土耳其发展报告（2017）
著(编)者：郭长刚 刘义　2017年9月出版 / 估价：89.00元
PSN B-2014-412-1/1

亚太蓝皮书
亚太地区发展报告（2017）
著(编)者：李向阳　2017年4月出版 / 估价：89.00元
PSN B-2001-015-1/1

印度蓝皮书
印度国情报告（2017）
著(编)者：吕昭义　2017年12月出版 / 估价：89.00元
PSN B-2012-241-1/1

印度洋地区蓝皮书
印度洋地区发展报告（2017）
著(编)者：汪戎　　2017年6月出版 / 估价：89.00元
PSN B-2013-334-1/1

英国蓝皮书
英国发展报告（2016～2017）
著(编)者：王展鹏　　2017年11月出版 / 估价：89.00元
PSN B-2015-486-1/1

越南蓝皮书
越南国情报告（2017）
著(编)者：谢林城
2017年12月出版 / 估价：89.00元
PSN B-2006-056-1/1

以色列蓝皮书
以色列发展报告（2017）
著(编)者：张倩红　　2017年8月出版 / 估价：89.00元
PSN B-2015-483-1/1

伊朗蓝皮书
伊朗发展报告（2017）
著(编)者：冀开远　　2017年10月出版 / 估价：89.00元
PSN B-2016-575-1/1

中东黄皮书
中东发展报告 No.19（2016～2017）
著(编)者：杨光　　2017年10月出版 / 估价：89.00元
PSN Y-1998-004-1/1

中亚黄皮书
中亚国家发展报告（2017）
著(编)者：孙力 吴宏伟　　2017年7月出版 / 估价：98.00元
PSN Y-2012-238-1/1

皮书序列号是社会科学文献出版社专门为识别皮书、管理皮书而设计的编号。皮书序列号是出版皮书的许可证号，是区别皮书与其他图书的重要标志。

它由一个前缀和四部分构成。这四部分之间用连字符“-”连接。前缀和这四部分之间空半个汉字（见示例）。

《国际人才蓝皮书：中国留学发展报告》序列号示例

从示例中可以看出，《国际人才蓝皮书：中国留学发展报告》的首次出版年份是2012年，是社科文献出版社出版的第244个皮书品种，是“国际人才蓝皮书”系列的第2个品种（共4个品种）。

皮书起源

“皮书”起源于十七、十八世纪的英国，主要指官方或社会组织正式发表的重要文件或报告，多以“白皮书”命名。在中国，“皮书”这一概念被社会广泛接受，并被成功运作、发展成为一种全新的出版形态，则源于中国社会科学院社会科学文献出版社。

皮书定义

皮书是对中国与世界发展状况和热点问题进行年度监测，以专业的角度、专家的视野和实证研究方法，针对某一领域或区域现状与发展态势展开分析和预测，具备原创性、实证性、专业性、连续性、前沿性、时效性等特点的公开出版物，由一系列权威研究报告组成。

皮书作者

皮书系列的作者以中国社会科学院、著名高校、地方社会科学院的研究人员为主，多为国内一流研究机构的权威专家学者，他们的看法和观点代表了学界对中国与世界的现实和未来最高水平的解读与分析。

皮书荣誉

皮书系列已成为社会科学文献出版社的著名图书品牌和中国社会科学院的知名学术品牌。2016 年，皮书系列正式列入“十三五”国家重点出版规划项目；2012~2016 年，重点皮书列入中国社会科学院承担的国家哲学社会科学创新工程项目；2017 年，55 种院外皮书使用“中国社会科学院创新工程学术出版项目”标识。

中国皮书网

www.pishu.cn

发布皮书研创资讯，传播皮书精彩内容
引领皮书出版潮流，打造皮书服务平台

栏目设置

关于皮书：何谓皮书、皮书分类、皮书大事记、皮书荣誉、皮书出版第一人、皮书编辑部

最新资讯：通知公告、新闻动态、媒体聚焦、网站专题、视频直播、下载专区

皮书研创：皮书规范、皮书选题、皮书出版、皮书研究、研创团队

皮书评奖评价：指标体系、皮书评价、皮书评奖

互动专区：皮书说、皮书智库、皮书微博、数据库微博

所获荣誉

2008年、2011年，中国皮书网均在全国新闻出版业网站荣誉评选中获得“最具商业价值网站”称号；

2012年，获得“出版业网站百强”称号。

网库合一

2014年，中国皮书网与皮书数据库端口合一，实现资源共享。更多详情请登录www.pishu.cn。